刑罰制度改革の
前に
考えておくべき
こと

本庄 武+武内謙治●編著

日本評論社

はしがき

　現在、法制審議会少年法・刑事法（少年年齢・犯罪者処遇関係）部会が開かれている。この部会は、法務大臣からの諮問第 103 号「日本国憲法の改正手続に関する法律における投票権及び公職選挙法における選挙権を有する者の年齢を 18 歳以上とする立法措置、民法の定める成年年齢に関する検討状況等を踏まえ、少年法の規定について検討が求められていることのほか、近時の犯罪情勢、再犯の防止の重要性等に鑑み、少年法における『少年』の年齢を 18 歳未満とすること並びに非行少年を含む犯罪者に対する処遇を一層充実させるための刑事の実体法及び手続法の整備の在り方並びに関連事項についてご意見を賜りたい。」（2017 年 2 月 9 日発出）を受けて設置されたものである。さらに遡ると、この諮問は、法務省に設置された「若年者に対する刑事法制の在り方に関する勉強会」が出した『取りまとめ報告書』（2016 年 12 月 20 日）が、少年法適用対象年齢を含む若年者に対する処分や処遇の在り方について提案を行ったものを受けている。

　このように、現下の改革は、少年法適用年齢引下げの是非、および引き下げた場合に、若年成人となる 18、19 歳の層に対して、刑事法制の中でいかにして少年法上の処分の類似した有効な処分や処遇を行うか、を中心的な課題としている。しかしながら諮問が、「非行少年を含む犯罪者に対する処遇を一層充実させる（傍点引用者）」と述べていることに示唆されるように、改革の射程は、少年や若年成人にとどまらず、成人一般を念頭に置いて、再犯防止に資する刑罰制度を構想するといった広範囲のものとなっている。具体的に、少年法・刑事法部会第 5 回会議（2017 年 7 月 27 日開催）で示された論点表によれば、少年年齢を 18 歳未満とすることの是非の他に、①起訴猶予等に伴う再犯防止措置の在り方、②少年鑑別所・保護観察所の調査・調整機能の活用、③宣告猶予制度、④罰金の保護観察付き執行猶予制度、⑤刑の全部の執行猶予制度、⑥保護観察・社会復帰支援施策の充実、⑦社会内処遇に

おける新たな措置の導入、⑧自由刑の在り方、⑨若年受刑者に対する処遇原則の明確化、若年受刑者を対象とする処遇内容の充実、少年院受刑の対象範囲及び若年受刑者に対する処遇調査の充実、⑩施設内処遇と社会内処遇との連携の在り方、⑪社会内処遇に必要な期間の確保、⑫若年者に対する新たな処分について、今後具体的に検討していくとされている。このうち、若年者にプロパーの論点は⑨と⑫だけであり、残りの10個の論点については、成人一般を念頭において制度設計を検討していくことになる。まさに刑罰制度全般が問い直されているといっても過言ではない。

　再犯防止に資する刑罰制度を構想する場合、そもそも再犯防止という概念の中身については慎重な吟味が不可欠であるし、刑事司法の原則との調和を慎重に図らなければならない。にもかかわらず、現在の情勢には、こうした懸念を等閑視しかねない危うさがある。すなわち少年年齢問題は、2007年の国民投票法制定以来取り沙汰されており、各種世論調査によっても年齢引下げに賛成する意見が多数を占めている。さらには2015年9月の自由民主党政務調査会「成年年齢に関する提言」が、少年法適用年齢を満18歳未満に引き下げるのが適当であり、その際には若年者のうち要保護性が認められる者に対しては保護処分に相当する措置の適用ができるような制度の在り方を検討すべき、と提言している。この問題が政治問題化していることからすると、少年法適用年齢の引下げは既に既定路線であり、あとは若年成人に相応しい刑事政策的措置をどう構想するかだけが問題である、として安易に改革が行われてしまうおそれがある、と言わざるをえないのである。

　しかしながら、本来、若年者に対する特別措置は、成人一般を念頭に置き、刑事司法の諸原則と調和した形であるべき刑罰制度の姿を見定めた後に、その応用として構想されるべきものである。

　本書は、このように本来の検討順序を捨象した議論がされてしまいかねない情勢に危機感を覚えて、企画されたものである。刑罰制度改革を正面から議論するうえで、忘れてならないのは、日本では1960年代から80年代にかけての刑法改正論議、監獄法改正論議を通じて、刑罰制度全般や自由刑の内容について長らく議論が行われてきたということである。刑罰制度改革は、この学問的蓄積を踏まえたうえでなされる必要がある。ところが、学問分野

の細分化が進行している現在においては、この問題に関して、必ずしも従来の学問的営為、理論的蓄積を踏まえていないのではないかと思われる言説も散見されるようになっている。そこで本書では長らく施設内処遇および社会内処遇の研究に従事されてきた研究者に依頼して、現在の改革課題を念頭に置いたうえで理論的到達点を示してもらった。さらに、もっぱら国内の事情だけに目を奪われて改革を行えば、国際的視点から見て奇異な改革になってしまうおそれもある。日本で改革が進まなかった間にも諸外国では注目すべき改革が行われており、また国連においても被拘禁者処遇最低基準が現代的なものにアップデートされている。海外では、理想だけを考えていては現実は動かないといった安易な妥協論を先行させるのではなく、理想と現実をいかに調和させるかを悩みながら制度改革が積み重ねられてきており、その知見には是非とも学ぶ必要がある。そこで本書では、次代を担う若手研究者に最新の海外の状況を紹介していただいた。

　本書は以上のような経緯から企画され、また情勢に鑑みて緊急に出版されるものである。短期間で貴重な論稿をご執筆いただいた各執筆者に感謝申し上げたい。もとより、本書は、行刑法関係や施設内処遇に焦点をあてることを中心的な課題としており、社会内処遇について論じるべき課題がなお多く残されている。この点は、今後の課題とせざるをえない。

　本書で示された視点を十分に咀嚼したうえで改革がなされることを望むとともに、ひとりでも多くの刑事政策研究者や法律・矯正保護・対人支援などの領域における実務家、さらには一般市民の方が、本書を手にとり、合理的で人間的な刑事政策を考えるためのきっかけにしていただければ、本書の編集に携わった者として、望外のよろこびである。最後に、緊急出版というわがままな願いを叶えてくださった、日本評論社の上村真勝氏にお礼を申し上げる。

　2017 年 10 月

本庄　　武

武内　謙治

目　次

はしがき　i

議論すべきは何か……………………………………………………………1
　　―少年法適用年齢問題と刑罰改革―
　　　村井敏邦
　　　1　刑罰改革の論理
　　　2　戦後の刑罰改革の歴史
　　　3　戦後の刑罰改革とその論理
　　　4　若年者を含む刑罰改革論議の行方
　　　5　論じるべき課題

第1部　自由刑の改革課題

自由刑の純化と刑務作業……………………………………………………17
　　　土井政和
　　　1　問題の所在
　　　2　刑務作業の位置づけをめぐる動向
　　　3　自由刑の純化と刑務作業の位置づけ
　　　4　結び

教育的処遇（矯正処遇）……………………………………………………39
　　―被収容者の処遇改革の歴史と主体性の確立―
　　　石塚伸一
　　　1　はじめに
　　　2　処遇法における矯正処遇
　　　3　刑法改正と自由刑の単一化
　　　4　監獄法改正と受刑者の処遇原則
　　　5　矯正処遇の主体と客体
　　　6　結び

vi

「懲罰」を語らずに「規律」を語るために……………………………61

赤池一将

1 監獄法 59 条の呪縛
2 軍隊式行進の復活
3 「施設管理法」から「被収容者処遇法」へ
4 「要綱」と「法案」の断層
5 平野龍一による二つの「規律」と「比例原則」
6 小野義秀による三つの「規律」と「懲罰対象」
7 「賞による誘導」と社会内処遇の展開
8 日本型行刑の「規律」と最近の刑の「一本化」論

受刑者の法的地位と自由刑の改革…………………………………83

本庄　武

1 受刑者の法的地位論と現下の改革課題
2 受刑者の法的地位論の展開
3 デュー・プロセス関係論と矯正処遇
4 結びに代えて

第 2 部　非拘禁措置の改革課題

仮釈放……………………………………………………………………103

—必要的仮釈放をめぐる議論を中心に—

武内謙治

1 はじめに
2 現在の仮釈放の制度
3 仮釈放の課題
4 仮釈放の本質的性格
5 必要的仮釈放制度の政策的問題
6 結びに代えて

目 次 vii

保護観察··121
　―解明すべき理論的課題および処遇の視座―
　　正木祐史
　　　1　はじめに
　　　2　更生保護制度の沿革・改正略史
　　　3　保護観察制度の特徴と理論課題
　　　4　結びに代えて

猶予制度··141
　―刑事司法の基本原則と刑事手続の基本構造に適合した猶予制度のあり方―
　　葛野尋之
　　　1　猶予制度をめぐる立法提案――問題の所在
　　　2　3つの猶予制度
　　　3　起訴猶予に関する改革提案――その批判的検討
　　　4　宣告猶予の制度化
　　　5　結語

第3部　国際的動向

ドイツにおける処遇の位置づけの動向··163
　　大谷彬矩
　　　1　はじめに
　　　2　ドイツ行刑の概観
　　　3　処遇の位置づけ
　　　4　ドイツ行刑における最近の変化についての考察
　　　5　おわりに

フランスにおける作業義務の廃止と活動義務の創設····················179
　　相澤育郎
　　　1　はじめに
　　　2　作業義務の廃止と活動義務の創設
　　　3　活動義務の内容と実態
　　　4　結びに代えて――フランスの視点から、日本における
　　　　　刑罰改革の前に考えておくべきこと

イギリスにおける拘禁刑改革……197
―白書『刑務所の安全と改革』を中心に―
高橋有紀
1　はじめに
2　英国の拘禁刑制度の全体像
3　白書『刑務所の安全と改革』と拘禁刑改革
4　結びに代えて

マンデラ・ルールズは刑罰改革の旗印となるか……213
―国際基準としての被拘禁者最低基準規則―
寺中　誠
1　刑事政策の国際基準はなぜ必要なのか
2　SMR の改訂に向けた動き
3　何からの安全か？　誰の安全か？
4　拷問・虐待の禁止と SMR
5　マンデラ・ルールズによる、具体的な変更点
6　マンデラ・ルールズが拓く可能性

執筆者一覧　　232

議論すべきは何か

―少年法適用年齢問題と刑罰改革―

村井敏邦

1　刑罰改革の論理

　かつて、筆者は、アメリカの刑罰改革の歴史を見る視角として、以下のような刑罰改革の型を描いた[1]。

　第1が、宗教理念の実現としての刑罰改革であり、その亜型としての道徳的、精神的向上を目的とする刑罰改革である。

　第2が、政治理念の実現としての刑罰改革である。これには、体制樹立型の刑罰改革（論）と体制批判型の刑罰改革（論）があると考えられる。

　第3が、矯正理念の実現としての刑罰改革である。

　第4が、犯罪抑止策としての刑罰改革であり、その亜型としての応報感情を満足させるための刑罰改革である。

　第5が、人権論としての刑罰改革である。

　これらの刑罰改革の型は、アメリカの刑罰改革史を見る視角として考えたものであるから、必ずしもすべての刑罰改革に適合する普遍的なものとはいえない。たとえば、第1の刑罰改革は、アメリカの初期刑罰改革に特有のものである。しかし、その亜型として示した「道徳的、精神的向上を目的とする刑罰改革」は、日本の明治初期の刑罰改革にも見られる型である。

　このように、上記の刑罰改革の型は、一応の理念型として考える分には、

---

[1] 村井敏邦「刑罰改革の論理――アメリカにおける不定期刑の象徴の歴史を中心として」一橋大学研究年報・法学研究 20 号（1989 年）18 頁。

2

充分に利用価値があろう。そこで、幾たびか行われた日本における戦後の刑罰改革またはその試みを上記の型に照らして振り返ることにする。

2 戦後の刑罰改革の歴史

(1) 刑法の全面改正の試み

戦後の刑罰改革の試みは、刑法の全面的改正の試みとして表れてきた。1956（昭和31）年から法務省内において進められ、改正刑法準備草案として公表され、これを受けて、1963（昭和38）年に法制審議会に「刑法に全面的改正を加える必要があるか、あるとすればその要綱を示されたい」と諮問が行われ、1972（昭和47）年に法制審議会刑事法特別部会における議論の結果として改正刑法草案が発表された。

改正刑法草案として発表された刑法の全面改正の性格をどう見るかは、大いに問題となったところである。本来ならば、天皇主権から国民主権への大きな変革を受けた全面改正であることからするならば、上記第2の「政治理念の実現」としての刑罰改革として評価できるはずであった。ところが、実際は、戦前の価値観との連続性の中で行われた全面改正の試みとして評価されるようなものであった。刑罰改革との関係においても、むしろその実態は、第1の亜型として示した「道徳的、精神的向上を目的とする刑罰改革」としての性格を持っていた。そのため、国民からの反対が強く、この草案に基づく改正は実現しないままに終わった。

この草案において刑罰制度との関係で最も問題となったのは、保安処分制度である。草案が触法精神障害者に対する保安処分制度の採用を提案したことが、激しい反対論を呼び起こした。

そのほかにも、宣告猶予制度の導入に対しても反対論が多く出された。

草案では採用されなかったが、審議の過程において激しく議論されたのが、自由刑単一化論である。準備草案では、現行法どおり、懲役と禁固の区別を維持する本案と、拘禁刑に統合する別案が併置されていた。刑事法特別部会での議論においては、破廉恥な犯罪であるか否かで懲役と禁固を区別して、作業を強制することができるかどうかでその内容に差別を設けるのは、労働

を軽視する思想の表れである、懲役・禁固の区別を残すことは、作業以外の教育的・医療的処遇方法を取り入れて、受刑者の個性に応じた処遇を行うという分類処遇の発展に支障をきたすなどの単一刑論からの主張が出された。また、政治的見解の表明あるいはストライキに対する制裁としての強制労働を禁止する ILO105 号条約との関係でも、作業を強制する刑罰に対して疑問が出された。

　これに対して、懲役と禁固の区別を維持すべきであるという議論は、政治犯や過失犯に対しては禁固刑を残す必要があると主張され、結局、草案では、懲役と禁固の区別を維持する現行制度が残された[2]。

　この議論においては、単一刑論が禁固刑廃止論と位置づけられた嫌いがある。そのため、政治犯や過失犯については禁固刑を残す必要があるとか、ILO105 号条約との関係において禁固刑を残すべきであるなどの主張が行われた。しかし、単一刑論には、懲役刑を廃止して禁固刑一本にすべきであるという主張もある。この観点からするならば、禁固刑を残すことの意義から単一刑論を批判する草案理由書の議論は、的外れというところがあった。

　もう 1 つ、審議の過程で特に問題になったのが、死刑の存置である。刑事法部会では、死刑を廃止すべきであるという意見も出されたが、「凶悪な犯罪がいまなお跡を絶たないだけでなく、昭和 42 年 4 月に総理府が行なった全国世論調査によると、国民の大多数（70％）がその存置を希望している現段階において、直ちにこれを全面的に廃止することは適当でないとする意見が強く、死刑は存置することに決定された」[3]。

　この時点での議論の死刑存置論の多数は、廃止時期尚早論であったことが注目される。その後、時代を経るに従って、世論調査の結果は、かえって存置意見が多くなり、それにともなって、存置論も時期尚早というより、明確な存置を主張する意見が強くなった。そこには、被害者感情を重んじる風潮が大きく関わっている。

2　以上については、法制審議会刑事法特別部会『改正刑法草案　附同説明書』122、123 頁参照。

3　法制審議会刑事法特別部会・前掲注（2）121 頁。

4

(2) 監獄法改正

現行刑法と同時期に制定された監獄法の改正作業は、古くは1920年代から見られる。戦後改革の中でも、監獄法の改正は大項目として取り上げられた。

戦後初期の監獄法改正案で注目されるのは、1948年11月13日成人矯正局法規部作成の『第四次 行刑法草案』である。憲法施行直後の基本的人権の尊重を基軸にした監獄法改正案であり、第1条目的は、「この法律は、受刑者を個人として尊重し、その基本的人権と最低限度の生活を保障しつつ受刑者を改善し、これを健全な国民として社会に復帰させ、もって犯罪者の予防更正及び社会福祉の向上と増進とに寄与することを目的とする」とするとして、受刑者の個人としての尊重と基本的人権、最低限度の生活保障をうたう格調高いものであった。さらに、第27条処遇の精神では、「すべて受刑者の処遇にあたっては、受刑者に対して精神的にも肉体的にも害を与えることのないように努めることはもとより、常に誠と愛をもって、これに接するように心がけなければならない」としていた。また、第63条1項「作業供与金」の項目では、作業に就いた受刑者に対しては、労働の対価として作業供与金を支払うとし、その他、休業補償に関する第69条や帰休制度に関する第115条以下、刑務審議会の設置を謳っている第18条など、憲法施行当時の理想に燃えた思いが伝わってくる規定が盛り込まれていた。

ところが、50年代、60年代と時代が下がるに従って、理想を求める改正案から現状追認的案へ、特に、70年代後半から80年代にかけて展開された改正の動きにおいては、この傾向は顕著に現れてくる。

「監獄法改正の骨子となる要綱」から刑事施設法案への動きには、理想を追い求める姿が日一日と薄れていく様が映し出されている。たとえば、これを目的規定において見ると、次のようになる。

1976年3月27日、法務大臣から法制審議会に対して、「監獄法を改正する必要があるので、その骨子となる要綱を示されたい」という諮問が行われた。その際、審議の参考に供するとして示されたのが、「監獄法改正の構想」である。1980年11月25日、法制審議会は、「監獄法改正の骨子となる要綱」を確定して、法務大臣に答申した。この要綱においては、法律の目的

として次の3つの柱が重要なこととして示された。すなわち、「刑事施設の適正な管理運営を図ること」「被収容者の人権を尊重すること」「被収容者の性質に応じた適切な処遇を行うこと」。これら3つの柱の関係について、要綱説明書は、「全体として、右の三つの事項は、いずれも同様に重要なものとして考慮されるべきものであるが、立法の基本目的は、被収容者の処遇を適切に行うことにある」とした。すなわち、改正されるべき方向として、当時、施設管理法という性質を強調するか、被収容者の人権法という性質を強調するかの争いがあった中で、そのどちらをもとらず、処遇法としての性質を強調するという方向をとったということである。しかし、処遇法としての性質を強調するその背景には、監獄法を権利義務関係法としないで、施設側の裁量の余地を大きく残しておくという配慮があった。

1982年4月に国会に提出された「刑事施設法案」の第1条は、「この法律は、刑事施設の適正な管理運営を図り、被収容者の人権を尊重しつつ、収容の性質に応じた適切な処遇を行うこと」を目的として規定し、右の趣旨を明らかにした。刑事施設の適正な管理運営と被収容者の人権の尊重とは、どちらが優先するという関係にはなく、並存的であり、両者ともに適切な処遇目的に統合されている。すなわち、前二者と適切な処遇目的との間では、常に処遇目的が優先し、前二者が衝突する場合には、適切な処遇の目的によって按配される。被収容者の人権を基軸に見た場合、それは常に処遇目的の列後にあり、場合によっては施設の適正な管理運営の確保にも優先される。法案の提案理由では、より明確に「最近における刑事政策思想の発展の状況にかんがみ、刑の執行を受けている者、刑事訴訟法により勾留されている者その他の刑事施設の被収容者の適切な処遇を行うため、……効果的な処遇方法を導入する等の必要がある。これが、この法律案を提出する理由である」とされた。

刑事施設法案は、代用監獄の存廃で大きく意見が対立し、3回の国会提出後も成立に至らなかった。

3回目の国会上程案に対して、より理想的な対案を作成して刑事施設法案に対抗しようとしたのが、筆者も所属している刑事立法研究会である。

刑事立法研究会は、1991年、「刑事拘禁法要綱研究会試案」を公表した[4]。

6

この案をめぐっては、日本刑法学会第69回大会において分科会が持たれて学会における議論に付された。

　刑事立法研究会試案は、刑事拘禁法を被収容者の人権法として位置づけ、被収容者の人間としての尊厳を確保するという処遇の基本原則から、自由刑の内容を「移動の自由」の制限以外の不必要な権利侵害、自由制限を廃するという立場を打ち出した。

(3) 名古屋刑務所事件と行刑改革

　監獄法改正の動きが大きく変化するのは、いわゆる名古屋刑務所事件が発覚してからである。名古屋刑務所における被収容者の人権を無視した非人間的な処遇に対して、理論家・実務家のみならず、マスコミも刑務所処遇のありかたに大きな関心を寄せ、処遇の根本的な改善を要求するに至った。この声は無視できないほど大きなものとなり、政府・法務省は、民間人を含んだメンバーによる行刑改革会議を立ち上げた。

　2003年12月22日、行刑改革会議は、「行刑改革会議提言〜国民に理解され、支えられる刑務所へ〜」を公表した。視点として示されたのは、「国民の視点」「社会一般の常識」「依るべきは、難しい理屈ではなく、現代社会の健全な常識」ということである。

　提言の目指す改革の方向としては、①「受刑者の人間性を尊重し、真の改善更生及び社会復帰を図るための、いわば受刑者のための諸改革」②「刑務官の過重な負担を軽減し、健全な執務環境を確保するための、いわば刑務官のための諸改革」③「市民が刑務所を訪れ、刑務所運営に「参加」する仕組みや、受刑者の不服などが外部の第三者の耳に届く仕組みなど、いわば「刑務所の塀」を低くし、刑務所を国民に開かれた存在にするための改革」の3つである。

　具体的な提言においては、受刑者処遇のあり方について、「人間としての誇りや自信を取り戻し、自発的、自律的に改善厚生及び社会復帰の意欲を持つことが大切であり、受刑者の処遇も、この誇りや自信、意欲を導き出すこ

---

4 「刑事拘禁法要綱試案」法律時報63巻6号（1991年）50頁以下。

とを十分に意識したものでなければならない」とするなど、基本的認識において大いに期待させるものがある。その基本的認識に立って行われている具体的提言も、注目すべきものが多いが、他方、いささか総花的であって、どこに重点が置かれるのか、また、具体的提言と言いながら、全体としていまだ抽象的な域を出ないものが多い。

たとえば、刑務作業のあり方を見直すべきだとして、「刑務作業以外の処遇内容をより充実させる必要がある」とする提言は、妥当であるが、何を、どのように充実させるのかが問題である。一律8時間の作業時間の確保という点は、根本的に見直し、より柔軟な刑務作業のあり方を検討すべきであるとの提言は、それ自体としては結構なことと評価できる。しかし、それ以上の具体的内容としては、一定の運動時間の確保や、「社会に貢献していることを受刑者が実感できるもの」をより多く取り入れることが、指摘されているだけである。問題は、「社会に貢献していることを受刑者が実感できるもの」とは何かである。このようにいうだけでは、現場はどうすればよいかわからないだろう。欧米で採用されている社会奉仕などを取り入れるべきだということだろうか。あるいは、PFI型の民間算入刑務所建設との関係から、市場で競争力を持つ産業への関与を主張しているのだろうか。それとも、外部通勤制などを積極的に活用して社会との関係において作業を行うようにすべきだというのだろうか。

対話による処遇というのも、それ自体としては大変望ましいことである。人間的な処遇を求める以上、こうあるべきだと思う。しかし、大変なことは具体的にどのような形で被収容者と職員との対話を進めるかということであろう。相互に人間としての信頼感が育っていなければ、相互の対話が成り立たない。

以上のように、行刑改革会議の提言は、目指す方向性においては一定の理念を追求しようとする姿勢が見られ、評価されるものであったが、各論的な部分に至ると、具体性に欠けるため、法律化という段階では、理念どおりの実現がされるかが懸念されるものであった。

その懸念のとおり、2006年に成立した刑事施設及び被収容者の処遇に関する法律（刑事施設処遇法）は、処遇原則に「被収容者の権利及び義務の範

8

囲を明らかにするとともに、その生活及び行動に制限を加える必要がある場合につき、その根拠及び限界を定める。」と規定するなど、それまでの旧監獄法や刑事施設法法案に比較して、被収容者の権利・義務関係法との色彩を強くしたが、随所に施設長の裁量を認め、権利・義務関係法としては、不徹底なところがあった。

刑罰改革との関係においては、特に、刑務作業や矯正プログラムに関する被収容者の自主性の尊重がうたわれず、結局は、刑務作業は刑罰の内容として義務付けられたままとされた。矯正プログラムについても、被収容者には選択の自由は認められず、その懈怠に対しては、懲罰の対象とする実務が残る結果となった。

(4) 少年年齢引き下げ論に関連して

2015 年 6 月の公職選挙法改正で選挙権年齢が 20 歳から 18 歳に引き下げられた。これに連動する形で、少年法の適用年齢も 18 歳に引き下げようとする動きが生じてきた。

法務省は、戦後の早い段階から少年年齢引き下げを主張してきた。そして、1970 年の少年法改正要綱では、デュープロセスの観点からと称して、18 歳から 20 歳までを「青年層」として区分し、家庭裁判所を経由して検察官関与も認め、公判にもかけ、刑罰のほかに保護処分も選択できるような案を提示した。

少年非行が増加したり、少年による凶悪犯罪が引き起こされたりすると、少年に対する厳罰化と同時に、少年年齢の引き下げ論が登場した。2000 年の少年法改正時において、その議論はピークに達した。しかし、その後、少年非行数が減少するとともに、そうした声も小さくなった。

近年では、少年年齢の引き下げより、むしろ、実務的には、成人矯正の場に保護の観点を入れるべきであるという声が強くなっている。この傾向からするならば、保護の対象年齢を引き上げるのがその趨勢に合致するのであって、これを引き下げるというのは実務の趨勢に反するということになる。

少年年齢を引き下げることによって、① 18、19 歳少年の不保護による放置②少年保護にかかわるさまざまな社会資源へのマイナス影響が生まれる。

そうしたところから、弁護士会は、少年法の適用年齢を引き下げることに強く反対の意見を表明した。

3 戦後の刑罰改革とその論理

冒頭の刑罰改革を動機付ける論理との関係から戦後の刑罰改革を見ると、どのようになるのであろうか。

2の（1）（2）は、憲法体制の変化との関係での刑罰改革の動きと位置づけることができよう。その意味では、政治理念の実現としての刑罰改革であり、監獄法改正にともなう刑罰改革論議は、矯正理念の実現・変化としての刑罰改革と位置づけることができる。

（1）の刑法全面改正の試みに見られる刑罰改革論議においては、法務省の主張には、犯罪抑止策としての刑罰改革があり、これに反対する意見には、人権論からの刑罰改革があった。（2）の監獄法改革論議においても、その両主張が衝突していた。

これに対して、（3）の行刑改革論議においては、そのきっかけが施設内の人権侵害問題であったことから、人権論からの改革が動機付けになっていたことは疑いがない。

これらに対して、現在進行中の少年法の適用年齢の引き下げ論との関係での刑罰改革論議は、上記のどの範疇にも属さない。

少年法適用年齢の引き下げ論は、かつては犯罪抑止の観点からが強かったが、現在では、少年非行や少年犯罪がこの観点を裏付ける状態にはなく、法務省も犯罪抑止的観点から引き下げを主張しているわけではない。

今回の引き下げ論議の最大の動機は、選挙年齢が引き下げられたということである。選挙年齢の引き下げに平仄を合わせるために、少年年齢も引き下げるべきであるというのである。しかし、選挙権と少年法の適用年齢とはまったく関係のない。選挙権年齢の引き下げは、若者の声を政治の場に反映させようという動機に基づくものであった。この点は、政治理念の実現、および人権論からの制度改革である。

しかし、少年法の適用年齢は選挙権年齢とは異なる。そもそも、少年法は、

少年の成長発達過程の中で、様々な障害があることを考えて、成長発達を阻害する要因を取り除き、また、成長発達を促進する要因をより増やし強化するために、成長発達を援助するという観点から適用されるものである。したがって、その適用年齢は、成長発達の促進という観点から考えられるべきであって、選挙権年齢が変わったからというような理由で、引き下げられるべきものではない。

　もちろん、いくつがいいのかどうかということについては、時代状況、少年を取り巻く環境状態などから判断されるべきことであるが、現在の適用年齢が現代の時代状況に照らして不適切であるという点について、特別な事情はない。

　むしろ、現代は少年を取り巻く環境は複雑で、少年に限らず、成人特に若い人たちにとって的確な判断をするのが困難な状況がある。その点では、少年法の精神は、20歳という少年年齢に限定されずに、及ぼされる範囲がむしろ拡大されるべきである。そうした点から考えるならば、少年法の適用年齢を引き下げるという議論をすべき状況ではなく、それにともなって刑罰制度に手を加えなければならない、内発的動機は見当たらない。

　少年法適用年齢の引き下げ論議には、それ自体の必要性が見出されないところから、刑罰改革論議を通じて、何らかの実質的な根拠を見出そうとして開始されたのが、今回の「若年者に対する刑事法制」論議である。

　この論議は、ある意味で本末転倒というべきものであるが、一応、どのような提案がなされているかをみてみよう。

4　若年者を含む刑罰改革論議の行方

（1）　勉強会の提案

　法務省刑事局、矯正局および保護局は、法務大臣の指示によって、公職選挙法等の一部を改正する法律附則第11条の趣旨および民法の成年年齢についての検討状況を踏まえ、少年法の適用対象年齢を含む若年者に対する刑事法制の在り方全般について検討を行うため「若年者に対する刑事法制の在り方に関する勉強会」をもった。2015年11月2日から2016年7月29日まで

10回、ヒアリングと意見交換会をもち、「若年者に対する刑事法制の在り方に関する勉強会」取りまとめ報告書を公表した。

　報告書では、まず、少年法適用対象年齢の在り方について（1）現行法（20歳未満）を維持すべきであるという考え方の主な理由と（2）18歳未満に引き下げるべきであるという考え方の主な理由をあげ、その中で表明された刑事政策的懸念に対処するために、刑事政策的措置を検討する必要があるとして、以下のような諸項目が挙げられた。

（1）　受刑者に対する施設内処遇を充実させる刑事政策的措置
　　ア　若年受刑者に対する処遇の原則の明確化及び若年受刑者を対象とする処遇内容の充実
　　イ　若年受刑者に対する処遇調査の充実
　　ウ　自由刑の単一化
（2）　施設内処遇と社会内処遇との連携を強化するための刑事政策的措置
　　ア　施設外の機関等と連携した矯正処遇等の充実
　　イ　社会内処遇に必要な期間の確保
　　ウ　施設内処遇から一貫した社会内処遇の実施
（3）　社会内処遇を充実させるための刑事政策的措置
　　ア　保護観察の活用のための刑の全部の執行猶予制度の見直し
　　イ　保護観察・社会復帰支援施策の充実
　　ウ　社会内処遇における新たな措置の導入
　　　（ア）　集中的な指導監督や特定行動の禁止
　　　（イ）　医療受診等や福祉への相談の義務付け
　　エ　その他の社会内処遇及びこれに関連する手段等の活用
　　　（ア）　宣告猶予制度の導入
　　　（イ）　現行の少年審判手続における調査機能等の活用
　　オ　社会復帰を支援するための更生保護の環境整備
（4）　罰金又は起訴猶予となる者に対する再犯を防止するための刑事政策的措置
　　ア　罰金の保護観察付き執行猶予の活用
　　イ　起訴猶予等に伴う再犯防止措置
　　ウ　少年鑑別所や保護観察所等の調査・調整機能の活用
（5）　若年者に対する新たな処分の導入

12

(2) 法制審での論点整理

　勉強会の取りまとめ報告書を受けて、法制審議会－少年法・刑事法（少年年齢・犯罪者処遇関係）部会に対して、「日本国憲法の改正手続に関する法律における投票権及び公職選挙法における選挙権を有する者の年齢を十八歳以上とする立法措置、民法の定める成年年齢に関する検討状況等を踏まえ、少年法の規定について検討が求められていることのほか、近時の犯罪情勢、再犯の防止の重要性等に鑑み、少年法における「少年」の年齢を十八歳未満とすること並びに非行少年を含む犯罪者に対する処遇を一層充実させるための刑事の実体法及び手続法の整備の在り方並びに関連事項について御意見を賜りたい。」という諮問第 103 号が出され、2017 年 3 月 16 日第 1 回会議を皮切りに議論が開始された。

　上記の勉強会取りまとめ報告で検討されるべき項目は多岐にわたっている。そこで、法制審議会での議論は、まず、論点整理が行われ、以下のような論点があげられた。

1　少年法における「少年」の年齢
○　少年法における「少年」の年齢を 18 歳未満とすること
【検討の観点】
・少年保護事件の手続過程並びに少年院及び保護観察における処遇が年長少年に対しても有効に機能している中で、「少年」の年齢を 18 歳未満とする必要性はあるか。
・親権に服さない成年者に対して国家が後見的な観点から権利を制限する処分を行うことが正当化できるか（要保護性に基づく保護処分に付すことができるか。）。
・選挙権を有し、民法上も成年である者が罪を犯したとき、刑事処分ではなく保護処分に付すこと、軽減された刑を科すこと、推知報道を禁止すること等は、犯罪被害者・国民の理解を得られるか。
・「少年」の上限年齢を 18 歳未満に引き下げると、大人として処罰されるという自覚を促すことになり、犯罪の抑止、健全育成につながるのではないか。
・現在行われている働き掛けや処遇等の機会がなくなると、改善更生・再犯防止が図れないのではないか。
2　非行少年を含む犯罪者に対する処遇を一層充実させるための刑事の実体法及び手続法の整備

○起訴猶予等に伴う再犯防止措置の在り方
○少年鑑別所及び保護観察所の調査・調整機能の活用
○宣告猶予制度
○罰金の保護観察付き執行猶予の活用
○刑の全部の執行猶予制度の在り方
○保護観察・社会復帰支援施策の充実
○社会内処遇における新たな措置の導入
○自由刑の在り方
○若年受刑者に対する処遇原則の明確化、若年受刑者を対象とする処遇内容の
　充実、少年院受刑の対象範囲及び若年受刑者に対する処遇調査の充実
○施設内処遇と社会内処遇との連携の在り方
○社会内処遇に必要な期間の確保
○若年者に対する新たな処分

5　論じるべき課題

　上記勉強会および法制審議会での議論のテーマは、若年者に対する刑罰制
度である。しかし、このテーマ設定自体、きわめて唐突であるとともに、少
年法適用年齢問題に中立的なテーマ設定というより、引き下げを前提とした
ものとの感想を抱かざるをえない。本来引き下げは、検討の結果に出てくる
はずの結論であり、前提ではない。

　適用年齢の引き下げの是非を検討するために論じる必要があるとすれば、
若年者への刑罰制度の変革ではなく、少年・成人の各層に対する処遇の在り
方であり、両層に共通する処遇の有無であろう。

　この点を検討するためには、まず、少年と成人の処遇がどうなっており、
その処遇のどこに問題があるかのかについての現状を認識することであろう。
このような現状認識なしに、一足飛びに18、19歳を含む「若年者」を対象
にした刑罰制度論を展開することは、どのように優秀な理論家、実務家をも
ってしても不可能というべきである。

　少年と成人との中間に「若年者」という範疇を設定して、その処遇の在り
方を検討するという手法は、「青年層」を設けて、保護処分と刑罰とのどち
らでも選択ができるようにするという、かつての少年法改正案と同様である。

この青年層の設置には、弁護士会をはじめとして、少年法研究者、実務家、市民の強い反対が表明され、法案になることなく消え去った。

現在法制審で検討されているのは、この時の案よりも刑罰適用にシフトした案である。刑罰の内容を保護処分に近づけることによって、刑罰と保護処分との折衷的なものを創設して、若年者への刑罰としようという方向性をもったものである。

この方向性の是非をひとまず措くとしても、保護と矯正の関係、保護処分と刑罰との関係については、深く議論をする必要がある。その際、制度の担い手がだれであるかについても、議論を深めなければならないであろう。

現在、保護処分の担い手は、家庭裁判所であり、家裁調査官、保護司である。これに対して、刑罰の担い手は、裁判官、裁判所よりも、検察官である。18、19歳の現在の少年に対する新しい処分の担い手は、検察官に全面的に移るのか、そうした場合に、家庭裁判所、調査官の機能はどうなるのか。

保護と矯正の関係についても、すでに述べたように、矯正の現場においても、保護の観点を取り入れるべきであるとの意見は強くなってきており、現実に、その方向性がとられているといってよい。そうした中で、18、19歳のものに対して、新たな刑罰を適用することに果たして意味があるのか、現在の趨勢に合致することなのか、刑罰改革を議論する前に、あまりにも根本的な議論を要する問題が数多く、また深く横たわっている。

第 1 部

自由刑の改革課題

自由刑の純化と刑務作業

土井政和

1　問題の所在

　日本の現行刑法は、懲役、禁錮、拘留の種別を設け、その第 11 条は、懲役刑の内容として「所定の作業」を規定している。すなわち、労働を刑罰内容としているのである。また、刑事被収容者処遇法は、矯正処遇の 1 つとしてすべての受刑者に作業を義務づけ、作業を拒否した場合には、遵守事項違反として懲罰に付すことにしている。しかし、今日では、刑罰的害悪を賦課するための刑務作業という見解は後退し、刑罰内容としては刑務作業の強制性のみを認め、刑務作業の目的を受刑者の改善更生・社会復帰にみる見解が一般的である。ところが、国際的動向をみると、自由刑を拘禁に純化し、労働を刑罰内容として強制することを否定するとともに、刑事施設における刑務作業を一般労働と同等化する考え方が有力である。そこでは、もちろん自由刑における種別は廃止され、自由刑または拘禁刑として単一化が前提とされている。

　日本でも、自由刑の単一化が論じられ、立法化も検討されてきたが、刑務作業を刑罰内容とする懲役刑への単一化が優勢であった。今日でもその影響は否定できない。しかし、最近、作業を刑の内容とする刑法と、作業に代えて他の矯正処遇の実施をも認める刑事被収容者処遇法との間に齟齬が生じていること、また、少年法が改正され、少年に対する懲役刑の執行を少年院で行い、所定の作業に代えて作業以外の矯正教育を実施することを認めたこと

18　第1部　自由刑の改革課題

や、禁錮刑を受けた少年に対しても同様に矯正教育を授けることになり、懲役と禁錮の種別がなくなっていること、さらに、高齢者や障害者など所定の作業を指定するのが適当でない受刑者の存在が認識されるようになり、年齢や障害などに関係なく作業を刑罰内容とすることに疑問が生じていること、などから、自由刑における種別の見直しとその刑罰内容についての検討が始まっている[1]。これに加えて、日本は、社会権規約第16条および第17条に基づく第3回政府報告に関する社会権規約委員会の最終所見（2013年5月17日）において、懲役刑の廃止を要求されている[2]。すなわち、そもそも懲役刑として作業あるいは労働を刑罰内容とすることの妥当性が問われているのである。

　本稿では、通説とされる矯正処遇としての刑務作業という捉え方について、自由刑純化論の立場から批判的に検討し、将来の受刑者の労働のあり方について私見を述べたい。

2　刑務作業の位置づけをめぐる動向

(1) 刑務作業の意義

　刑務作業の捉え方は、次の5つに整理される[3]。①受刑者の労働力の利用、②刑罰的害悪の補完、③規律維持機能、④改善・矯正・社会復帰、⑤勤労の権利と義務の実現、がこれである。①は、今日でも自営作業（経理作業や営繕作業）に見られ、刑務所自給自足原則のもと低額の作業報奨金によって実施されている。②は、刑罰内容たる強制労働を実現するために経済的に有用性のない空役が歴史的には見られたが、日本ではすでに監獄法で否定され、

---

[1]「若年者に対する刑事法制の在り方に関する勉強会」取りまとめ報告書（平成28年12月）。また、法務大臣から法制審議会に対し、少年法における「少年」の年齢を18歳未満とすること及び非行少年を含む犯罪者に対する処遇を一層充実させるための刑事法の整備の在り方について（諮問第103号）諮問がなされた。これに基づき現在、法制審議会少年法・刑事法部会で審議が行われている。

[2] 規約第16条及び第17条に基づく第3回政府報告、同報告に関する社会権規約委員会の最終見解（2013年5月17日）、同最終見解に対する日本政府の意見（2015年3月）については、http://www.mofa.go.jp/mofaj/gaiko/kiyaku/index.html（2017.8.11アクセス）を参照。

[3] 吉岡一男『自由刑の新展開』（成文堂、1997年）155頁以下。

今日では、「所定の作業」の強制性のみがその内容になっている。後述のように、この体制を維持するため、自由刑単一化論においても、懲役刑への単一化に好意が示されているが、刑罰内容としての強制労働を否定した禁錮刑への単一化が自由刑純化論からは要請される。③は、刑務作業の事実上の反射的効果として考えることはできるものの、それは刑務作業特有の本来的機能とは言い難く、その機能を確保するためには、体育・運動や学業、趣味活動などでもよい。規律維持機能を刑務作業の目的として設定することは本末転倒ではなかろうか。④については、後述のように、矯正処遇としての刑務作業の目的として、改善更生・社会復帰が主張されるのであるが、一般的な労働環境とは異質の施設内での作業強制や低額の報奨金制度の下で、今日の刑務作業がはたして社会復帰理念と結びつきうるのか疑問である。⑤は、受刑者ないし被拘禁者による労働を国家の刑罰権によっても介入できないものと設定し、国民として有する勤労の権利および義務を実現するためのものとしてとらえるものである。作業報酬も、合目的的な作業への刺激としてではなく、労働に与えられる当然の権利とされる。

このように、刑務作業は、様々な捉え方がされているが、日本では④が通説的見解とされている。そこで、以下では、この捉え方について批判的検討を行うことにしたい。その前提として、まず刑法改正作業における刑務作業の位置づけを確認し、また拘禁概念について検討しよう。

(2) 刑法改正作業

改正刑法準備草案（未定稿）（昭和35年）は、懲役と禁錮の種別を維持する案（本案）と両者を単一の拘禁刑に統合する案（別案）とを両論併記した[4]。

本案第35条は、「②懲役は、刑事施設に拘禁し、作業を賦課する。」と規定し、現行法と同じく、懲役と禁錮の種別を維持し、拘禁と作業を懲役の刑罰内容とした。他方、作業以外の処遇については刑罰内容とはされていない。作業と「行刑上の処遇」を区別し、作業は刑罰内容であるが、「行刑上の処遇」は行刑の内容としているのである[5]。

---

4 これについては、刑法改正準備会『改正刑法準備草案 附同理由書』（昭和36年12月）参照。以下、「準備草案理由書」という。

20　第1部　自由刑の改革課題

　他方、別案は、懲役と禁錮を拘禁刑に単一化し、第35条「②拘禁刑は、刑事施設に拘禁する。③拘禁された者には、作業を課する。但し、必要があるときは、改善更生のために適当な他の処遇を行うことができる」と規定した。準備草案理由書によれば、この別案の趣旨は、次のとおりである。「拘禁刑の刑としての内容は、拘禁であって、作業の賦課ではない。作業の賦課は拘禁刑の執行の内容である。このことを明らかにするために、とくに第2項と第3項を書き分けたものであって、もし、作業の賦課も刑の内容とする趣旨であれば、第2項にこれを規定すべきものだからである」[6]。「懲役における『定役』と異なって、刑の内容ではないから、必ず作業を課さなければならないというわけではない。必要があるときには、改善更生のために適当な他の処遇を行うことができるのである（第3項但書）」と[7]。このように、別案では、拘禁刑は刑事施設への拘禁にとどめ、作業の賦課は、拘禁刑の執行の内容として刑罰内容とは区別している。

　改正刑法草案は、現行法どおり、懲役と禁錮の区別を存置し、第35条「②懲役は、刑事施設に拘置する。③懲役に処せられた者に対しては、作業を課し、その他矯正に必要な処遇を行なう」と規定した。また、第36条は、「②禁固は、刑事施設に拘置する。③禁固に処せられた者に対しては、請求により作業を行なわせ、その他矯正に必要な処遇を行なうことができる」と規定した。懲役受刑者に作業を課することを原則としながら、受刑期間の全部またはかなりの部分にわたって全面的に作業を免除することは許されないものの、他の処遇方法を施す必要という観点から柔軟な運用をすることを可

---

5 「行刑上の処遇」については、第46条の2によって「刑事施設における行刑は、法令の定めるところに従い、できるだけ受刑者の個性に応じて、その改善更生に役立つ処遇をするものとする」と規定している。準備草案理由書は、「刑事施設に収容された者に対する行刑の内容は、行刑法によって具体的に規定されることが予定されるが、行刑上の処遇に関する指導理念を刑法典にかかげ、刑法と行刑法との関連をもたせようとしたものである」（124頁）とする。しかし、実際の行刑の場面で、作業と「行刑上の処遇」がどのような関係に立つのかは明確でない。理由書では、「行刑の実際では現行刑法の『定役』という観念にとらわれて、時にきわめて窮屈な解釈が行われているので、本条が法文化されれば、右のような弊害は除去されるであろう」と述べられているが、作業を刑罰内容としているかぎり、「行刑上の処遇」は、作業に代えて行われるとは限らず、補充的・補完的な位置づけになろう。

6 準備草案理由書 124 頁。

7 準備草案理由書 125 頁。

能にする趣旨だとされた[8]。禁錮受刑者については、懲役受刑者の場合と異なり、受刑者の請求がなければ作業を行わせることはできないものとし、また、積極的な矯正処遇を行うのに適しない者もあることを考慮して、矯正に必要な処遇を行うかどうかを行刑機関の裁量にゆだねることにしたという[9]。この改正刑法草案の規定については、準備草案別案とは異なり、懲役と禁錮の種別を残したため、懲役の刑罰内容としては、②項の「拘置」と③項の「作業、その他矯正に必要な処遇」の両方を含むと解されることになり、厳しい批判がなされた。平野龍一は、「草案には、『現代の刑事政策』に対する理解も、これに対する熱意も見られない。草案の刑事政策的発想は、仮案時代から一歩も出ていない。いわば4、50年昔のものである」と断じ[10]、「いぜんとして苦痛としての作業が強制されることになっている」[11]と批判した。

　また、澤登俊雄は、「作業賦課も矯正処遇も刑の内容として規定されていることは、まずまちがいないと思われる。したがって懲役受刑者に対しては、作業の賦課に加えて必ず矯正処遇を加えることが必要とされているのである」と批判した[12]。このように、改正刑法草案は、懲役と禁錮の種別を残し、懲役の内容として、拘置とともに作業および矯正処遇を規定している。作業に関しては、現行刑法の規定する内容と変わらず、平野の批判するとおり、「苦痛としての作業が強制されることになっている」と言わざるをえない。

　改正刑法草案に対する代案としてまとめられた、平野ら刑法学会有志による刑法研究会案（未定稿）（昭和58年）は、むしろ刑法改正準備草案別案に近い内容を規定している。第31条は、単一刑として拘禁を採用し、「②拘禁は、刑事施設に拘置する。③拘禁に処せられた者に対しては、作業、職業訓

8　法務省刑事局編『法制審議会　改正刑法草案の解説　附改正刑法草案・刑法対照条文（大蔵省印刷局、1975年）84-85頁。

9　前掲注（8）85頁。

10　平野龍一「概括的批判　1概説」平場安治＝平野龍一編『刑法改正の研究1　概論・総則』（東京大学出版会、1972年）10頁。

11　前掲注（10）11頁。

12　澤登俊雄「第一編第五章刑」法律時報47巻5号（1975年）69頁。また、松尾浩也も、「『作業』が依然として刑の必要的要素とされている点で、現行法の『定役』との差異は明瞭ではない」とする。松尾浩也「第5章刑」平場安治＝平野龍一編『刑法改正の研究1　概論・総則』（東京大学出版会、1972年）239頁。

22　第1部　自由刑の改革課題

練、教科教育、その他社会復帰に必要な処遇を行うことができる」と規定した[13]。これは、作業を刑罰内容からはずし、刑の執行の内容としたものとされている。

　以上、刑法改正作業の中で、刑務作業がどのように位置づけられてきたかをみてきた。ここで確認されることは、自由刑の刑罰内容として、拘禁と刑務作業（およびその他の処遇）とを相対的に区別したうえで、拘禁と刑務作業の両者を刑罰内容とするか、それとも、拘禁を刑罰内容とし、刑務作業は刑の執行の内容とするかで見解が対立してきたことである。そして、日本では、刑法改正作業の中でも依然として懲役刑の存置に好意的な立場が優勢を占めてきた。しかし、作業あるいは労働をそもそも刑罰内容にすることの妥当性が問われなければならない。また、上述のとおり、改正刑法準備草案も改正刑法草案も拘禁と作業その他の処遇は区別しており、拘禁概念に作業その他の処遇を包含する考え方はなかった。ところが、最近、拘禁概念に刑務作業（およびその他の処遇）を包含させる見解が主張されている。そこで次に、この見解について検討することにしよう。

(3) 自由刑の内容─拘禁概念の豊富化

　現行刑法の解釈として、刑務作業のみならず矯正処遇を「所定の作業」に含め、その拡大・豊富化を支持する見解はある。しかし、それも、拘禁したうえで「所定の作業」を行うことにしているため、拘禁の中に作業および処遇を含める考え方ではない。

　ところが、最近、身柄の拘禁のみならず矯正処遇を拘禁の中に含める考え方が提示されている。「懲役・禁錮刑の内容である刑事施設への拘禁というのは、刑事施設に身柄を収容するということだけでなく、そこで生活させることを当然に含んでいる。そして、それを実施することが、懲役・禁錮刑に共通する刑の執行ということになるが、そのうえで、それをどのように執行するか、つまり、執行の方法を定めるのが、刑事収容施設法という位置付けになる。その執行方法は、懲役・禁錮刑の目的に従って決定されることにな

13「資料　刑法研究会改正刑法試案（未定稿）」刑事法ジャーナル44号（2015年）、土井政和「自由刑」西原春夫ほか編『刑法マテリアルズ』（柏書房、1995年）所収参照。

るが、この点につき、刑事収容施設法は、懲役・禁錮刑の目的に、対象者の改善更生による社会復帰ということが含まれるという理解のもとに、矯正処遇を行なうことにしているわけである。そして、そうである以上、矯正処遇の目的を達するためには、それに必要な範囲で受刑者の権利を制限することも可能となる。（中略）対象者の改善更生という目的達成のために、受刑者に一定の義務を課すことも可能であり、矯正処遇の義務付けは、それにあたることになる。つまり、刑事収容施設法による受刑者の権利の制限や、受刑者に対する義務の賦課は、懲役・禁錮刑の目的に沿った、その執行方法の一内容として位置づけられるわけであり、その意味で、刑事施設への拘置という刑罰の内容に織り込まれているのであって、刑法で定められた刑罰の内容を超えるものを定めているわけではないのである」[14]。このように述べて、自由刑の単一化について検討すべきだとする[15]。

　では、その単一刑の内容はどのように考えられているのであろうか。単に禁錮刑を廃止して懲役刑に一本化するのではなく、「懲役と刑務作業との結合を切り離し、統一された自由刑の対象者には、刑務所において刑務作業を含めて必要な処遇を行うというかたちにすれば、刑務作業を課すのに適さない受刑者にも対応できるし、そうすべきものであろう。」「懲役と禁錮は拘禁刑として一本化したうえで、刑務作業その他の矯正のために必要な処遇を行うというかたちにすべきであろう。その場合、矯正処遇を行うということについて、刑法に規定することも考えられるが、先に述べたとおり、それは自由刑の内容というよりも、その執行方法という位置づけになるから、刑事収容施設法で定めるものであっても構わないであろう。」[16]

　この見解は、これまで自由刑の単一化の議論の中で提示されてきた、懲役

---

14 川出敏裕「自由刑における矯正処遇の法的位置づけについて」刑政 127 巻 4 号（2016 年）17 頁。
15 「刑事収容施設法において刑務作業を矯正処遇の一つとして位置づけていることからは、刑法において懲役受刑者に一律に刑務作業を行わせるとされていることの合理性が問題とならざるをえない。懲役刑か禁錮刑かを問わず、受刑者の処遇の目的がその改善更生と社会復帰にあること、そして、そのために矯正処遇を受けることを義務付けることができることが、法律上も明確にされた現在、いわゆる自由刑の単一化を改めて検討すべき時期が来ているように思われる。」川出・前掲注（14）19 頁。
16 川出・前掲注（14）21 頁。

刑への単一化かそれとも禁錮刑への単一化かという議論とは異なる考え方を提示している。「矯正処遇は自由刑の内容というより執行方法という位置づけになる」と述べている点からすると、禁錮刑への単一化に近いようにも思われるが、これまでのような身柄の拘禁と理解する縮減された拘禁概念とは異なり、刑事収容施設法による受刑者の権利の制限や受刑者に対する矯正処遇を含む義務の賦課をすべて拘禁に包含させることによって、拘禁概念を拡大・豊富化しているからである。それは、事実上、刑務作業を含めて必要な処遇を刑罰化する懲役刑への単一化と同じものとなろう[17]。

この見解の中にも、刑罰目的としての「改善・更生」あるいは「社会復帰」のための矯正処遇という考え方がある。それは、これまでみてきた刑法改正作業においても同様である。しかも、それは、受刑者の作業義務とも結びついている。そこで、次に、刑務作業を矯正処遇として義務づける考え方について検討しよう。

(4) 矯正処遇としての刑務作業と一般労働としての刑務作業

日本の現行刑法は、刑罰内容として受刑者の作業義務を規定している。また、刑事被収容者処遇法も、矯正処遇の1つとして作業を義務づけ、作業を拒否した者には懲罰を科す規定を設けている。その趣旨は、刑務作業を苦痛の賦課と捉えるのではなく、矯正処遇の手段と捉えるものだといわれている。しかしながら、刑務作業を刑罰内容として義務づけることはもとより、矯正処遇の1つとして義務づける体制は妥当なのであろうか。

このような体制の問題点として、以下のことが指摘されうる。第1に、現

---

[17] 松宮孝明は、自由刑の内容と執行方法を分けるという説明は無意味であると批判する。「なぜなら、川出は、『懲役・禁錮刑の目的に受刑者の改善更生による社会復帰ということが含まれるという理解のもとに』、このような矯正処遇の目的達成のために受刑者の権利制限や義務の賦課は許されるとした上で、これらの権利制限や義務の賦課は『その意味で、刑事施設への拘置という刑罰の内容に織り込まれているのであって、刑法で定められた刑罰の内容を超えるものを定めているわけではない』と述べているからである。つまり、川出は、上記の権利制限や義務の賦課は、刑事施設への拘置という刑の内容に含まれているから許されているのだとするのである。ゆえに、実際には、『刑の内容』と『刑の執行方法』との区別は行われていないと解される」(松宮孝明「『自由刑の単一化』と刑罰目的・行刑目的」法律時報89巻4号 (2017年) 82頁)。すなわち、川出の見解が基本的には懲役刑への単一化の方向と同じものととらえているのである。

行刑法では、刑務作業が刑罰内容となっているがために、作業の有益性よりも作業確保が優先されることである[18]。この点、ヨーロッパでは、「有益な作業があって、それに従事したい受刑者を募集して、応募してきた受刑者から最も適性のある者を選んで、訓練をしたうえで作業に就かせるのである。だから、社会復帰に適した作業を厳選することができる」。第2に、「科学的処遇の観点からは、現在のような刑罰内容としての刑務作業の優位体制は、むしろ消極的評価を受ける。受刑者の作業義務は刑務所当局も拘束し、各種のセラピーなどを実施する時間的余裕を奪ってしまう」[19]。この点は、上述の刑法改正作業の中でも認識されていたところである。第3に、刑務作業の改善・更生の効果が実証されているわけではないことである[20]。「刑罰内容としての強制的・他律的な現在のような作業体制に組み込むことで、彼の有する問題が解決され得るのかはきわめて疑問である」[21]。また、刑務作業は、施設内の無為の生活がもたらす心身の退廃を防止することに役立つといわれるが、そのための方法としては何も作業の強制に限られるわけではあるまい。勤労の精神を涵養する生活指導となりうるという見解についても、その達成の為には労働の成果としての対価が得られる喜びを保障することの方が重要であろう。職業的知識と技能を修得させる職業教育ないしは職業訓練を提供しているとされる点についても、強制ではなく、本人にその意欲がなければ効果は期待できないであろう[22]。さらに、日本では作業中の受刑者同士のコミュニケーションを最小限に規制しているが、それは、保安事故を防止するうえでは有効とされるものの、「こうした作業のあり方が、現在の刑務作業が社会復帰に役立っていない最大の原因である」。「刑務所に長くいるとコミュニケーション能力が衰えてしまう。そして、何かあっても我慢する習慣を身につけてしまう。それが社会での就労の大きな足かせとなっているのである」[23]。

---

18 浜井浩一「懲役刑の廃止と自由刑一本化の課題」季刊刑事弁護90号（2017年）175頁。

19 吉岡一男『刑事政策の基本問題』（成文堂、1990年）196頁。

20 吉岡・前掲注（19）195頁以下。同『刑事制度の基本理念を求めて』（成文堂、1984年）、特に31頁以下、同『自由刑論の新展開』（成文堂、1997年）、特に130頁以下参照。

21 吉岡・前掲注（19）196頁。

22 福田雅章『日本の社会文化構造と人権』（明石書店、2002年）243頁。

26 第1部 自由刑の改革課題

　このような問題を前提にすると、懲役刑は、「人権や国際法の観点からも、再犯防止という犯罪学的な観点からも、さらに受刑者の質の変化という観点からも、時代遅れのものとなっている。その意味で、懲役刑の廃止は時代の要請に応える必然ともいえる。」[24] と言わざるをえない。それは、刑務作業を一般労働として構成することへと導く。吉岡一男は次のように述べている。受刑生活の中心をしめる刑務作業体制は、むしろ、自由刑の受刑者も基本的には否定されることのない、一般的な勤労の義務および権利を実現するという観点から導かれるものである。勤労によって自己および家族の生活を支えるという外界社会生活の基本的形態を自由刑の執行中も確保するものとして刑務作業は捉えられるべきであろう。このように理解して初めて、その報酬なども、特殊な、改善・矯正・治療を目指し活動に対する疑似的、操作的なものではない、真の労働報酬としての、外界と同じ原理に基づく賃金制が理論的に帰結し得るのである。特殊な刑務作業の理解は克服されなければならない」[25]。また、福田雅章も、次のように述べている。「受刑者の勤労の権利を剥奪してしまうのではなしに、可能な者には施設内外での自由労働を保障し、またそうでない者に対しては失業対策の一つとして、あるいは社会復帰のために自己の意思で施設の提供する処遇プログラムに参加したい者は社会復帰処遇の一環として、労働の機会を保障する方が、はたして現在の作業強制よりも社会復帰効果が少ないと明言しうるだろうか。作業強制の正当化根拠を、害悪としての苦痛の付加にも、また社会復帰処遇にも求めえないとするなら、そのほかにどんな説明が可能だろうか」[26] と[27]。

　このように、刑務作業を一般労働として捉える考え方は、1950年代にすでにロペス−レイによっても主張されていた。彼は、作業を処遇と捉えることを次のように批判している[28]。受刑者の中には特定の仕事が治療的な性格を持ちうるかもしれないが、大多数の受刑者は、刑務所に入所する前には普通の労働者として働いていたのであって、働き方についてはよく知っている

---

23 浜井・前掲注（18）175頁。
24 浜井・前掲注（18）177頁。
25 吉岡・前掲注（19）197頁。
26 福田・前掲注（22）243-244頁。

のである。また、通常労働者以上の能力をもつ者には、刑務所の大多数の者に提供される非熟練労働はとうてい処遇とは考えられないであろう、と。そして、体制（regime）と処遇（treatment）を区別し、作業は、何かを取り扱う特別な方法である処遇ではなく、体制に属するもので、労働が社会の通常の生活の一面であるのと同様に、刑務所の一般的生活の一面である。受刑者の活動が自由な地域社会のそれとできる限り一致させられるべきであるということを否定する理由は存在しない。それは、社会復帰を促進するばかりではなく、刑務作業を社会経済的な活動として、一般労働の中に統合することを促進するものである。この統合は、刑務作業が処遇だと考えられる場合には困難なものとなる。」[29]「いくつかの例外はあるが、刑務所労働は、自由労働と同じく、処遇の一部ではなく、刑務所生活の編成（organization）に固有のものである。もし、刑務所の生活が、できる限り、通常の生活を反映すべきであるならば、受刑者は働くべきである。この点で、国連会議で承認された規則 71 条の言葉は極めて適切である。この規則は次のように述べている。有罪判決を受けた受刑者は、その身体的、精神的適性に応じて労働をすることを要請されている。この「要請されている」という言葉と「適性に応じ

---

[27] 本庄武は、「有用労働の確保が容易ではない現状では、『職業上有用な知識及び技能の習得』より『勤労意欲の向上』という精神面の鍛錬に重点を置くしかない」（239 頁）、「高齢者にとっては、出所後も就労ではなく福祉の力を借りつつ生きていくことが社会復帰である場合も多い。そういう場合にもなお作業、しかも高齢者用の養護工場で行われているような職業上有用な知識・技能の習得におよそ結びつかなさそうな作業を強制するとすれば、作業が社会復帰の手段であるとは言いがたいことになってしまう」（240 頁）、「懲罰の威嚇の下に有用とは言い難い作業を強制的にさせられることが、本当に勤労意欲の向上につながるのか、という根本的な疑問があり得る。この立場からは、刑務作業を社会復帰の手段として純化するためにこそ、義務付けを解除すべきことになる」という。本庄武「刑務作業―吉岡一男「刑務作業」法律時報 48 巻 7 号（1976 年）」朴元奎＝太田達也『リーディングス刑事政策』（法律文化社、2016 年）239-240 頁。

[28] ロペス－レイは、国連社会防衛部の責任者（Chief of the Section on Social Defence in the United Nations）であった。国連被拘禁者処遇最低基準規則の採択直後にすでにこの論文を執筆していたことは興味深い。M. Lopez-Rey, Some considerations on the character and organization of prison labour, Journal of Criminal Law and Criminology Vol. 49-1 1958. pp. 10-28. 本論文については、市川秀雄『刑法における市民法思想と社会法思想』（評論社、1963 年）353 頁以下、平野龍一『矯正保護法』（有斐閣、1963 年）、吉岡一男『刑事制度の基本理念を求めて』（成文堂、1984 年）28 頁注（6）参照。

[29] Lopez-Rey, ibid. p. 14

28　第1部　自由刑の改革課題

て」という用語は、明らかに、働くことの社会的な義務という考え方であっ
て、法的義務という考え方ではない。この社会的義務は、働く権利を内包し
ている。この権利と、同一価値の労働に対する同一の報酬という権利は、受
刑者の社会復帰において基本とされている自己尊重と自己責任を獲得するた
めの基本的な構成要素の中の二つである。」[30]

　このように、刑務作業を一般労働と捉える考え方は、今日の国際的動向と
もなりつつある。

(5) 国際準則にみる刑務作業

　日本は、社会権規約第16条および第17条に基づく第3回政府報告に関す
る社会権規約委員会の最終所見（2013年5月17日）において、懲役刑の廃止
を要求されている。

　「14　委員会は、締約国の刑法典が、本規約の強制労働の禁止に違反して、
刑の一つとして刑務作業を伴う懲役を規定していることに懸念をもって留意
する。（第6条）

　委員会は、締約国に対して、矯正の手段又は刑としての強制労働を廃止し、
本規約第6条の義務に沿った形で関係規定を修正又は破棄することを要求す
る。また、委員会は、強制労働の廃止に関するILO条約第105号の締結を
検討することを締約国に慫慂する。」としている[31]。

　これに対し、日本政府は、「犯罪者に対する矯正の観点から行われる刑罰
の一つであり、同条に規定する労働とは根本的に性質を異にする」こと、ま
た、自由権規約では、「権限のある裁判所による刑罰の言渡しにより強制労
働をさせることを禁止するものと解してはならない」（第8条3（b））と規定
していることから、自由権規約と社会権規約を永劫的に解釈すべきとの観点
から社会権規約委員会の要求に対して次のように反論している。「懲役刑（刑
事施設に拘置して所定の作業を行わせる拘禁刑をいう。以下同じ。）により課さ

30　Lopez-Rey, ibid. p. 25

31　規約第16条及び第17条に基づく第3回政府報告、同報告に関する社会権規約委員会の最終見
　解（2013年5月17日）、同最終見解に対する日本政府の意見（2015年3月）については、
　http://www.mofa.go.jp/mofaj/files/000087941.pdf（2017.10.14アクセス）を参照。

れる役務は、犯罪者に対する矯正の観点から行われる刑罰の一つであり、同条に規定する労働とは根本的に性質を異にするものである。」「『作業は、できる限り、受刑者の勤労意欲を高め、これに職業上有用な知識及び技能を習得させるように実施するものとする』と規定され、また、実務上もそのように運営されているなど、受刑者の改善更生及び円滑な社会復帰を図る上で重要な機能を有する処遇方策であると考えている」。「自由権規約において強制労働の禁止の例外とされている懲役刑が社会権規約においては労働の権利の観点から禁止されているとの解釈は、相当でないと考えられる。」と[32]。

ここには２つの論点がある。１つは、国際準則における刑務作業の位置づけの問題であり、もう１つは、日本における懲役刑が果たして「受刑者の改善更生及び円滑な社会復帰を図る上で重要な機能を有する処遇方策」となっているかどうか、また、そもそも刑務作業を矯正処遇の手段と捉えることの妥当性についてである。後者についてはすでに取り上げたので、前者について検討しよう。

たしかに、国際人権規約（自由権規約）、ILO 条約やヨーロッパ人権条約から、受刑者に刑罰として労働を義務づけることを明確に否定する法的論拠を見出すことは難しい。しかし、Dirk van Zyl Smit は、そのような義務づけに反対する政策的論拠は３つの原則から引き出せる、と指摘している[33]。それは、ノーマライゼーションの原則、ハーム・リダクションの原則、再統合の原則である。第１に、ノーマライゼーションとの関係について、ヨーロッパ社会では働くことは肯定的な見方をされている。ヨーロッパ社会憲章や多くの国の立法で表明されているように、そこでは働くことが権利と認められており、刑罰の一部として労働を義務づけることはこの価値と対立する。労働を刑罰から切り離すことは、労働の肯定的価値を強化し、労働が個々の刑務所レジーム（体制）の重要な肯定的側面になることを認めることである。それはまた、受刑者が通常の社会保障制度の一部となることを認める。その社会保障制度は、多くのヨーロッパ諸国では労働の任意性に基づいている。

---

32 前掲注（31）参照。

33 D. van Zyl Smit and S. Snacken, Principles of European Prison Law and Policy, 2009, Oxford University Press, p.195-196

30　第1部　自由刑の改革課題

現在、受刑者を社会保障制度から排除していることは、「刑罰としての拘禁であって刑罰のための拘禁ではない」という原則に矛盾する。というのも、それは、拘禁に補充的で回避可能な苦痛を付加するものだからである。第2に、ハーム・リダクションの原則は、自由剥奪の多くの負の効果（detrimental effects）に注目させ、また、これらが受刑者の自律性を承認すること、なかんずく、受刑者にできる限り多くの選択の余地を許すこと、によって一部に制限されうるという事実にも注目させる。第3に、再統合の原則は、受刑者の出所後、犯罪からの離脱（desistance）に際しての上述の労働の重要さとかかわる。そして、強制ではなく、釈放後の生活を考慮し、受刑者によって選択された労働が再統合にとってより効果的な手段となりうるという、プラグマティックな洞察に注目させるのである。

　ヨーロッパの多くの国では、たしかに、現在でも、有罪判決を受けた受刑者が依然として選択の余地のない作業を強制されている。この状況下では、作業をする受刑者を搾取から保護することが重要である。

　この点で、ヨーロッパ刑事施設規則の受刑者労働に関する規定は重要な意義をもっている。特に重要なのは、第26条の1の「労働は決して刑罰として用いられてはならない」という規定である。これは、刑務作業の刑罰的性質が強調されていた過去との決別を明確に表している。すなわち、国際人権規約の中に含まれている、懲役受刑者に労働を強制することを認めた強制労働禁止についての例外は現代のヨーロッパでは認められない、ということを意味する。ともかく、多くのヨーロッパ諸国は懲役刑（imprisonment with hard labour）の概念を廃止している。また、いくつかの国は働くことを義務づけることさえ廃止した[34]。刑罰の一形態としての刑務作業を禁止することから導かれるのは、刑務作業は刑務所レジームの積極的要素としてアプローチされるべきだということである。これは、受刑者のみならずあらゆる被拘禁者に対して提供される働く機会の保障に適用される。また、ヨーロッパ刑事施設規則は、ILO条約と異なり、労働することを強制される受刑者を民間機関による搾取から直接保護するものではないものの、次の規定をおいてそ

34　例えば、ベルギーの行刑法の169条は、強制的な刑務作業を廃止し、81条で、利用可能な刑務作業に就く権利を受刑者に認めている。

の対案を提供している。「第105条の3　受刑者に作業義務が課せられるとき、作業条件は外部社会に適用される基準と監督に合致するものでなければならない」。多くの国にとっては、国内法で広範な保護を規定している国と同様に、これは労働を強制されている受刑者にとっての効果的な保護の根拠となるであろう、と。

　2015年に改訂された国連被拘禁者処遇最低基準規則（マンデラ・ルール）は、規則96において、「受刑者は、医師もしくは他の資格を有するヘルスケア専門職による身体的および精神的な適合性の判断に従い、作業及び／又は社会復帰に積極的に参加する機会を有するものとする」と規定し、受刑者が労働する機会を保障されることをより明確にした。また、規則97は、「1. 刑務作業は、苦痛を与えるものであってはならない。2.　受刑者は、隷属状態に置かれ、あるいは苦役を科せられてはならない。3.　受刑者は、いかなる刑務所スタッフの個人的あるいは私的な利益のためにも働くことを求められてはならない」と規定している。

　このように、国際準則をみてくると、刑務作業を義務づけることを明確に禁止している規定はないものの、それを一般労働と同等のものとする方向へと進展していることがわかる。では、その理論的根拠は何に求められるのであろうか。

3　自由刑の純化と刑務作業の位置づけ

(1) 自由刑の純化の二側面

　フロイデンタール「囚人の国法上の地位」は、自由刑純化思想によって受刑者の法律上の地位を確立することを国家に義務づけるとともに、釈放者保護義務へと展開された[35]。「国家は、裁判官が法によって自由刑という形で言い渡した刑と同じだけのものを受刑者に課すことが許される。それゆえ、

35　Freudenthal, B., Die staatsrechtliche Stellung des Gefangenen. Rektoratsrede v. 3. Nov. 1909. Jena 1910, S. 15ff, ZStrVoll, 1955, S. 157ff. 小川太郎「フロイデンタール・囚人の国法上の地位」亜細亜法学8巻1号（1973年）122-130頁、また、その解題については、石塚伸一「受刑者の法的地位」朴元奎＝太田達也編『リーディングス刑事政策』（法律文化社、2016年）参照。

自由刑は、およそ執行中において、また、執行の形態によって、生命、身体、名誉もしくは財産に対する刑となってはならない。そのような付随的作用は、監獄制度という法律関係に内容的に矛盾する。自由刑を受けることが失業無収入と結びつくなら、それは貧困の中で釈放者を再犯へと導くであろう。しかも、自由の剥奪であって、財産の剥奪ではないという監獄制度の法的性格とも矛盾する。釈放者保護は、ただ、人間性、国是の要求としてではなく、自由剥奪以外の何ものも受刑中に課せられてはならず、しかも、この自由剥奪が、ただ刑期中のみ課せられるものだという法的関係としての監獄制度の本質の結果として、それは、国家の任務となるのである。監獄制度という法律関係は、釈放者保護によってはじめて終了するのである」と[36]。

　このように、フロイデンタールは、自由刑の内容に関して、自由刑がその執行過程において生命刑、身体刑、財産刑、名誉刑となってはならないと述べるとともに、自由刑の機能に着目して、被釈放者が失業無収入など自由剥奪以外の財産の剥奪などを受けている事実を指摘し、そのような弊害を放置するのは裁判官によって言い渡された刑以上の刑を科すことであって許されないのであるから、国家はこれを除去する義務があるとしたのである。即ち、自由刑の内容を限定するとともに、自由刑の弊害を排除する措置を講じる国家の義務を指摘しているのである。ここには、自由刑純化論の２つの側面が見出される。自由刑の内容面における純化と、自由刑の機能面における弊害除去の必要性である。両者は密接不可分であるが、前者が国家の刑罰的介入に対して制限的であるのに対し、後者は、自由刑の弊害を除去するための国家の特別な措置を義務づける点で積極的である。

(2) 拘禁の純化　刑罰的介入の縮減（国家的介入の制限）

　自由刑の内容としての自由剥奪とは何か。日本の刑法典の文言では、刑事施設に拘置することになっている。この施設拘禁が何を意味するかは、流動

---

[36] Freudenthal, B., Entlassenenfürsorge, eine Pflicht der Allgemeinheit, ZStW. Bd. 46, 1926, S. 404-405; ders., Gefängnisrecht und Recht der Fürsorgeerziehung, in: Enzyklopädie der Rechtwissenschaft, Bd. 5, 1914. S. 82.　土井政和「犯罪者援助と社会復帰行刑（一）」九大法学第47号（1984年）72-73頁。

自由刑の純化と刑務作業　33

的で、当該社会の法文化の程度を計るきわめて重要な物差しだといわれる[37]。
自由刑の純化について詳細に検討した福田は、刑事施設への拘禁の内容とし
て、「身柄の拘禁、すなわち、『自ら随意に施設当局の実力支配または管理を
脱出して社会内で物理的に活動する自由の制限又は剥奪』を含むことは間違
いないが、さらにそれを越えて受刑者が一般市民として有しているその他の
なんらかの自由・権利の制限や剥奪をもその内容として含むのかという点が
問題になる」と述べ、次に、刑事施設への拘禁が刑罰の本質として予定して
いる苦痛とは何かを問い、①身柄の拘禁、②社会から隔離・遮断されること
の苦痛、③施設内で罰を実現するにふさわしい懲罰的な生活ないし拘禁条件
を強制されることの苦痛のうちどこまでを含んでいるのかを分析する。そし
て、「ある場合には社会復帰処遇に名を借りて、また、ある場合には身柄の
拘禁や施設内生活の維持に名を借りて、実質的には隔離と応報の要求が色濃
く拘禁内容の形成に影響を与えてきた不幸を否定することはできない」とし
て、現代における自由刑の本質としての苦痛は、①の身柄の拘禁に尽きるの
であって、拘禁内容の形成に際して、②および③の要素を含ませてはならな
いと結論づけている[38]。

　吉岡は、「自由刑としての施設拘禁とは、自由刑の執行に携わる国家機関
としての行刑当局の監視下にあることであり、施設拘禁の実質は彼の本来の
居住場所が当該施設にあることを現実化するものとしての夜間あるいは週末
等の一定の時期における施設内存在そのものにある」という[39]。「自由刑の
刑罰内容を純粋に一定限度の自由剥奪に限定するならば、個々人が自己の責
任において各々の生活を維持し、国家は一定の要件下に、特定の者に援助の
手を差しのべるという一般社会における原則も変更されないことが肯定され
よう。その為には、受刑者も一般国民と同様の労働の権利及び義務を有し、
その収入によって生計を維持することが必要である。（中略）。そこにおける
国家の役割は、自由刑の執行ができる限り彼の職業生活の破壊を帰結しない
ように外部通勤を広く認めることであり、拘禁確保の為に24時間の施設拘

37　吉岡・前掲注（20）『刑事政策の基本理念を求めて』50頁。
38　福田・前掲注（22）194-195頁。
39　吉岡・前掲注（20）『刑事政策の基本理念を求めて』51頁。

34 第1部 自由刑の改革課題

禁を必要とする者には、施設内で就業可能な職業を、まずは本人が自己の創意の下で探し出すのを、情報提供、職業斡旋等で援助し、それでも不首尾の者には、外界における失業対策と同様のものとして刑務所工場や、施設の必要に応じる経理作業への就業の機会を与えることに見い出されるべきである。そこから得られる収入は、当該受刑者個人の所有に帰し、その使用も彼の意思に委ねられる」[40]。「作業強制を刑罰内容とすることにも批判が加えられるなら、ここに、刑務作業を、一般国民の生活を支える労働と同じ意味で、受刑者の生活を支えるものとして捉える見解が成立する。勤労によって自己及び家族の生活を計ることは、自由刑の宣告執行によっても変更を加えられることなく維持されるべき人間存在の自然であり、そこに刑務作業の意味が存すると思われる」[41]。

　このように、自由刑の内容を「身柄の拘禁」または「本来の居住場所が刑事施設にあること」として自由刑を純化したとき、国家の受刑者への勤労の権利への介入は制限され、一般労働としての刑務作業が帰結される。しかしながら、受刑者に対する職業訓練や出所者に対する就労支援等は刑務作業を一般労働と同等化することのみによっては根拠づけることが難しいであろう。それは、自由刑の純化よっては根拠づけられないのであろうか。そこで次に、自由刑の純化のもう1つの側面である、自由刑の機能面における弊害除去の必要性について検討しよう。

(3) 自由刑の弊害の除去　社会的援助の提供（国家的支援の提供）

　フロイデンタールは、当時のリストを中心とする目的思想の影響下にあって、自由刑の弊害除去を犯罪予防と結びつけ、被釈放者保護を保安処分としての保護観察という形態で実現されるべきだと考えた。いいかえれば、自由刑の弊害除去としての被釈放者保護と、犯罪予防のための権力的性格をもつ保安処分としての保護観察が区別されておらず、両者の緊張関係も意識されていない。これは、被釈放者保護を権力的な再犯防止と結びつける刑事政策的観点に立ったものといえよう[42]。このような見解は、満期釈放者に対する

40　吉岡・前掲注（20）『刑事政策の基本理念を求めて』54-55頁。
41　吉岡・前掲注（20）『刑事政策の基本理念を求めて』94頁。

保護観察の必要性を説く現代の見解にも影響を与えている。

　これに対し、ザイファートは、フロイデンタール説を、刑事政策的観点ではなく法的観点から発展させ、被釈放者に対する援助を、拘禁されている受刑者の援助へと展開した。ザイファートは、「監獄拘禁は、犯罪者が社会を侵害するために濫用した彼の人格的自由を一定期間剥奪する国家の処分である。従って、この処分は、ただ犯罪者にのみ、しかも、裁判官がその種類及び程度を決定する事由に関してのみ、また、服役期間中にのみ妥当するものでなければならない。しかし、現実には、事情は全く異なっている。というのも、自由刑執行の作用は、きわめて破壊的で、しばしば判決を受けた者自身の市民的生活のみならず、その家族の生活も継続的に破壊するからだ。自由刑の意図していないこの付随作用は、多くの場合、絶対に避けられないものである。それゆえ、国家は、保護的措置によって、それを防止し、あるいは少なくとも緩和するために全力を尽くす道徳的・法的義務がある」と説いている[43]。

　また、ザイファートは、受刑者および被釈放者保護の領域では、「博愛主義者の情緒的活動が重要なのではなくて、国家も個々の国民も免れてはならない法的義務が問題なのである」と述べ、自由刑の弊害除去について、刑事政策的観点ではなく、法的観点から出発した。そして、被釈放者に対する援助はすでに服役中において始められねばならないのであって、国家は、それを準備し、促進し、援助しなければならないとし、被釈放者に対する援助を施設内処遇へと貫徹させることによって、受刑者の釈放後の生活再建に協力することを国家に義務づけた。それは、職業教育、健康管理、学科教育など施設内における処遇として遂行されるべきだとした。このように、自由刑の弊害除去の措置は、刑罰執行による威嚇的性格の緩和という消極的なものに

42　ザクセン州司法書記官であったシュタルケも、フロイデンタールの主張を踏襲しつつ、国家の釈放者保護義務の根拠を、刑事政策的観点と法的観点とに分け、特に前者に重点をおいた。Starke, Gefangenen- und Entlassenenfürsorge, in: Frede, L., u. Grünhut, M. (hrsg.), Reform des Strafvollzuges. 1927. S. 203　これについては、土井・前掲注（36）74頁。

43　Seyfarth, H., Fürsorge für Gefangenen und Entlassene, in: Bumke (hrsg.), Deutsches Gefängniswesen. 1928. S. 436.　彼は、ドイツ共和国司法補助・受刑者及び被釈放者保護連盟会長であった。その主張については、土井・前掲注（36）76-79頁。

36　第1部　自由刑の改革課題

とどまらず、受刑者に対する積極的な能力付与、即ち援助へと発展させられている点に大きな意義がある[44]。

このような立場からは、受刑者の刑務作業の多くは、労働の機会の保障であり、拘禁されることによって失業した国民に対する就労支援と考えることができよう。

今日、日本では、刑務所出所者等の就労支援の充実が図られるようになってきた。「平成18年度から職業安定機関や更生保護機関とともに、『刑務所出所者等総合的就労支援対策』を開始した。具体的な内容としては、雇用情勢に応じた職業訓練、改善指導としての就労支援指導、就労支援スタッフの配置、ハローワーク職員による職業相談、職業紹介、職業講話の実施やハローワークガイドの配布等の実施等があげられる。また、平成28年度には、東京矯正管区及び大阪矯正管区に矯正就労支援情報センターを設置し、受刑者等の帰住地や修得資格などの情報を一括管理し、出所者等の雇用を希望する企業の相談に対応して、広域的な就労支援などに取り組んでいる」[45]。また、「受刑者の再犯を防止するための就労支援対策として改善更生及び円滑な社会復帰に有益で、受刑者が社会に貢献していることが実感できるような作業を導入するなど、その質的充実も図る必要がある」とされている[46]。

これらの出所者に対する就労支援や受刑者への有益労働の提供などは、国の再犯防止目的を根拠に実施される一連の事業だと位置づけられている。しかし、受刑者に対する有益労働の提供は、再犯防止効果の有無にかかわらず、勤労の権利の保障と考えるべきものである。また、出所者に対する就労支援も、再犯の防止というよりも、自由刑を純化するために、その弊害を除去する国家の義務と考えるべきであろう。再犯の防止は、その反射的効果なのである。さらに、受刑者の刑務作業の多くは、拘禁されることによって失業した国民に対する就労支援であり、労働の機会の保障であると考えることができよう。

このような受刑者や出所者に対する就労支援等は、将来の生活再建に向け

44　土井・前掲注（36）77頁。

45　法務省矯正局「矯正の現状」（抜刷）（2016年12月）7頁。

46　法務省矯正局・前掲注（45）6頁。

た社会的援助[47]であって、自由刑の弊害を除去する国家の義務というべきであり、自由刑純化における弊害除去の側面なのである。

4　結び

　本稿は、自由刑純化の立場から、刑務作業のあり方を論じた。刑務作業を刑罰内容とする現行刑法を改正し、刑罰内容としては緩和された身柄の拘禁に純化すべきこと、そして、自由刑純化論の2つの側面から、刑務作業は一般労働と同等化するとともに、他方では、自由刑の弊害を除去するために、国は就労支援を行うべき法的義務を負うことを主張した。このような立場からは、自由刑を事実上懲役刑へと単一化し、現在の実務をただ正当化するのではなく、禁錮刑への単一化の方向で現在の刑務作業体制を抜本的に見直し、受刑者に対する勤労権の実質的保障として再構成することが帰結される。
　なお、一般労働としての刑務作業と社会的援助としての職業訓練や就労支援等についての具体的なあり方、例えば、雇用契約と賃金制、労災補償、失業保障、病休や年休等の社会保障制度など、論ずべき課題は多いが、これらについては他日を期したい。

---

47 本庄武は、ソーシャル・インクルージョンにより犯罪行為者に対する就労支援を根拠づけているが、その方向は、本稿でいう社会的援助の内容を実質的に示したものということができよう。本庄武「ソーシャル・インクルージョンと犯罪行為者の就労支援」龍谷大学矯正・保護総合センター研究年報第5号（2015年）74頁以下参照。

教育的処遇（矯正処遇）
―被収容者の処遇改革の歴史と主体性の確立―

石塚伸一

1　はじめに

　本稿の課題は、処遇、就中、教育的処遇をめぐる、刑法改正や監獄法改正の議論を振り返り、矯正処遇を刑罰内容として規定すること、および、処遇を懲罰によって強制することの問題性を明らかにし、これに対する私の見解を示すことである。

　予め私見を示すとすれば、被収容者の人間の尊厳と主体性を確立するための努力を積み重ねてきた処遇改革の成果を踏まえ、所定の作業を刑罰内容として賦課する懲役刑を廃止し、自由刑を身体の移動を制限することを内容とする拘禁刑（禁錮刑と言ってもよい。）に単一化することには賛成である。しかし、拘禁刑の刑罰内容は、身体の移動の自由の制限に尽きるのであるから、労働（刑務作業）や改善教育（改善指導および教科指導）は、強制ないしは義務付けるべきではない。したがって、処遇計画の策定・変更には、本人の同意が必要である。矯正処遇を懲罰によって、間接的に強制することは、『刑事収容施設及び被収容者等の処遇に関する法律』（平成 17 年 5 月 25 日法律第 50 号）（以下「処遇法」という。）の受刑者処遇の原則に違背し、違法であるばかりか、日本国憲法に違反するものであるから、労働や処遇の強制を拒むことを、速やかに懲罰事由から削除すべきである。

2 処遇法における矯正処遇

(1) 処遇の意義

　刑事政策における処遇の意義を確認しておこう。「処遇」という言葉は、英語の treatment の翻訳である。ドイツ語では Behandlung という。広義における処遇とは、人間的な取扱いを意味する。これに対して、狭義における処遇とは、国や地方公共団体による改善更生のための働きかけを意味する。狭義の処遇は、施設内処遇と社会内処遇に大別される。矯正処遇は前者、保護観察は後者の典型である。その中間形態として、外部通勤・通学のような半自由、週末拘禁のような半拘禁がある。

　処遇に類する用語として矯正（英 correction）という言葉がある。矯正とは、日常用語では、欠点・悪習等を正しい状態に直すことをいうが、法律学、とりわけ、刑事法学の専門用語では、刑務所や少年院に収容されている人たちの改善更生のための処遇を意味する。

　刑罰執行の過程で対象者を強制的に「教化遷善」すること重視した時代には、矯正にかかわる人たちの主たる関心は、「行刑（独 Strafvollzug）」や「改善更生（独 Besserung）」であった。しかし、1960 年代以降になると、犯罪や非行をおかしてしまった人たちが、再び一般社会に戻り、そこで生きていくというプロセスを重視し、「社会復帰（英 rehabilitation）」や「再社会化（独 Resozialisierung）」という言葉を用いることが多くなった。犯罪や非行をおかすことなく社会生活を営んでいくためには、本人が社会の中で犯罪をおかすことなく生活していきたいという意志をもつことが大切である。その意味では、更生（＝甦り）は、強制したり、義務付けたりすべきものではなく、当事者の内心から湧き出てくるものでなければならない[1]。

1　近年、犯罪をおかした人が回復して、みずからを積極的に社会に位置付けていくことを「デジスタンス（desistance）」と呼び、社会参加の一形態として積極的に位置付けていこうとする流れが台頭している。

(2) 監獄法における教誨

刑法や監獄法が施行された1908（明治41）年当時は、囚人（＝受刑者）の精神的救済（宗教教誨）と教化改善（教科教育）は、官吏（＝公務員）たる教誨師がその任に当たっていた[2]。監獄法の起草者のひとりである小河滋次郎は、多くの囚人が罪を犯した原因は「無窮ノ存在」である神仏を信じていないことにある。罪人は教誨によって善人に還（かわ）らなければならない、と考えた[3]。

受刑者は神仏をも信じぬが故に犯罪者となったというような囚人に対する蔑視が、いまの矯正の世界にも残っていて、かたちだけは、信教の自由、思想信条の自由などというけれど、矯正の名の下に、劣った人間であるかのような扱いがなされている。これを根本から代えようというのが、監獄法改正の目的のひとつだった。

(3) 処遇法における矯正処遇

現在、刑事施設では、受刑者の改善更生の意欲を喚起し、社会生活に適応できる能力を育成するために矯正処遇を実施している。矯正処遇は、刑務作業、改善指導および教科指導に区分される。

処遇法は、これらの矯正処遇を義務付けることを認めているという見解がある。すなわち、正当な理由なく、刑法によって所定の作業を義務付けられた懲役受刑者（92条）もしくは自らの申し出によって作業を許された禁錮・拘留受刑者（93条）が作業を怠り、または、執行開始時および釈放前の指導（85条1項各号）、改善指導（103条）もしくは矯正処遇（104条）に規定する指導を拒まないこと、を遵守事項としている（74条2項）。施設長は、遵守事項違反に対して懲罰を科すことができる（150条）、このような間接強制の可能性が存在することを理由に、矯正処遇は義務付けることができるようになったというのである[4]。

たしかに、作業については、刑法が「所定の作業を行わせる」（第12条2

---

2 1881（明治14）年『明治十四年改訂監獄則』には、「已決囚及ヒ懲治人教誨ノタメ、教誨師ヲシテ悔過遷善ノ道ヲ講セシム」（30条）との明文があった。

3 小河滋次郎『監獄学』（警察監獄学会東京支会、1889年）857頁。

項）と規定しているので、懲役刑受刑者については作業を義務付けることができる。禁錮受刑者についても申し出が認められれば作業ができる。希望によって作業をはじめた以上、勝手に怠けることは許されないというのである[5]。しかし、前者は法による強制、後者は本人と施設の合意に基づく義務である。両者の法的性格は異なる。本人の意思に反する改善指導や教科指導が刑法の「所定の作業」に含まれると解するのであれば格別、本人の同意なしに、この種の矯正処遇を受刑者に義務付けることは許されない。

3 刑法改正と自由刑の単一化

(1) 刑法改正における自由刑の単一化
──懲役刑単一化か、それとも、禁錮刑単一化か？

懲役刑と禁錮刑の区別については、昭和40年代の刑法改正作業において議論となった[6]。最大の論点は、政治犯などの非破廉恥罪で拘禁刑を科された者に対して労働による改善を強制できるか、ということであった。

おそらく、日本で最初に自由刑の単一化を提唱したのは、前述の小河滋次郎の刑名簡約論[7]であろう[8]。小河は、旧刑法（明治13年7月17日太政官布告36号：明治15年1月1日施行）が拘禁刑を重懲役、軽懲役、重禁獄、軽禁獄および拘留の5種類に細分し、国事犯にだけ定役（労働）を科していないことを煩瑣であると考えた。1875（明治28）年改正草案が懲役と禁獄の重軽の区別を廃したことを評価し、さらに一歩進めて、禁錮（禁獄）に単一化することを提案した[9]。ただし、小河の禁錮刑単一化論は、当時の実務を前提と

---

4 名取俊也「刑事施設及び受刑者の処遇等に関する法律の概要」ジュリスト1298号（2005年）11-24頁参照。

5 懲役受刑者および労役場留置者には、刑法により作業が義務付けられている。禁錮受刑者および拘留受刑者も、希望により作業を行うことができる。2015（平成27）年度における作業の一日平均就業人員は、50,372人であった。禁錮受刑者は、2016年3月31日現在83.2%が作業に従事していた。『平成28年度版犯罪白書』参照。

6 法務省刑事局編『刑法全面改正の検討結果とその解説』（大蔵省印刷局、1976年）48-50頁。当時の議論の中心は、禁錮刑を廃止すべきか否かであった。

7 小河滋次郎『監獄学』（警察監獄学会、1894年）91頁。

8 所一彦「禁錮は廃止すべきか」立教法学2号（1961年）81-128頁〔81頁〕。

しており、囚人にはすべて定役を科すことを当然と考えていたので、実質的には、懲役刑単一化論であった。前期昭和の行刑改革の指導者であった正木亮は、改善教育刑論の立場から、労働教育の重要性を主張し、受刑者に労働を義務付け、労働によって人格の教化改善を図ることを積極的に推奨した[10]。

戦後は、刑法における主観主義は衰退し、相対的応報刑論が支配的理論になっていったが、行刑実務においては改善教育思想が優勢であったので、監獄法改正の過程では禁錮刑廃止論が有力であった。しかし、禁錮刑の名誉拘禁的意義を評価する存置論も根強く、意見は統一できなかった[11]。

このように日本における自由刑単一化は、労働による改善というかつての教育刑論に立脚した懲役刑単一化を意味していたのである。

(2) 刑法改正と自由刑の単一化
——非破廉恥罪に定役を強制できるか？

刑法改正の議論の中でも、禁錮刑廃止（懲役刑単一化）をめぐって議論が白熱した。反対論の根拠は、①行為に対する道義的評価を前提とする破廉恥罪に対しては、定役（労働）を強制する懲役刑が相当であるが、政治犯のような非破廉恥罪は禁錮刑としてその名誉は守るべきである。このような趣旨から、現行刑法は、内乱罪等の国事犯（政治犯）と過失犯にのみ禁錮刑を法定している。②裁判実務上、禁錮刑が科せられるのは過失犯のみであり、その件数は数パーセントにすぎないので、敢えて現状を変更する必要はない。③行刑実務上、禁錮受刑者は微少であり、現実にもほとんどの禁錮受刑者は請願して作業に従事しており、処遇上も、懲役受刑者と大きな違いはないので、現状のままでも問題はない[12]。④現実にも、すべての受刑者を労働によ

---

9 「百尺竿頭尚ホ一歩進メテ懲役禁錮ノ区別廃シテ之ヲ単一ノ自由刑即チ禁錮刑ノ一種ニ簡約スル」小河滋次郎『監事談』（東京書院、1901 年）555 頁。

10 正木亮「禁錮刑と勤労教育」刑政 43 巻 12 号（1930 年）6-20 頁〔19-20 頁〕。なお、正木は、ソビエト労働改善法を紹介し、労働による改善に重要な意義を高く評価している。正木亮「ソヴィエト・ロシアの改善労働法に就いて」同『行刑上の諸問題〔増補版〕』（有斐閣、1970 年〔初版〕1929 年；〔初出〕「監獄學とソヴィエト・ロシアの労働改善法」法學志林 29 巻 9 号（1928 年））1-46 頁〔15-16 頁〕参照。

11 瀧川幸辰、木村亀二、市川秀雄、平野龍一などが禁錮刑廃止論、小野清一郎、斎藤金作、団藤重光、宮内裕などが存置論であった。所・前掲（注 7）83 頁参照。

って改善矯正する必要はない。むしろ、労働による教化改善に馴染まない受刑者もいる。司法判断と無関係に、執行の段階で行刑当局が実質的な刑罰の内容を決めてしまうことには問題がある。

最終的に『刑法改正草案』は、禁錮刑を残した。そこでは、政治犯に対する名誉拘禁を残さざるを得ないという政治的判断と一般の受刑者の意思の尊重への配慮があったといえるだろう。

(3) 自由刑の純化と社会復帰の支援

1970年代後半から80年代にかけて、行刑機関は社会復帰のために受刑者に積極的に介入していくべきであると考える積極行刑論と自由刑の内容は身体的移動の制限であるから、行刑機関の介入は最小限にすべきであると考える消極行刑論とが対立した。

積極行刑論は、刑罰の目的には受刑者の改善更生が含まれるのでその人格を矯正し、積極的に再犯を防止すべきであるとする改善更生論と受刑者の自覚に基づいて、社会復帰ないしは再社会化を支援するにとどめるべきであるとする社会復帰論に分かれた。消極行刑論も、現実の社会復帰行刑は「何の役にも立っていない（Nothing works）」から教育的処遇は無意味であるとする行刑悲観論と刑罰執行の本質や刑罰内容を純化して、余計な自由の剥奪や制限をできるだけ回避しようとする自由刑純化論に分かれた[13]。医療においても、時代の流れは、患者の自己決定を重視する方向にむかっていたので、行刑においても、自由の制約はできる限り最低限度にとどめ、嫌だという人には介入しない方がよい、あるいは、介入すべきでないとする見解が有力になっていった。

しかし、伝統的に「タンジブルな（tangible）」人間関係で成り立つ行刑の現場では、貧しさや弱さのために自暴自棄になって、犯罪を繰り返している

---

12 現在は当時よりもさらに禁錮受刑者は減っている。『平成28年度版犯罪白書』によれば、2015年末（同年12月31日現在）の処遇指導区分の禁錮受刑者は131人であり、全受刑者47,065人のわずか0.3％であり、2015年度末（2016年3月31日現在）には禁錮受刑者の83.2％が作業に従事していた。

13 石塚伸一「犯罪者処遇モデルの効果」加藤久雄＝瀬川晃編著『青林講義・刑事政策』（青林書院、1998年）103-112頁参照。

ような人たちに、どうやってやる気を出させ、改善更生の道を歩んでもらうか、ということが現実の課題であったから、「嫌なら好きにしなさい」という放任主義は無責任と捉えられた。また、国は、強制や義務がともなうなら公の予算で支援するが、自由な選択なら受益者負担にしがちなので、結局、貧しい人は十分な支援が受けられないことになる。

　そこで、刑罰内容を移動の自由の制約に限定しながら（自由刑の純化）、やる気のある受刑者には、人的・物的支援を提供する（社会復帰の支援）という理論的枠組みが必要となる。私見によれば、自由の拘束は、必然的に、その人の無限の成長発達の契機と可能性を奪うことになる。その反射的効果として、国にはこの損失を補填する義務が生じる。刑罰という厳しい薬を処方した以上、処方者はその副作用についても責任を負わなければならない[14]。1973 年 6 月 5 日のドイツ連邦憲法裁判所のいわゆる「レーバッハ判決(Lebach-Urteil)」[15] は、受刑者の社会復帰についての権利を人間の尊厳という憲法上の権利から導き、受刑者自身の人格の発達（啓発）の権利と関係付けている。

　それでは、自由刑の内容ではないが、「執行方法の形態である」[16] という位置付けで、強制することができるであろうか。デモクラシー（国民主権）とリベラリズム（政治的価値相対主義）の観点からは、道義的非難に値しない

---

14 『ヨーロッパ刑事施設規則』は、「拘禁刑は、犯罪者からその自由を剥奪するというまさにそのこと自体が刑罰である。拘禁状態および刑務制度は、正当な理由に基づく分離処置または規律の維持にともなう措置以外は、このような状態に固有の苦痛をそれ以上に増大させてはならない」(64 条) とする。

15 「有罪判決を受けた犯罪者も、人間の尊厳に由来し、その保護が保障されている基本権の担い手として、みずからの刑を償った後には、みずからを再び社会の中に位置づける機会を与えられなければならない。犯罪者の側から見れば、このような再社会化の利益は、基本法第 1 条に拘束された第 2 条第 1 項に由来する彼自身の基本権から導かれるものである。他方、社会の側から見れば、社会国家原則は、人格の欠陥、責任無能力、社会的なハンディキャップなどのためにみずからの人格的および社会的成長を妨げられている社会的グループに対して、国家の配慮や保護が及ぶことを要求しているのである。もとより、受刑者や釈放者もこの例外ではない。当然のことながら、この再社会化は社会自体にとってもその保護に役立つものである。なぜなら、このような再社会化は、犯罪者が二度と犯罪を犯さず、新たな市民や社会への侵害を惹き起こさない、という点で社会に対する直接的利益があるからである」(BVerfE, 35, 202 [235])。

16 川出敏裕「自由刑における矯正処遇の法的位置づけについて」刑政 127 巻 4 号（2016 年）14-23 頁〔21 頁〕。

46　第 1 部　自由刑の改革課題

確信犯に労働を強制して改善を迫ることは妥当でない。刑の個別化という観点から個人に応じた刑罰執行を認めるとしても、刑種の選択の基準として道義的評価が要素となるのであれば、その判定は、国民によって選出された議会の制定した法律に基づき、その適用機関である司法が担うべきである[17]。現行法の懲役と禁錮の区別は、第一次的には立法によって、行為類型と刑種において抽象的・一般的に評価が示され、つぎに司法が、行為と行為者を具体的・個別的に評価して、懲役刑が相当か、それとも禁錮刑が相当かを判断する。この慎重な手続きは、デモクラシーとリベラリズムを基調とする現行憲法の立場に適合的である。改正刑法草案が、禁錮刑存置でまとまった背景には、このような賢慮が働いていたといえよう。

　さらに進んで、このような憲法的賢慮は、政治犯であると、一般刑法犯であるとで径庭があるであろうか。受刑者も法の主体である以上、その意思を最大限尊重することは、デモクラシーとリベラリズムの要請である。

4　監獄法改正と受刑者の処遇原則

(1)　監獄法改正における処遇原則

　国民主権を基本原則とする日本国憲法の下での刑罰改革は、デモクラシーを抜きにして考えることはできない。受刑者も法の主体であり、人権が保障されなければならない。したがって、「法治主義（法の支配）」の諸原則は、受刑者にも、当然、当て嵌まる。受刑者の権利の制約は、法律によらなければならないし、その法律は実体的な権利を保障するものでなければならない。そして、権利侵害は、最終的には司法によって救済されなければならない[18]。

　1976 年に始まる監獄法改正作業のスローガンは、法律化、近代化および国際化であった。1980 年 11 月の「監獄法改正の骨子となる要綱」（以下、「要綱」という。）[19] はその到達点を示していた[20]。平野龍一によれば、「要綱」は、監獄法の内容や実務を大幅に変革しようとしたものではないが、「将来

---

17 所・前掲注（8）128 頁。
18 石塚伸一「我が国における行刑改革の歴史とその前提理解――戦後『民主主義』と刑事施設法案」北九州大学法政論集 17 巻 1 号（1989 年）1-55 頁。

の刑事施設運営の方向」を指し示そうとするものであった、と述懐している[21]。その方向とは、従来、日本の刑事施設は、施設管理を重視するあまり、被収容者の権利や自由を過度に制限してきた。このことを率直に反省し、被収容者の権利と自由の範囲をはっきりさせ、「施設管理法から被収容者処遇法へ」と視点を転換すべきである。その論理的帰結として、法律に特別の規定がないときには、被収容者には、一般人と同じ権利が保障される。したがって、被収容者は、拘禁されているということを理由にすべての権利を奪われ、法律に規定があるときに権利（特権）が付与されるのではなく、法律がある場合にはじめて権利の制約が正統化される。「権利設定法から権利制限法へ」の視座の転換である。最後に、被収容者の権利や自由の制限を正当化する根拠は、「刑事施設内の保安の維持」と「受刑者の矯正または社会復帰」に限られるので、制限する場合には、その根拠を法律の中で具体的に明記する、すなわち、「自由制限の根拠の明確化」である[22]。

　その論理的帰結として、受刑者の処遇計画を策定する際には、受刑者の意思が尊重されるべきであり、施設側が一方的に計画を策定し、受刑者の希望を参酌するだけではいけないことになる[23]。「自覚に訴える」だけでは不十分で、教育的処遇は、インフォームド・コンセントという意味での同意と納

19　①明治41年制定施行の『監獄法』と比較すれば進歩的であるとするもの、②いわゆる「代用監獄」問題を抱える『留置施設法案』とは異なり、問題は少ないとするもの、そして、③行刑の現状を肯定し、立法関係者の努力を是とするものなど、好意的なものが少なくなかった。たしかに、監獄法改正の原点は、大正期に始まる市民法の社会法化と治安法化の過程に位置付けることができる。しかし、法案は、「戦後改革」の一環として始められた「行刑の民主化」の集大成という側面ももっていた。

20　1982年4月、法案が国会に提出された。しかし、政治情勢の変化の中で廃案となり、その後、一部修正の上、1987と1991年の2回、国会に再提出されたが、いずれも廃案になった。その背景には、「代用監獄」をめぐる日本弁護士連合会などの厳しい批判があった。

21　平野龍一「刑事施設法の基本問題」法学協会編『法学協会百周年記念論文集　第二巻』（有斐閣、1983年）757-776頁所収〔761頁〕。

22　平野・前掲注（21）762-765頁。平野は、権利や自由の限界の明確にしようとしたこと社会復帰のための処遇を当事者の任意性・自主性にもとづいてやろうとした点は、「要綱」の基本的特徴であったと述べている。平野龍一＝小田中聰樹＝藤本哲也（司会）澤登俊雄「〔討論〕刑事・留置施設法案の検討——社会復帰行刑の実現と代用監獄の漸減をめざして」法律時報60巻3号（1988年）6-22頁〔6頁〕。

23　上掲討論14頁。

48　第1部　自由刑の改革課題

得に基づいていなければならない[24]。

(2)　処遇原則の変遷

　監獄法には処遇原則に関する明文規定がなかった。しかし、行刑実務では受刑者の改善更生と社会復帰を図ることであると解されてきた[25]。処遇法は、「受刑者の処遇は、その者の資質及び環境に応じ、その自覚に訴え、改善更生の意欲の喚起及び社会生活に適応する能力の育成を図ることを旨として行うものとする」(30条)としている。

　注目すべきは、法案化の過程での変遷である。「要綱」では「受刑者の処遇は、受刑者の矯正及び社会復帰を図るため、個々の受刑者の資質及び環境に応じて、その自覚に訴え、改善更生への意欲を喚起し、社会生活に適応する能力をかん養するように行うものとすること」とされていた。ところが、1982年刑事施設法案では「その自覚に訴え」が削除され、「その収容を確保しつつ」の文言が加わった。しかし、1987年法案では「自覚に訴え」が復活し、1991年法案でもこれが残った。2005年「処遇法」案では、「その収容を確保しつつ」が削除され[26]、「自覚に訴え」が残った。

　処遇法の明文規定は、「要綱」の水準で主体性を保証している。しかし、問題はその実体である[27]。「要綱」では、処遇の目的を受刑者の「矯正」と「社会復帰」であると明記し、改善更生意欲の喚起や社会適応能力の育成は、

24　藤本は、これを「自発性(voluntarism)」の原理と呼んでいる。上掲討論9頁。

25　鴨下守孝『全訂新行刑法要論』(東京法令出版社、2006年)は、監獄法24条の解釈により、「その目的は、改善更生と社会復帰を図ることにあると解され、運用されてきた」とする〔371頁〕。なお、終戦直後の政令も、刑務所運営の基本原理は「人権尊重と自給自足と並んで更生復帰であるとしていた(『監獄法運用ノ基本方針ニ関スル件』(昭和21年刑政甲1)。

26　なお、鴨下・前掲注(25)370頁参照。

27　藤井剛「個別的処遇計画の実施——『処遇の個別化』から『個別化された援助』へ」刑事立法研究会編『21世紀の刑事施設』(日本評論社、2003年)135-144頁所収〔139頁〕は、「近年の国際人権法の発展は、社会復帰処遇は被収容者を処遇の主体とし、施設は被収容者への援助者に尽きるものであることを明らかにしている。しかしながら、日本行刑における被収容者の処遇の基調は依然、施設の被収容者に対する改善更生であり、被収容者は『その自覚に訴え』られ、『矯正処遇』を施される客体にとどまっている。被収容者の希望は『参酌』される(刑事施設法案59条)にすぎず、施設は被収容者の希望に拘束されないばかりかその意思に反しても処遇を強制できる」と批判する。

目的を達成するための手段であった。また、効果的な処遇を行うためには
「処遇の個別化」が必要であるとされていた。

(3) 到達点としての受刑者の主体性

「要綱」においては、「矯正」とは「受刑者の犯罪性を除去ないし減少させ
ることとともに、これに社会生活への適応性を付与すること」であり、「社
会復帰」とは「受刑者が社会の正常な一員として再び社会に受け入れられる
に至ること」であるとして、矯正派と社会復帰派が対立した。結局、議論は
一本化できず、矯正と社会復帰が併記された[28]。

刑事施設法案の作成過程で、内閣法制局から、本人の意思を尊重し、「自
覚に訴え」は刑罰の執行施設である刑事施設には不適切であるとの強い指導
があったという。ことの真偽は別として、「自覚に訴え」は、処遇の効果と
いう功利主義的観点からの要請なのか、それとも、処遇における被収容者の
主体性の尊重あるいは自己決定権の要請なのか、導入賛成論者の間でも意見
に違いがあった。

このような議論の末、処遇法30条においては、「受刑者の矯正及び社会復
帰を図るため」という目的規定を置かず、かつ、「自覚に訴え」を明文化し
たのである。敢えて「矯正」という文言を用いず、社会復帰の実質的内容で
ある「改善更生の意欲の喚起及び社会生活に適応する能力の育成を図る」と
規定し、本人の意思を尊重する明文を置いた意味を看過してはならない。

5 矯正処遇の主体と客体

(1) 矯正処遇のために権利の制約

自由刑が受刑者の改善更生を目的とする以上、矯正指導を義務付けること
ができるとする説がある。これには、義務を怠った場合の懲罰を肯定する見
解[29]と懲罰を科すことには問題があるとする見解[30]とがある。これに対し、
義務付けを否定する説は、処遇原則の「自覚に訴え」という主体性尊重規定

---

28 「要綱」219 頁。
29 川出敏裕「監獄法改正の意義と今後の課題」ジュリスト 1298 号（2005 年）25-34 頁〔28 頁〕。

50 第1部 自由刑の改革課題

に矛盾すること、自由刑の純化の観点からは禁錮刑への単一化をめざすべき
こと、受刑者の主体性を尊重しない処遇の強制には処遇効果が期待できない
ことなどを根拠としている[31]。

　前述のように、監獄法改正において「矯正」という言葉は、社会復帰とは
区別され、直接または間接に改善更生を強制する言葉として用いられてきた。
矯正処遇の義務付けを肯定する説は、改善更生のための処遇を矯正処遇と呼
ぶことで、「強制」の契機を裏から取り込んでいる。

(2)　意思に反する矯正処遇

　処遇法のねらいは、改善指導や教科指導への参加を受刑者に強力に働きか
けることにより、とりあえず矯正処遇に参加させることができるということ
にあるとする実務家の見解がある[32]。監獄法の下では、「受刑者の改善更生・
社会復帰に効果的と考えられる処遇類型別指導についても、受講を希望する
受刑者を募り、あるいは、個別に働きかけて、任意に受講に応じた者に対し
て行うにとどまり、本来、それらの指導が必要と認められる受刑者に対して
受講を命ずることができず、教育的な処遇を実効的に行うことが困難な状況
にあった」[33]。それが、処遇法に代わって、改善指導や教科指導を法律上の
制度として位置付け、それらの指導を受けることを義務付けることが明確に
規定された、というのである[34]。

　しかし、そうであろうか。受刑者が刑罰に服する義務が生ずるのは、法の
主体として、犯罪をおかせば、法で定められた刑罰を受けることを、あらか
じめ、承認しているとみなされているからである。だからこそ、懲役受刑者

30　日本弁護士連合会『「刑事施設及び受刑者の処遇等に関する法律案」についての日弁連の意見』
　　（2005年3月18日）28頁。
31　土井政和「社会復帰のための処遇」菊田幸一＝海渡雄一編著『刑務所システム再構築への指針』
　　（日本評論社、2007年）69-97頁所収〔81頁〕。
32　名執雅子「刑事施設及び受刑者の処遇等に関する法律における改善指導等の充実について」法
　　律のひろば58巻8号（2005年）24頁および25頁、小澤政治『行刑の近代化───刑事施設と
　　受刑者の処遇の変遷』（日本評論社、2014年）279-280頁参照。なお、川出・前掲注（29）29頁
　　も参照。
33　林眞琴＝北村篤＝名取俊也編著『逐条解説・刑事施設法〔改訂版〕』（有斐閣、2013年）394頁。
34　川出・前掲注（16）16頁。

は、「所定の作業」として労働が義務付けられれば、それに従わざるを得ないのである。しかし、わたしたちは、犯罪をおかして刑務所に入ったら、改善指導や教科指導に服することまで承認しているだろうか。刑事施設の提供するサーヴィスを受けるかどうかは、受刑者自身が自らの意思に基づいて決定するべきである。

処遇法は、医療について、「飲食物を摂取しない場合において、その生命に危険が及ぶおそれがあるとき」（62条1項2号）。刑事施設の長は、速やかに、医師等による診療や栄養補給の処置（強制滋養）を行うことを認めている。しかし、負傷もしくは疾病にかかっているとき、またはその疑いがある場合には（同項1号）、生命に危険が及び、または他人にその疾病を感染させるおそれがないときは、その者の意思に反して診療等をすることはできない（同項但書）。その効果が科学的に検証されている医療の場合でも、受刑者の意思は、手厚く尊重されている。

懲罰を背景にして行われる説得は、「人を犬のように扱うものであり、犬に向かって杖を振り上げ脅すのに等しい」[35]。脅して、あるいは騙してでも、治療を始め、結果が出ればよいというのは、当事者の意思に反して手術しても、病気が治ればよいというに等しく、人間の尊厳を傷つけるやり方である。

このように、改善指導や教科指導を強制することに十分な理論的根拠はない。たしかに処遇法は、矯正処遇にしたがうことを遵守事項に挙げている。しかし、受刑者処遇の一般原則（第30条）に反するので、処遇を拒むことには「正当な理由」があるので、懲罰の対象とはならない。もし、処遇法が処遇強制を許すという趣旨であるとすれば、同法の関連規定に基づく行政処分は、「その意に反する苦役」（憲法18条）ないしは「公務員による拷問」（同36条）に当たるとともに、「適正な法律によらない自由の制約」（同31条）であって憲法に違反する。

(3)　処遇法で権利や自由を制約できるか？

前述のように、監獄法改正の基本方針は、①被収容者の権利と自由の範囲

---

35 G・W・F・ヘーゲル〔速見啓二＝岡田隆平訳〕『（ヘーゲル全集9）法の哲学──自然及び国家学』（岩波書店、1950年）139-140頁。

を法律で明記すること（施設管理法ではなく被収容者処遇法）、②法律によって、特権が与えられるのではなく、法律があって初めて権利を制限できること（権利の創設法ではなく制限法）、そして、③権利や自由を制限するときには、拘禁確保・保安維持または受刑者の矯正・社会復帰のいずれであるのか、その根拠と範囲を明確に規定することであった[36]。

　受刑者の処遇という観点から見れば、刑法に明確な規定のない矯正指導への受任義務を処遇法で新たに創設し、矯正や社会復帰に役立つかどうか分からない曖昧模糊とした改善指導を義務付け、これに遵わないというだけで、合理的な根拠も示さずに懲罰を科すというやり方は、明らかに上記の基本方針に反している。

　処遇要領[37]（84条2項）は、法務省令したがって、刑事施設長が、受刑者の資質および環境の調査に基づいて策定する（同条3項）。策定や変更に際し、受刑者は、その希望を参酌されるにすぎない（同条4項）。

　『犯罪白書』[38] によれば、改善指導とは、受刑者に対し、犯罪の責任を「自覚させ」、健康な心身を「培わせ」、社会生活に適応するのに必要な知識および生活態度を「習得させる」ための指導である。これには、一般改善指導と特別改善指導がある。一般改善指導とは、講話・体育・行事・面接・相談助言その他の方法により、被害者感情を「理解させ」罪障感を養うこと、規則正しい生活習慣や健全な考え方を「付与し」心身の健康の増進を図ること、生活設計や社会復帰への心構えを「持たせ」社会適応に必要なスキルを身に付けさせることなどを目的として行う指導である。

　特別改善指導とは、特殊な事情により、改善更生および円滑な社会復帰に支障があると認められる受刑者に対し、その事情の改善に資するよう特に配慮して行う改善指導であり、（薬物使用に係る自己の問題性を理解させたうえで、再使用に至らないための具体的な方法を「考えさせる」ことなどを内容とする薬物依存離脱指導、警察等と協力しながら、暴力団の反社会性を

36　平野ほか前掲注（22）討論を参照。
37　矯正処遇の目標並びにその基本的な内容及び方法を受刑者ごとに定める矯正処遇の実施要領である。
38　『平成28年版 犯罪白書』第2編 / 第4章 / 第2節 /3。

教育的処遇（矯正処遇）　53

「認識させる」指導を行い、離脱意志の醸成を図るなどを内容とする暴力団離脱指導、性犯罪につながる自己の問題性を「認識させ」、再犯に至らないための具体的な方法を「習得させる」ことなどを内容とする性犯罪再犯防止指導、罪の大きさや被害者等の心情等を「認識させる」などし、被害者等に誠意をもって対応するための方法を「考えさせる」などを内容とする被害者の視点を取り入れた教育、運転者の責任と義務を「自覚させ」、罪の重さを「認識させる」ことなどを内容とする交通安全指導および就労に必要な基本的スキルとマナーを「習得させ」、出所後の就労に向けての取組を「具体化させる」ことなどを内容とする就労支援指導の6類型の指導である。

　これら6類型の特別改善指導は、行為類型を行為者類型に読み替えて、必要や効果の科学的検証もないまま、試行的にプログラムを提供している。上記の表現からも分かるように、施設側が主体となって、客体である受刑者に「させる」処遇である。すくなくとも、処遇要領の策定の段階では、受刑者の要求または納得が得られなければ、矯正処遇は開始できないと解すべきであろう。同様のことは、すでに禁錮受刑者の「申し出による作業」においては実施されている。

(4)　パターナリズムとリーガル・モラリズム

　ある行為を法によって禁止し、国が個人の権利や自由に介入する根拠を「他人の権利や自由を侵害した」（法益侵害）からと考えるのが侵害原理（ミル原理）である。犯罪行為者に対する刑罰的介入は、基本的には、この原理によって正当化されている。これに対して、「社会の道徳や規範に反する」（規範違反）からと考える立場をリーガル・モラリズム（legal moralism）と呼ぶ。さらには、「未熟な本人の利益を守るため」（国親思想）と考えるのがパターナリズム（paternalism）である[39]。

　2000年少年法改正[40]は、犯罪をおかした16歳未満の少年に対し、家庭裁判所が刑事処分を相当と判断して検察官に送致し、刑事裁判所が懲役刑また

39　H. L. A. Hart, *Law, Liberty and Morality*, Oxford: Oxford University Press, 1963.（H・L・A・ハート〔小林公＝森村進訳〕『権利・功利・自由』木鐸社、1987年）30-34頁参照。
40　『少年法の一部を改正する法律』（平成20年法律第71号）。

は禁錮刑の実刑の判決を言渡した場合、少年は16歳に達するまでの間、その刑を刑事施設ではなく少年院で執行することを認めた。この場合、当該少年に対しては、年少者であるという特性に配慮し、矯正教育を「授ける」ものとしている（同法56条3項）。

本改正によって、「懲役受刑者についても、刑務作業を課するのではなく矯正教育が行われることになり、懲役刑と刑務作業が切り離されることになった。それとともに、禁錮受刑者についても、懲役受刑者と同様に、矯正教育が行われることになり、執行の面において両者の区別がなくなることになった。この改正は、その対象が限定されているとはいえ、刑法上規定された懲役・禁錮刑の内容とは切り離して、矯正施設における処遇内容を決定することができることを示した点において画期的なものであった」[41]とする見解がある。

しかし、少年法が16年歳未満の少年に対し、刑務作業という労働の強制を避けたのは、少年の健全育成への配慮や子どもの保護という観点[42]からであって、刑務作業と懲役刑を切り離したわけではない。このことは、禁錮刑を言渡された少年について考えてみると問題はより鮮明になる。施設が矯正教育を「授ける」のは、当該少年のため、すなわち、パターナリズムによる。矯正施設が恣（ほしいまま）に矯正教育を「授ける」（強制する）ことを認めたわけではない。

法的観点からみても、司法である刑事裁判所は、少年法によれば、16歳になるまで、懲役・禁錮刑に代えて矯正教育を授けると決定したのである。実体法に規定された刑罰や処分の内容と切り離して、執行機関が執行法で処遇内容を決定することを認めたのではない。

矯正教育を「授ける」という表現からも明らかなように、少年法はパターナリズム（国親思想）によって権利や自由の制約を正当化している。成人に

---

[41] 川出・前掲注（16）16頁。

[42] 国際労働機関（ILO）「就業の最低年齢に関する条約（第138号）」は、労働を禁止する最低年齢を「義務教育年齢であり、15歳を下回らないものとしている。日本国憲法も「児童は、これを酷使してはならない」（第27条第3項）としている。児童の定義については、労働基準法や児童福祉法などでは15歳に達した日以後の最初の3月31日終了日以降（中学校の卒業後・義務教育課程修了後）からを適法な労働者としている。

も、同様のパターナリズム論理で介入することはできない。できるとすれば、破廉恥犯は、道義的に劣った者であるから介入が必要であるということにならざるを得ない。さらに進んで、破廉恥犯には道義的非難が向けられているから、国は介入できるというのであれば、改善更生という名の下にリーガル・モラリズムを取り込んでいることになる。

「懲役・禁錮刑の内容である刑事施設への拘置というのは、刑事施設に身柄を収容するというだけでなく、そこで生活させることを当然含んでいる」[43]とされる根拠は、正に、受刑者を道義的に劣ったものとする評価を前提としていると言わなければならない。

処遇法の改善指導に関する規定（第103条1項）の「自覚させ」「培わせ」「習得させ」「理解させ」「付与し」「持たせ」など表現は、立案者が、受刑者を処遇の客体と看做していることを示唆している。特別改善指導の対象として、薬物事犯（同条2項1号）や暴力団員（同項2号）を名指ししているのは、彼らを病者あるいは道徳的に劣った人間と看做し、改善指導を強制してもよいと考えているからといわざるをえない。

前述のような処遇法の解釈は、受刑者を処遇の客体と看做し、施設管理を優先するもので、施設管理法から被収容者処遇法へという監獄法改正の基本方針には逆らう特殊な解釈と言わなければならない。

(5)　功利主義の施設法と人道主義の処遇法

それでは、「刑事施設への拘置というのは、刑事施設に身柄を収容するというだけでなく、そこで生活させることを当然含んでいる」[44]といえるのであろうか。たしかに、拘禁刑は、受刑者の身体を施設に収容する。しかし、受刑者は、自ら収容された施設で「生活する」のである。拘禁中の生活のすべてを施設が決め、それに従って「生活させる」のではない。受刑者は、拘禁によってすべての権利が奪われるわけではない。法律に規定された拘禁刑の内容およびその執行に必然的にともなう権利が制限されるほか、共同生活にともなうような権利や自由の制約を受けるにすぎない。処遇法は、権利創

43　川出・前掲注（16）16頁。
44　川出・前掲論（16）17頁。

設法ではなく、権利制限法として解釈すべきである。

　処遇法は、「矯正処遇の適切な実施に支障を生じるおそれがあるときに、自弁の書籍等の閲覧（70条1項2号）や面会（113条1項2号）が制限できる」としている。しかし、そこでは「矯正処遇の適切な実施」が問題となっているのであり、すでに策定された処遇計画に基づいて具体的な矯正処遇を実施するに際して、具体的支障がある場合には、特定の権利を一定の範囲で制限できるとしているにすぎない。矯正処遇の目的を達するために必要な範囲を超えて、受刑者の権利を全面的に制限することを施設の判断に委ねているわけではない。

　さらには、効率性重視の発想を徹底すれば、施設管理を優先させて、宗教上の行為を制限することも可能になるであろう。しかし、処遇法は、「被収容者が一人で行う礼拝その他の宗教上の行為は、これを禁止し、又は制限してはならない」（第67条本文）と規定している。また、「刑事施設の規律及び秩序の維持その他管理運営上支障を生ずるおそれがある場合は、この限りでない」（同条但書）としているので、規律秩序の維持や施設管理を根拠に宗教行為を制限する場合があることも認めている。「刑事施設への拘置というのは、刑事施設に身柄を収容するというだけでなく、そこで生活させることを当然含んでいる」というのであれば、矯正処遇のために宗教上の行為を制限し、信教の自由を制約することも正当化できることになってしまう。

　たしかに、所定の作業や共同生活の日課に支障がある場合には、その実施に必要最低限の制約が課されることはやむをえないといえるだろう。実務では、所定の作業が刑罰であることを理由に、一部の例外を除いて、宗教的行事よりも、刑務作業を優先している。しかし、改善指導や教科指導のために宗教的な行為や行事を制限してよいのであろうか。ドイツ行刑法典は、受刑者にミサその他の宗教行事に参加する権利を認め（54条1項2文）、保安の

---

45 「ドイツ行刑」（Das Gesetz über den Vollzug der Freiheitsstrafe und der freiheitsentziehenden Maßregeln der Besserung und Sicherung vom 16.03.1976（BGBl. I S. 581, 2088; 1977 I S. 436））法務省矯正局訳『ドイツ行刑法及び関連業績規則　付行刑服務保安規則』54-55頁。この規定は、世界観を共有する団体（Weltanschauungsgemeinschaften）の所属者についても準用される（同55条）。

確保や秩序の維持が優越する場合にのみ、その権利を制限できるものとし、その場合には、予め教誨師の意見を聴取することしている（同条3項）[45]。前述のように、執行法で権利や自由を制限するためには、理由と範囲を明確化した明文規定が必要である。「権利や自由を保障する」ということは、こういうことである。

(6) 禁錮受刑者は、無為を好むか？

　拘禁刑が禁錮刑に単一化され、矯正処遇が強制できなくなると、受刑者は「日常を無為に過ごすのではないか」と危惧する人たちがいる。しかし、そうだろうか。現在も、ほとんどの受刑者は刑務作業に従事している。その動機付けは、無為に過ごすことが苦痛だからである。刑務作業に従事すれば、小額ではあるが報奨金が得られる。「刑務所の生活にはお金がかからない」と思っている人が多い。しかし、現実には自弁の用品や新聞などに自ら使える「お金」が必要である。刑務作業を拒否する懲役受刑者が少なく、申し出ても作業をしたいという禁錮受刑者が多いのは、作業を動機付ける「お金」というメリットがあるからである。

　それぞれの矯正処遇には、それぞれのメリットとデメリットがある。刑務作業は、作業報奨金というメリットはあるが、受刑者ごとに従事する作業等級によって額が違う。比較的割りのいい報奨金を得られる人は、作業に就きたいと思うだろう。職業訓練で資格や技術を修得すれば、将来の就職に役立つ人もいるかもしれない。義務教育を受けていない人には、補修教育を受けて義務教育を修了するという明確な到達目標がある。高校や大学の修了証が公布されれば、出所後の生活に希望が繋がるかもしれない。

　ところが、特別改善指導は、その人の特性にあった問題解決という側面が強い。現在、薬物依存離脱指導（薬物事犯）、暴力団離脱指導（暴力団関係者）、性犯罪再犯防止指導（性犯罪者）、被害者の視点を取り入れた教育（生命犯）、交通安全指導（交通事犯）および就労支援指導の6類型の特別改善指導が行われているが、就労に必要な基本的スキルとマナーを習得させ、出所後の就労に向けての取組を具体化させる就労支援以外は、すべて行為を基準としたプログラムであり、人に着目した処遇とはいえない。

これらの特別改善指導の効果については、いまのところ科学的・実証的証拠はない。性犯の集中的プログラム以外は、導入的なもので即効性はない。したがって、それぞれの受刑者ごとに、ケースワークとして、試行錯誤で実施していくことになる。監獄法の下では、改善更生・社会復帰に効果的と考えられる処遇類型別指導を「必要と認められる受刑者に対して受講を命ずることができなかった」[46] なかったという論者がいるが、所詮は、施設側が効果的と「考えた」受刑者であるというにすぎない。このような実情を踏まえれば、現在の特別改善指導は、「受講を命ずる」ことのできるような水準にはない。むしろ、決定的な効果がないから、多くの受刑者は、受講を義務付けられても、敢えて拒否しないのであろう。

前述のように、類型別処遇（現在は、特別改善指導）は、行動の変容をめざす試行的なものであり、人格の深みにまで入り込んで人格を変容させるような措置でないからよい。もし、人格変容にまで迫る矯正処遇であれば、それは「改善のための処分」である[47]。ドイツ刑法改正の中核部分とも評された「社会治療施設収容処分」は、常習累犯の人格の変容を迫る処分であったが、本人の意思に反して行為者の危険性を除去することができるのか、という処遇イデオロギー上の疑念があった。結局、3度の執行延期の後、最終的にその実施が断念され、行刑の枠組みの中で、希望者に対して社会治療的処遇が実施されている[48]。

6 結び

刑法改正における自由刑の単一化は、懲役刑単一化をめぐって議論されていた。改正論議においては、非破廉恥罪の受刑者の名誉に配慮して、禁錮刑を存置せざるを得なかった。そこには、デモクラシーの下では、法の主体で

---

46 林ほか・前掲注（33）394頁。

47 そのような場合には、刑罰と処分の二元主義の当否を正面から議論すべきである。実務的にも、矯正処遇への参加を物理的に強制することは認められていないし、本人の強い意志に反して強制しても効果は期待できない。実際にも、そのような強制は行われていない。

48 石塚伸一『社会的法治国家と刑事立法政策———ドイツ統一と刑事政策学のゆくえ』（信山社、1997年）67-68頁および188-189頁参照。

ある受刑者に対し、道徳的評価を前提に労働による改善を強制することは控えるべきであるという賢慮があった。この賢慮は、刑罰内容を身体の移動の自由の制限に限定する「自由刑の純化」へと発展した。その論理的帰結として、将来的には自由刑は禁錮刑に単一化することが望ましいという結論に達した。

監獄法改正においては、施設管理法から被収容者処遇法へと基本方針は大きく転換した。受刑者は、権利の主体と位置付けられ、処遇計画の策定や変更に際しては、本人の意思を出発点とし、その動機付けは、施設による情報の提供と説得・納得の関係によってなされなければならず、これを懲罰等によって強制することは許されない。無理矢理強制しても、効果は期待できないということが確認された。

以上のように、自由刑は、拘禁刑（禁固刑）に単一化すべきである。しかし、処遇の主体は受刑者であるから、矯正処遇や矯正指導を拒否したことを理由に懲罰を科すべきでない。

法の主体である受刑者の声は、立法に反映されているだろうか。立案者の机上の論理が、現場の職員に無理を強いることになっていないであろうか。立法の行末が危惧される[49]。

---

49 石塚伸一「司法制度改革と犯罪者の処遇」法律時報増刊・シリーズ司法制度改革（2001 年）181-184 頁参照。

「懲罰」を語らずに「規律」を語るために

赤池一将

1 監獄法 59 条の呪縛

　監獄法は、刑事施設における規律と懲罰に関して、「在監者紀律に違ひたるときは懲罰に処す」（59 条）と定め、それに続けて 12 種の懲罰と執行停止等を規定するだけであった。「紀律」を維持するための実力規制や違反者に対する手続を定める規定もなく、一定の省令があるとはいえ、最終的には、懲戒権者である施設長の裁量にすべてを委ねる構成がとられていた。そこでは、「紀律」は、監獄という公法上の営造物を維持運営するための手段であり、施設長は、監獄の設置目的を達成するために、懲罰をもって被収容者をこれに従わせると考えられていた。監獄法をめぐる戦後の改正論議は、この思考の枠組の呪縛からいまだ抜け出せぬままにあるように思われる。本稿では、これを相互に関連する 2 つの自明性の課題として検討する。

　第 1 は、規律概念の自明性である。監獄法 59 条は、「紀律」について一切の説明を排し、「紀律」をア・プリオリに規定した。それ故、何が「紀律」であるかは必ずしも明らかにされていない。そのため監獄法改正作業においても「紀律」を「紀律」たらしめるものが自覚的に検討される機会はなかった。現在の「刑事収容施設及び被収容者の処遇に関する法律」（以下、刑事収容施設法と略す）においても、「規律は、適正に維持されなければならない」（73 条 1 項）と、「規律」自体の定義も目的も示されず、「規律」維持の自明性が措定されている。このため「規律」の内容が問題となる場合も、本来、

多義的であるはずの「規律」は、もっぱら刑事施設の一般的・抽象的な設置目的との関係から、被収容者の「拘禁の確保」を優越させる管理運営方法の中核として解釈されてきた。本稿では、規律秩序に関する原則規定をその立法経緯から分析し、その特徴と効果を検討する（3〜5節）。

　第2は、「紀律」違反が懲罰要件として規定されることの自明性である。監獄法59条は、「紀律」違反の効果として「懲罰に処す」と規定した。それ故、刑事施設の設置目的を「拘禁の確保」の観点から規定された規律が、その効果をもっぱら懲罰に求めることは自明であるとされた。しかし、本来、多義的な規律への要請は多様でありうる。施設の管理運営に支障をきたすことのない生活指導的規律のなかには、懲罰に馴染まぬ規律もあろう。また、矯正処遇の促進を目的とする規律であれば、本人の自覚に訴えるためには、懲罰による強制よりも、むしろ、善行を奨励し、責任感を向上させるために、適切な賞遇の制度を新設すべき場合もあろう[1]。本稿では、刑務所で必要とされる規律の多義性を改めて整理し、懲罰以外の対応の多様性が矯正保護の政策展開にもたらす可能性を検討する（6〜8節）。

　まず、これらの問題意識を抱くに至った経緯から述べよう（2節）。

2　軍隊式行進の復活

　(1)　現在、被収容者が遵守すべき刑事施設内の規則や生活規範は、入所とともに告知され、これを記した各施設の「所内生活の手引」や「生活心得」等の小冊子が各居室に備えられている。同様に「収容者遵守事項」によって、被収容者は、懲罰対象となりうる重大な規律違反がなんであるかを知らされてきた。施設での共同生活が「拘禁の確保」という観点から規定される以上、日常生活を覆う規律秩序への違反は、拘禁を脱するための行為としてとらえられ、これを阻止する即時強制の対象となり、懲罰の対象となる。特に、受刑者の場合、矯正の客体とされる彼らに対する管理の徹底は、社会復帰に資

---

[1] 平野龍一『矯正保護法』（法律学全集44）（有斐閣、1963年）91頁、ここで平野は後述の被拘禁者処遇最低基準規則（1955年）の規則70（2015年の改訂版マンデラ・ルールのルール95）に言及している。

するものとされ、矯正処遇の一環に位置づけられてきた。したがって、他の受刑者に不快感や迷惑を与える等、一般社会で集団生活において通常起きうる行為に対する規制も、矯正の契機となると同時に、逃亡、自殺傷等の事故防止等の拘禁確保を目的とする保安的観点の延長線上でとらえられる。これが常識からかけ離れた過剰な生活秩序を被収容者に課すものとなった。例えば、刑務官が、日用品の購入、領置金や私物の使用、書信の発受、運動、入浴、診療、洗濯、作業時の用便、雑談、視線までをも細かに規制し、受刑者を全人格的に支配する「担当制」と呼ばれるこの国独自の受刑者管理は、その規律を具体的に実現するための前提とされ、それ故、「交談禁止」ひとつを取り上げても、その規制は、その態様、場所、時間、内容等までに細かく及び、受刑者に一日の大半を沈黙のなかで過ごす非人間的環境を与えてきた。規則の多くは、「不当に」、「不正に」、「不必要な」等、その限界を曖昧にする表現に満ち、その可否は実質的に現場に委ねられ[2]、また、遵守事項違反をとがめる刑務官に対する反論や抗議等は、職員への「暴言」、「抗弁」等の懲罰事項とされ、処遇条件とともに実質的な刑期を左右する。ある受刑体験者は、それを次のように語っていた。

「受刑者が抗弁する、意見を言う、考えるというようなことを徹底的に排除し憎みます。抗弁は喧嘩に次いで取調べの多い項目にあげられています。人間社会では、ものを言う、あるいは批判的にものを見つめるというのは大切なことですが、刑務所内では、これを徹底して許しません。そのため、ともかく規則が多い…しかもいわゆる遵守事項の中に職員指示というのがあって、現場の職員の指示が公式の規則になる。そんなことは書いてないじゃないかといっても、「指示だ！」の一言です。だから、規則は日に日に作られ、時間ごとに増えていく。そして恣意的に運用される。[3]」

（2）名古屋刑務所事件を受けて国民的関心を集めた2003年の「行刑改革会議提言」（以下、「提言」と略す）において、行刑における「規律と懲罰の在り方」は受刑者処遇の１つの重要な論点とされ、「所内規則の相当性及び

---

2 日本弁護士連合会『監獄と人権』（日本評論社、1977年）121頁。
3 荒井彰ほか「監獄改善の道を探る（上）」法学セミナー468号（1993）24頁。

合理性について見直しを行うべきである」（第4の1（6）ア）との小項目が掲げられた。いわゆる軍隊式行進、居室内での正座強制、刑務作業中の一瞬の脇見による規則違反、出還房時の裸体検診など、その問題性が伝えられてきた施設運営方法が例に挙げられ、「行刑施設における諸規則の相当性及び合理性を検討するに当たっては、受刑者の人権の尊重という観点はもとより、その規則を受刑者に遵守させることについて、国民の健全な常識に照らして理解されるものであるか否かという観点など、多角的な観点から、その在り方について再検討する必要がある」との批判と指摘が行われた。同時に、「提言」は「行刑施設における諸規則については、受刑者一般が自発的、自律的に遵守しようという意識を持ち得るものでなければならない」としつつ、規律秩序を維持する必要性を「拘禁の確保」とともに、「集団生活をしている受刑者の安全で秩序ある生活と適切な処遇環境の確保」に求めた[4]。ここには、規律偏重主義を脱するために、規律秩序の問題を、施設側の管理の便宜からではなく、刑事施設における被収容者の適切な集団生活の確保という観点から検討する指向がうかがわれる[5]。

　「提言」を受けて、刑事収容施設法73条は、規律秩序の維持を謳った前述の1項とともに、「前項の目的を達成するため執る措置は、被収容者の収容を確保し、並びにその処遇のための適切な環境及びその安全かつ平穏な共同生活を維持するため必要な限度を超えてはならない」（2項）として、監獄法にはなかった規律秩序のあり方に関する原則規定を創設している。「提言」において、規律秩序が要請される理由として言及された「拘禁の確保」と「集団生活している受刑者の安全で秩序ある生活と適切な処遇環境の確保」という2つの要請は、2項に再び登場し、規律秩序を維持するための措置が、この2つの要請を達成するのに必要な範囲でのみ認められることが規定されている。法律の施行にともない、規律偏重主義への見直しが進められ、例えば、その象徴とされた軍隊式行進は、多くの施設で廃止され、廃止ができない場合にもその運用が緩やかなものに変化した例や、作業中の不正交談など、

4　行刑改革会議「行刑改革会議提言～国民に理解され、支えられる刑務所へ～」（2003年）19-20頁（法務省HPより入手）。
5　刑事立法研究会『刑務所改革の行方——監獄法改正をめぐって』（日本評論社、2005年）41頁。

これまで徹底した厳重注意の対象となった行為が軽い注意で済まされるなど、工場内に和やかな雰囲気がうまれた例など、刑事施設における規律の緩和傾向が伝えられていた。

しかし、近年、全国各地の刑事施設で、ひとたび廃止された軍隊式行進が復活している事実が伝えられている[6]。それは、Ａ・Ｂ指標の別を問わずに確認される事実である。たしかに、規律懲罰の問題は、例えば、最近の施設建替にともない全居室独居の体制を採用した、旭川刑務所での出役拒否を理由とする懲罰件数の著しい減少のように、収容環境の変化に左右される側面も少なくない。それ故、軍隊式行進の復活を、そのまま旧監獄法下の抑圧的な行刑の復活の動きととらえるわけにはゆくまい。しかし、この国の行刑政策の重要な転換点となった「提言」の批判が、なぜ、軽んじられるのか、改革の終点に位置づけられた新立法のどこに問題があるかは知る必要がある。そこで、規律秩序の原則を規定した刑事収容施設法73条の形成過程を、70年代後半以降の監獄法改正作業の混迷から検討する。

3 「施設管理法」から「被収容者処遇法」へ

1976年3月、法務大臣が法制審議会に対して監獄法改正に関する諮問を行なった際に、計47項からなる法務省の「監獄法の改正に関する構想」（以下、「構想」と略す）が明らかにされた。その項目9は、規律秩序に関して、「刑事施設の規律秩序は、適正かつ厳格に維持するものとする」とのみ規定していた。翌（1977）年には、この「構想」の趣旨をより明確かつ具体化したものとして、法務省矯正局から「監獄法改正の構想細目（以下、「構想細目」と略す）」が公表されるが、規律秩序の原則に関して、その11（1）は「刑事施設の規律秩序は、被収容者の安全で秩序ある生活及び適切な処遇環境を確保するため、適正かつ厳格に維持するものとする」と、「被収容者の安全で秩序ある生活及び適切な処遇環境を確保するため」という語句を「構

---

6 海渡雄一「刑事被収容者処遇法の現在──千葉刑務所における軍隊式行進の復活を憂える」CPR News Letter No. 80（2014）, 9頁、編集部「「工場就業者の諸動作」横浜弁護士会が「軍隊式行進」等の指導を直ちにやめるよう勧告」CPR News Letter No. 86（2014）, 11頁など。

66　第1部　自由刑の改革課題

想」の文言で挟み込み、その意味を補充した。ここでは刑事施設における規律秩序を維持する目的が被収容者の「安全で秩序ある生活及び適切な処遇環境の確保」であることが明らかにされ、「規律秩序の維持は、この目的に必要な限度において、合理的に行われることを要するのであって、必要な範囲を超えて、いたずらに無用の拘束、統制を被収容者におよぼすものであってはならない」ことが示された[7]。ここには、被収容者の自由と権利の限界を法律で定めようとする指向がある。

　その後、法制審議会は 1980 年に「監獄法改正の骨子となる要綱（以下、「要綱」と略す）」を答申した。「要綱」1 は、法律の目的について「この法律は、刑事施設の適正な管理運営を図り、被収容者の人権を尊重しつつ、拘禁の性質に応じた適切な処遇を行うことを目的とする」と規定し、新しい法律が「適正な管理運営」と「人権の尊重」とを調和させつつ、被収容者の「適切な処遇」、すなわち、法律的側面を言えば、適正な権利・義務関係を設定することを目的とする「被収容者処遇法」であることを明らかにした[8]。規律秩序の原則についても「構想」から「構想細目」への変化を、「施設管理法」ではなく「被収容者処遇法」としての観点から再整理し、「要綱」41（1）において、後述の「国連の被拘禁者処遇最低基準規則（1955 年）（以下、最低基準規則と略す）」の規則 27 を範として、「刑事施設の規律秩序は、厳正に維持しなければならない。ただし、受刑者の行動を規制するに当たっては、安全で秩序ある共同生活及び適切な処遇環境を保持するために必要な限度を超えてはならないこと」とした。ここで「厳正に」とすれば過度に規律秩序が重視されうるので「適正に」とすべきだとの議論があったが、但書を加えることによって「厳正に」の表現が維持されたとの論議の経緯からは[9]、「規律秩序の厳正な維持」を求める「適正な管理運営」と「安全で秩序ある共同生活及び適切な処遇環境の保持」（以下、「共同生活と処遇環境の保持」と略

7　法務省矯正局編『資料・監獄法改正』（矯正協会、1977 年）111 頁、本間達三「監獄法改正に関する「諮問」と「構想」」ジュリスト 614 号（1976）87 頁。

8　平野龍一「刑事施設法の基本問題」法学協会編『法学協会百周年記念論文集 第二巻 憲法行政法・刑事法』（有斐閣、1983 年）763 頁、同「新しい行刑法の要綱」刑政 90 巻 10 号（1979 年）56 頁。

9　大芝靖郎ほか「座談会監獄法改正の骨子となる要綱案をめぐって」ジュリスト 712 号（1980 年）20 頁、特に、寺光忠の発言参照。

す）を求める「人権の尊重」との間に、一定の対抗関係が想定されていたと考えられる。したがって、前述の目的規定にしたがえば、この規律秩序の原則規定は、本文において「適正な管理運営」のための「規律秩序の厳正な維持」要請を示し、但書で、「人権の尊重」のための「共同生活と処遇環境の保持」要請を示し、この両者を調和させつつ、被収容者の「適切な処遇」を行うために、規律秩序による行動規制が「必要な限度を超えてはならない」との適正な権利・義務関係を規定したものといえよう。

4 「要綱」と「法案」の断層

　（1）1982 年の第 96 国会に提出された刑事施設法案は「刑事施設の規律及び秩序は、厳正に維持されなければならない」（37 条）とだけ規定し、「要綱」の但書を削除した。それは、規律秩序の厳正維持のみをその原則規定に掲げ、この課題の重要性とその要請の自明性を表明するものであった。しかし、審議の過程で「要綱」の条文構成に則った修正が行われ、国会提出時の政府案 37 条（修正案では 36 条 1 項）の後に、「前項の目的を達成するため、刑事施設の長又はその指定する職員は、被収容者に対し、その生活及び行動について指示し、命令し、その他規制を加えることができる。ただし、被収容者の収容を確保し、並びにその処遇のための適切な環境及びその安全かつ平穏な共同生活を維持するため必要な限度を超えてはならない」（修正案 36 条 2 項）が新たに加えられた。1 項での規律秩序の厳正維持による「適正な管理運営」の要請に応えるために、2 項本文では具体的に規律秩序を維持するための施設側の戒護権を提示し、2 項但書において、規律秩序の目的が被収容者の「収容の確保」と「処遇のための適切な環境及び安全かつ平穏な共同生活の維持」（以下、「処遇環境と共同生活の維持」と略す）であり、その実現に必要な限度を超えた権利制約が禁止されている。第 108 国会に再上程された 1987 年の刑事施設法案の審議において、37 条 1 項はそのまま維持され、2 項は関係条文の修正へ対応する形で「前項の目的を達成するためこの章の規定により執る措置は、被収容者の収容を確保し、並びにその処遇のための適切な環境及びその安全かつ平穏な共同生活を維持するため必要な限度を超

えてはならない」（37条2項）と法文を改めた。その後、この37条は、1991年の国会に再々上程された刑事施設法案（第120国会内閣提出法律案第87号、以下、「法案」と略す）37条に引き継がれ、最終的に刑事収容施設法73条1項と2項にいたる。ここには、「要綱」における本文と但書の構成を改めて見出すことができるが、その外形的類似にもかかわらず、「要綱」の本文・但書と「法案」37条1項・2項の解釈との間には大きな断層がある。

　たしかに、「法案」37条の1項・2項の構成は、「要綱」における本文・但書のそれに似ている。つまり、「要綱」は、本文において、刑事施設における規律秩序維持の原則を述べ、但書において、規律秩序維持のための行動規制が「共同生活と処遇環境の保持」に必要な限度を超えてはならないと、規律秩序維持の限界を述べている。それ故、この但書は、本文の規律秩序維持の要請のために「受刑者の行動を規制する」場合が生じ、そうした措置によって「共同生活と処遇環境の保持」が損なわれる可能性が念頭におかれている。つまり、本文での規律秩序維持という要請は、但書の「共同生活と処遇環境の保持」の要請に対抗するものとしてとらえられている。前述のとおり、「要綱」は、新しい法律が「処遇法」として「適正な管理運営」と「人権の尊重」とを調和させつつ、適正な権利義務関係を設定する「適切な処遇」を定めることを本旨としている。それ故、規律秩序についても、「適正な管理運営」の具体的要請としての、その維持のための受刑者に対する行動規制と、受刑者の「人権の尊重」の具体的要請としての、「共同生活と処遇環境の保持」とを調和させつつ、受刑者の「共同生活と処遇環境の保持」に必要な限度を超えない「適切な処遇」が目指されることになる。これに対して、「法案」37条は、「要綱」の本文と同様に1項で規律秩序維持を述べるが、2項で、そのための措置は、被収容者の「処遇環境と共同生活を維持するため」だけではなく、被収容者の「収容を確保するため」に必要な限度を超えてはならないとする。ここでの「処遇環境と共同生活の維持」は、「要綱」における「共同生活と処遇環境の保持」と異なるものではないだろう。それ故、「法案」が「収容の確保」をなぜここに加えたかが問われる。

　（2）「収容の確保」が、被収容者の逃走防止や自殺・自傷等の防止を意味するのであれば、それは、刑事施設の管理運営に要請されるきわめて重要な

機能であり、規律および秩序の根幹をなすものと考えることもできよう[10]。37条2項は、「収容の確保」の担保を根幹とする規律秩序維持の措置が、現実に「収容の確保」が必要とする以上に厳しくならぬようにという趣旨と理解される。しかし、37条2項を考える際に、規律秩序維持と「法案」が加えた「収容の確保」の要請との関係と、他方で、規律秩序維持と「要綱」を引き継いだ「処遇環境と共同生活の維持」の要請との関係とを比較すれば、両者は明らかに異質である。少なくとも、規律秩序の過剰が「処遇環境と共同生活の維持」の支障となることはありえようが、「収容の確保」の支障となることはない。それ故、仮に、規律秩序が過剰であると認められる状況があるとしても、その過剰さは「処遇環境と共同生活の維持」の観点から判断されるのであり、「収容の確保」の観点から判断されるわけではない。「法案」が、規律秩序を制限する理由として、なぜ「収容の確保」の文言を「要綱」に加えたかを明らかにするためには、当該規定だけでなく、法律の目的規定の読み方について「要綱」と「法案」との相違を検討する必要がある。

　「法案」1条は、「この法律は、刑事施設の適正な管理運営を図り、被収容者の人権を尊重しつつ、収容の性質に応じた適切な処遇を行うことを目的とする」と法律の目的を規定している。前掲の「要綱」1と比較すると、「要綱」での「拘禁の性質」の語が「法案」では「収容の性質」に置き換えられた以外は同一である。しかし、「法案」における規律秩序の考え方は、「要綱」についての前述の理解とはまったく別のものとして解釈されている。まず、「法案」1条については、この法律の目的を、刑事施設の「適正な管理運営」、被収容者の「人権の尊重」、そして、「収容の性質に応じた適切な処遇」を行うことであるとして、この三点のバランスをとりつつ[11]、被収容者の「法的地位に応じた適切な処遇」を行うことが法律の基本的な目的であるとされる。この点、前述のとおり「要綱」が、言わば「適正な管理運営」と「人権の尊重」を対抗的にとらえ、これを調和させつつ、適正な権利・義務

10　林真琴ほか『逐条解説刑事収容施設法』（有斐閣、2010年）311頁。

11　なお、法律の目的規定については、「要綱」についても、保安、教育、人権尊重の三者の対立関係を前提に、その調和の必要性を説くなど、「法案」についてのこうした解説と同様の理解も存在していた。大芝ほか・前掲注（9）18頁、特に澤登俊雄の発言参照。

70 第1部　自由刑の改革課題

関係としての「拘禁の性質に応じた適切な処遇」を定めることがこの法律の
目的であるとした点と異なる。

　また、「法案」1条にいう刑事施設の「適正な管理運営」のためには、「被
収容者の収容を確保するとともに、その処遇のための適切な環境及びその安
全かつ平穏な共同生活を維持するため、規律秩序の維持が不可欠である」と
説明される[12]。要するに、ここでは、「法案」1条の「適正な管理運営」の中
心的内容が規律秩序維持であり、その規律秩序維持に関する原則を37条で
規定していると理解されている。そして、この37条2項に「収容の確保」
を加えたのは、同項の「処遇環境と共同生活の維持」の要請だけでは、「適
正な管理運営」に資する規律秩序が十分には導かれないからである。すでに
言及したとおり、「処遇環境と共同生活の維持」の要請は、「要綱」41（1）
但書における「共同生活と処遇環境の保持」と異なるものではなく、41（1）
本文での規律秩序維持の要請に対抗する概念である。そして、この「収容の
確保」と「処遇環境と共同生活の維持」の両者の対抗を調整した規律秩序こ
そが、37条2項にいう「前項の目的を達成する」規律秩序であり、1条の
「適正な管理運営」の内容となる規律秩序であると考えられている。

　しかし、この解釈には無理がある。まず、なぜ、「法案」1条の文言にな
い「法的地位に応じた適切な処遇」が1条の「収容の性質に応じた適切な処
遇」とは別個に想定され、この法律の目的となるのかの説明がない。この2
つの「適切な処遇」の間に概念上はともかく、内容的に相違が生じる理由も
説明されていない[13]。なぜなら、「法案」1条の「適正な管理運営」の中心は、
37条2項により「収容の確保」と「処遇環境と共同生活の維持」の2つの
要請を調整した規律秩序であり、これと「人権の尊重」および「収容の性質
に応じた適切な処遇」の三点のバランスを改めてどのように調整するのか不

---

12 直接的には、「刑事施設及び受刑者の処遇等に関する法律」の規定を対象とした解説であるが、
　鴨下守孝、『新行刑法要論〔全訂2版〕』（東京法令出版、2009年）64頁、林ほか・前掲注（10）
　9頁参照。
13 鴨下・前掲注（12）は、「「収容の性質に応じた適切な処遇を行う」とは、被収容者の処遇にあ
　たっては、その種類の別に、それぞれの法的地位に応じた適切な取扱いをするということ」とし
　て、その具体的な内容は、刑事収容施設法では、30条、31条、32条の受刑者、未決拘禁者、死
　刑確定者それぞれに規定される旨の説明を行う。

明だからである。「人権の尊重」を検討するのに、「処遇環境と共同生活の維持」についての考慮から離れて、これをどのように検討するのかも明らかにされていない。ここでは、被収容者の施設内での自由と権利を制限するには、それが「必要かつ合理的なものであるかどうかは、制限の必要性の程度と制限される基本的人権の内容、これに加えられる具体的制限の態様との較量のうえに立って決せられるべき」とする裁判所の考え方を踏まえた判断は困難にならざるをえない[14]。「法案」1条と37条のこうした解釈からは、規律秩序維持との関係において、被収容者の人権は、結局、施設側がもっぱら「収容の確保」要請の強く影響する「適正な管理運営」のなかでのみ考慮され、規律秩序の維持こそが、この法律の施設管理法的性格を構築する重要な要素であるとの認識が生まれよう。「要綱」をとりまとめた平野龍一は、この点で「要綱」は規律秩序を「共同生活」の規律秩序としてとらえたが、「法案」は「受刑者としての規律」としてとらえたとの評価を残している[15]。

5　平野龍一による二つの「規律」と「比例原則」

　（1）前述の行刑改革会議「提言」にもかかわらず、これを受けた「刑事施設及び受刑者の処遇等に関する法律」についての政府の当初案は「法案」の37条1項の「厳正に」の表現を維持していたが、これを規律偏重行刑のシンボル的規定だとした日弁連等の根強い批判を背景に、その後の審議によって「適正に」に改められた。他方、「法案」37条の条文構成は、「刑事施設及び受刑者の処遇等に関する法律」50条を経て、現在の刑事収容施設法73条に引き継がれる。73条2項に「法案」からの変更はなく、1項の、規律秩序は「維持されなければならない」というア・プリオリな規定方法から生じる、その過剰への歯止めを「被収容者の収容を確保し、並びにその処遇のための適切な環境及びその安全かつ平穏な共同生活を維持するため必要な限度を超えてはならない」と規定する「比例原則」を表明するものであると理解されている[16]。そして、この「比例原則」は、特に、懲罰手続規定の整備等

14　最大判昭和45・9・16民集24巻10号22頁。
15　平野「刑事施設法の基本問題」前掲注（8）770頁。

72　第1部　自由刑の改革課題

の改革と相まって、刑事施設における規律秩序の偏重を是正する上で重要な前進としてとらえられるとの評価もある[17]。そこでは、1項での「適正に」への表現の修正を経て、規律秩序の原則規定の理論的争点に一定の決着がついたかの印象も生じる。しかし、前述のとおり、規律秩序の過剰が「収容の確保」の支障とならない以上、そうした理解には一定の留保がともなう。

　一般に規律秩序が、「その社会や集団が正常な状態を保つためのきまりが守られて整った状態」を指すとするならば[18]、そこでの規律秩序は、その社会や集団の目的達成のための技術的手段であり、その社会や手段に設定された目的に限界づけられている。刑事施設の場合も、規律秩序は、被収容者の収容、処遇、共同生活という施設の設置目的に根拠づけられ[19]、それを達成するために73条2項に規定された「収容の確保」と「処遇環境と共同生活の維持」を目的とする管理規則や被収容者の行為基準として具体化される。刑務所の設置目的に根拠づけられる規律秩序は、刑務所に求められる役割の総体を、そこに収容される受刑者に求めるものとなる。

　刑務所の設置目的に基づくこの規律は、平野の分類にしたがえば「受刑者としての規律」ということになろう。他方、平野が、「要綱」は規律秩序を「共同生活」の規律秩序としてとらえたと言うとき、「共同生活」の規律秩序は、この「受刑者としての規律」に対抗する「要綱」41(1)但書の「共同生活と処遇環境の保持」が要請する規律ということになる。これを「共同生活の規律」と呼ぶことにして、これらの規律概念を用いれば、「要綱」41(1)は、「「受刑者としての規律」は、厳正に維持されなければならない。ただし、受刑者の行動を規制するにあたっては、「共同生活の規律」に必要な限度を超

16　林ほか・前掲注（10）310頁、なお、矯正施設の保安作用との関係で、鴨下守孝「比例原則」鴨下守孝ほか『改訂矯正用語辞典』（東京法令出版、2009年）304頁は、比例原則の内容を「①保安作用は、規律及び秩序が害され、又は害されようとする直接・具体的な危険がある場合に限り発動することができる、②保安作用によって被収容者の自由を制限する程度が、これにより除かれる規律及び秩序に対する侵害の程度と比例を保っていなければならない、というもの」としている。

17　海渡雄一「規律秩序について──支配服従関係から対話の関係へ」菊田幸一ほか『刑務所改革──刑務所システム再構築への指針』（日本評論社、2007年）112頁。

18　林ほか・前掲注（10）309頁。

19　梅崎裕一「規律及び秩序（刑事施設の）」鴨下ほか・前掲注（16）83頁。

えてはならない」と書き換えることができよう。同様に、刑事収容施設法73条は、「①「受刑者としての規律」は、適正に維持されなければならない。②前項の目的を達成するためのこの章の規定により執る措置は、「収容の確保」及び「共同生活の規律」に必要な限度を超えてはならない」となる。

この73条2項にいう「比例原則」は、施設の設置目的から導かれた被収容者の「収容の確保」と「処遇環境と共同生活の維持」を達成するための規律秩序の措置が、当の設置目的によって必要な限度に制限されることを求めるものであったが、上記の表現にしたがえば、この「比例原則」は、「同1項の「受刑者としての規律」の適正維持を達成するための措置が、「収容の確保」及び「共同生活の規律」に必要な限度を超えてはならない」とする内容として理解される。しかし、「受刑者としての規律」の実質を「収容の確保」としてとらえるかぎり、この2項は、結局、「受刑者としての規律」の適正維持を達成するための措置が、「受刑者としての規律」に必要な限度を超えてはならないとするトートロジーに陥り、ここに「比例原則」の実質は認められない。73条2項は、保安作用等の「規律」のための措置の発動に、刑事施設の設置目的という「目的の原則」による限界を与えるものとして理解するに留めるべきであろう[20]。

(2) 行刑改革会議で批判されたいわゆる軍隊的行進にしても、それは、拘禁の確保や集団生活の管理といった施設の設置目的を限られた人的条件下で達成するための現場の必要から生じた措置であるとの主張を軽んじてはなるまい。居室・工場間の移動時の被収容者の粗暴な態度から、安全で平穏な施設環境が損なわれる危険が予見できる場合、また、肩が触れた、足を踏んだで始まるけんか等の規律違反行為を回避させる場合、職員が受刑者に列を組ませ、掛け声と歩調を整えさせ、それでも徹底しない場合に、手や足の角度を指示して列を整えさせ、大声を出させて集中させ、その結果として、いわゆる軍隊式行進でその移動を行わせる場合を考えてみよう。舎房から工場への移動を集団で行う必要性を否定しないのであれば、その集団移動が「軍隊式」であるかどうかは、そこで「収容の確保」のために維持されるべき規律

20「目的の原則」については、田中常弘「行刑施設の規律秩序の維持」森下忠ほか『日本行刑の展開』(一粒社、1993年) 104頁参照。

74　第1部　自由刑の改革課題

秩序の強度によるというのが現場の感覚のはずである。刑事収容施設法73条2項にしたがえば、安全で平穏な施設環境が損なわれる危険が予見され、より厳しい「受刑者としての規律」が必要とされる場合、これを達成するために「収容の確保」と「共同生活の規律」に必要な限度の規律を求めるとは、結局、「収容の確保」の求めるままに、より厳しい「受刑者としての規律」を是認することに他ならない。73条2項に言う「比例原則」に従えば、矯正施設という営造物に強制的に収容される被収容者は、一般的権力関係とは異なる営造物利用関係に服し、その設置目的の達成に必要な限度という可動的な枠組みのなかで、結局、「規律」のための措置によって、その自由と権利を過剰に制限されかねない。そこには、法治主義を仮構しつつ、特別権力関係論に依拠した施設運営の指向が認められよう。行刑改革会議「提言」において、軍隊式行進、居室内での正座強制等の相当性・合理性を問題化し、その行き過ぎに歯止めをかけたのは「国民の健全な常識」や「受刑者の人権の尊重」の観点であって、そうした措置の必要性を導く「施設の設置目的」、特に、「収容の確保」の観点ではなかったはずだ。その規律の過剰を知るためには、「要綱」41 (1) のように、危険が予見され、より厳しい「受刑者としての規律」が要請される場合に、これには「共同生活の規律」の要請による制限が加えられるべきであり、この「共同生活の規律」に「国民の健全な常識」や「受刑者の人権の尊重」をいかに反映させるかが課題となるはずである[21]。

21　この点で、「要綱」以降の改正論議の範となった最低基準規則27は、同60 (1)「施設の管理制度は、刑務所生活との間のいかなる差異をも、最少にするように努めなければならない」と併せ読まれるべき規定とされる点に留意すべきである（アンドリュー・コイル『国際準則からみた刑務所管理ハンドブック』（矯正協会、2004年）74頁）。最低基準規則の最近の改訂版、いわゆるマンデラ・ルール（2015年）において、この規定27は、規律秩序維持をア・プリオリに規定する方法を改め、「規律および秩序は、身の安全の確保（le maintien de la sécurité）、刑事施設の良好な運営（le bon fonctionnement de la prison）および円滑な共同生活（le bon ordre de la vie communautaire）を確保するために必要以上の制約を加えることなく、維持されなければならない」（ルール36）と、77年の「構想細目」に近い規定を採用した。また、規則60 (1) は、「刑事施設の体制は、被収容者の責任意識および彼らの人間としての尊厳の適切な尊重を弱めがちな、施設での生活と自由な生活との差異を最小化するよう努めなければならない」（ルール5 (1)）と規定内容を明確化し、また、これを「総則」の「基本原則」に含めた。

6 小野義秀による三つの「規律」と「懲罰対象」

(1)「規律」とは、被収容者が施設の規則や職員の言うことをきちんと守ろうという意識を抱いている状態であり、「秩序」とは、規律が維持された結果として施設内の整理整頓の状況や被収容者の動静などがきちんとしていることを意味する[22]。規律秩序について、現場の職員に対して繰り返される矯正局の解説である。施設の規則や職員の指示により具体化される「規律」は、「秩序」の乱れを理由に、職員が被収容者に課し、被収容者はそれをただ「きちんと守ろう」とすべきものとされる。被収容者に規律遵守の必要性を説得し、その納得と主体的遵守を目指す「提言」の思考はここにはない[23]。それ故、施設内での個々の規則や指示が、刑事施設の設置目的に適ったものであるか、一般的な国民の常識から乖離していないか、被収容者に人権侵害をもたらしえないか、そうした自省の契機は乏しく、規律は一元的一義的に施設から被収容者に与えられるものと観念されている。

しかし、規律は必ずしも一義的に定まらない。「紀律」と「規律」という使い分けも、法令上の用語例からすれば、特別の権力的な支配関係の下にある者についての秩序に着眼して用いる場合が「紀律」であったのに対して、「規律」は必ずしもその範囲に限らぬものとして用いられてきた[24]。刑務所が1つの組織・機構である以上、その規律も施設に与えられた目的ごとに存在する。平野の認識を起点とする先の「受刑者としての規律」と「共同生活の規律」という二分類は、前述の「提言」の「規律の問題を施設側の管理の

---

22 富山聡「行刑施設における規律及び秩序の維持について」刑政116巻1号（2005年）21頁、中川忠明「刑事収容施設法セミナー（第4回）規律秩序の維持について」刑政123巻4号（2012年）129頁。

23 林ほか・前掲注（10）310頁は、刑事収容施設法73条には、「単に刑事施設の長や職員が一方的に規律及び秩序を維持するための措置を執ることによって規律及び秩序の維持が達成されるものではなく、被収容者も刑事施設の規律及び秩序の維持が図られるよう行動すべきであるとする趣旨も含まれている」とするが、「提言」の指向をここに認めることはできない。

24 佐藤達夫編『法令用語辞典』（学陽書房、1950年）136頁。なお、昭和29・11・25法制局総発第89号「法令用語改善の実施要領」の別紙「法令用語改正要領」により、「紀律」と「規律」のに表現は、「規律」に統一された。

観点のみならず、被収容者の適切な集団生活の確保という観点から検討すべき」との認識に通底している。「規律秩序」の問題の一部を懲罰要件から分離し、これを施設の管理運営の観点からではなく、被収容者が円滑で安全な共同生活環境を享受するための「共同生活の責務」と「共同生活規則」として規定した立法提案をかつて検討したが[25]、実は、そうした検討は実務家からも行われていた。

(2) 昭和の後半期の矯正界を牽引した実務家の小野義秀は、昭和59年の論稿において、行刑思潮の発展を経た刑務所の任務が、単に処罰としての隔離拘禁から進んで受刑者の矯正改善に及んだとき、刑務所の規律に従来予想されなかった新しいものが加わったとして、これを隔離拘禁確保のための規律、施設生活保全のための規律、矯正改善促進のための規律の三種に整理した[26]。

第1の規律は、拘禁作用を保全するための権力作用の端的な表現であり、その違反は仮借なき戒護強制と懲罰の対象となる。この紀律は、具体的には、逃亡防止のための捜検、所持物品制限等の行動制限や職員の戒護上の命令・指示として表現され、逃走、職員暴行、抗命、扇動等がその違反となる。第2は、拘禁作用の保全のために間接的に要請される施設生活保全のための規律である。具体的には、日常生活の起居動作の定め、団体行動の規制、消費物品の制限、清潔整頓についての命令など、刑務所の特殊性を備えながらも、自由社会での学生寮や入院先の病院での集団生活にも共通した紀律である。ここには、刑務所生活という制約から日常の起居動作の制限に関する生活管理的紀律も含まれるが、そうした管理制限的側面に重点を置かず、社会生活適応能力を育てるための生活指導的規律を強化する側面も認められる。同囚暴行、傷害、窃食、物品損壊等、この種の規律違反の一部は一般社会での刑法規範と重なり合い「犯罪」を構成する場合がある。第3は、矯正改善とい

---

25 「改訂・刑事拘禁法要綱案」（2002年改訂）、刑事立法研究会『21世紀の刑事施設——グローバル・スタンダードと市民参加』（日本評論社、2003年）274頁、307頁。

26 小野義秀「刑務所における紀律ということ」『矯正行政の理論と展開——保安と処遇』（非売品、1989年）203頁、なお、小野は、紀律・規律の差に言及しつつ、その論稿において「紀律」に用語を統一している。

う行刑本来のための規律である。前二者が、程度の差こそあれ保安の要請を背景とするのに対して、これはもっぱら本人の自覚に訴え、その積極的行為を促すことで遵守される自律的規律である。抑圧的制限的規律は「……すべからず」と断言的否定命令の形式によって規定されるが、この促進的規律は「……すべし」と肯定命令的な形式をとり、将来にわたる行動の価値準則を与える。それ故、この紀律への直接的違反は想定できない。

　そして、小野は、これら三種の規律と懲罰との関係を次のように整理する。第1の隔離拘禁作用確保のための規律と、第2の施設生活保全のための規律のうち、刑務所管理のための制限的紀律が懲罰の対象となる。これに対して、第2の施設生活保全のための規律のうち、管理面への結びつきが希薄な生活指導的規律は「懲罰対象」として考えるべきではないとする。さらに、第3の矯正改善促進のための規律については、本人の自発的発奮を促すための規律を懲罰という威嚇の力で強制したところで真の効果はえられないとして、「罰による威嚇よりも、賞による誘導の方が効果的である」とした[27]。

　小野が分類した三種の規律は、刑事収容施設法73条2項の文言を用いれば、第1の拘禁作用確保の規律が「収容の確保」に関する規律、第2の施設生活保全のための規律が「安全かつ平穏な共同生活の維持」に関する規律、最期の矯正改善促進のための規律が「処遇のための適切な環境の維持」に関する規律ということになろうか。こうした小野の認識は、「拘禁の確保」を理由に「被収容者が施設の規則や職員の言うことをきちんと守ろうという意識を抱いている状態」だととらえ、規律違反には懲罰をもって臨むとする現在の実務の常識とは大きな隔たりがある。

7　「賞による誘導」と社会内処遇の展開

　問題は、小野の言う矯正改善促進のための規律に対する「賞による誘導」が、行刑体系にいかに位置づけられるかにある。現行法は、「賞罰」の節に、懲罰とともに褒賞の規定を置くが、人命救助や災害時の応急用務等に対する

27　小野義秀、前掲注26）213頁。

78 第1部 自由刑の改革課題

賞金の授与等を規定するのみである（149条）[28]。規律による矯正改善促進の観点からは、特に、刑事収容施設法30条にいう改善更生の意欲をどのように喚起させるかが課題となる。現行法が予定しているのは、処遇要領策定時での希望の参酌（84条4項）、受刑者処遇の目的達成にともなう生活や行動に対する制限の順次緩和（88条）、受刑態度の評価に応じた優遇措置（89条）、外部通勤作業（96条）、外出・外泊（106条）等のモメントであるが、それが矯正処遇への主体的参加をどれだけ促す内容であるかは疑問であり、この点で諸外国との間には大きな差が認められる。

　法制の差を一先ずおいて、例えば、フランスの状況を簡単にみておこう[29]。矯正処遇への主体的参加を促すものとして、まず、三種の「刑期の短縮（刑の執行の減軽）」措置がある。第1は、「自動的減免」であり、懲罰等を科されないかぎり自動的に付与される刑期の短縮である。1年以上の自由刑の場合、1年目に3ヵ月、2年目以降は毎年2ヵ月の刑期の短縮（1年未満の自由刑の場合には、1ヵ月に7日の短縮）が行われる。第2は、その自動的減免にさらに加えられる「追加的減免」である。これも1年につき最大3ヵ月（1ヵ月につき7日）の減免である。刑罰適用裁判官は、作業、職業訓練、教科教育、スポーツ活動、文化社会活動等において、受刑者の「社会復帰への真摯な努力」を認めたときこの減免を行う。「社会復帰への真摯な努力」としては、「学校や大学の試験や職業資格の取得」が当初の要件であったが、数次の法改正でその緩和化が図られ、「教科教育や職業訓練における明白な進歩」、「読み書き計算等の習得」、「文化活動、特に、読書会への参加」、「再犯の危険性を減じるための精神療法への参加や被害者への弁済」等も含められるに至った（刑事訴訟法典721-1条）。第3が、組織的犯罪集団により実行される機会の多い犯罪（同706-73条、706-74条に列挙）への関与を行わない宣

---

28 監獄法58条は、「受刑者改悛の状あるときは賞遇を為すことを得」と規定し、これを受けて監獄法施行規則154条は、接見や信書発送の度数の増加や下着の自弁等の優遇的な処遇を定めていた。林ほか・前掲注（10）762頁は、この「賞遇」が刑事収容施設法149条の「褒賞」と性格を異にすると断じる。

29 詳しくは、本書の相澤論文を参照されたい。なお、フランスの規律規定の基本的思考については、赤池一将「フランス刑事施設における規律問題と反則規定について」法学新報108巻3号（2000年）677頁。

誓をなした受刑者に対する刑罰適用裁判所による「例外的減免」である。宣告刑の最大3分の1の減免が認められる。

この第2の「追加的減免」では、作業、職業訓練、教科教育、スポーツ活動、文化社会活動等に従事することが社会復帰への第一歩となるが、これらの活動に参加している事実の有無が、刑罰適用裁判官による外出許可の判断材料とされる。また、フランスには、宣告刑または残刑が2年以下の場合、半自由、構外作業等の社会内処遇に可能なかぎり移行させる「刑の修正」措置（刑事訴訟法典723-15条）があるが[30]、これを受刑者本人が請求する際に、そうした活動に参加していることが条件とされている。また、「追加的減免」同様、これらの活動に従事して「社会復帰への真摯な努力」を証明することが仮釈放の決定に結び付けられている。このような「賞遇」の設定が、矯正処遇への受刑者の主体的参加を促し、社会内処遇の活性化を導いている。少なくとも、外出許可等の使用頻度は日本と比較にならぬほど高い[31]。

刑事施設の設置目的は「収容の確保」に限られるわけではなく、その規律は「懲罰」によってのみ担保されるわけでもない。小野が設置目的に応じて大別した三種の規律の維持にはそれぞれの方法がある。施設に求められる規律の全局面でいたずらに「懲罰」を持ち出すことの愚を知る必要がある。

8　日本型行刑の「規律」と最近の刑の「一本化」論

（1）刑事収容施設法1条において「適正な管理運営」の内実は規律秩序であり、その規律秩序を73条が規定するとの解釈にあっては、刑事施設法案によって同条2項に加えられた「収容の確保」が「処遇環境と共同生活の維持」の要請を無意味にしたように、「矯正改善促進のための規律」の要請が「隔離拘禁作用確保のための規律」のそれを離れて、その自律的な政策を展

30　赤池一将「フランスの社会内処遇と更生保護における官・民と官・官の協働」更生保護学研究7号（2015年）69頁。

31　2015年1月1日現在、受刑者数60,742名のフランスで、刑の修正を受けている者は12,689名、また、2014年1年間で、刑の修正を受けた者36,295名、仮釈放を受けた者7,949名（日本との比較では、刑の修正による刑期短縮者の数に注意）、外出許可を受けた者48,481名であった（DAP, Les chiffres clés de l'administration pénitentiaire, au 1er janvier 2015）。

開することはできまい。ここには「収容の確保」の要請する規律が「処遇環境と共同生活の維持」の求める規律と、また、「隔離拘禁作用確保のための規律」が「矯正改善促進のための規律」と異質であり、それを担保する手段が異なるべきことへの理解はいまだ乏しい。

　例えば、日本型行刑の核心をなす担当制においては、大人数の受刑者を効率的に管理するために、家父長的支配服従関係のなかで擬似的信頼関係を築き、まず、被収容者の権利や自由を剥奪または制限し、全生活を担当に依存させることが前提とされる[32]。そこでは、懲罰による威嚇を背景とした細かな生活規則と職員指示への絶対的な服従によって「隔離拘禁作用確保のための規律」が維持される。しかし、この規律は、少人数の刑務官による大人数の受刑者の円滑な管理を目的とするにとどまらず、その過程で受刑者の心情を的確に把握し、これを受刑者処遇に活かし、精神的な感化を与えることをも目的とする「矯正改善促進のための規律」と一体のものとしてとらえられている。信書の内容を検査し（刑事収容施設法94条）、面会に立会い（同90条）、受刑者に悪影響を与える者との外部交通を遮断するのは（同89条2項、95条、96条1項等）、この規律を維持するためでもある[33]。

　小野が「罰による威嚇よりも、賞による誘導の方が効果的」とした「矯正改善促進のための規律」は、前述のフランスでは「刑期の短縮」等、何らかの「賞遇」の施策を起点に、受刑者の自律的判断を基礎とする社会内処遇の展開をみた。対照的に、日本でこの規律は「懲罰」と受刑者に対する信書の内容検査等の種々の予防的不利益措置を通じて、その心情を把握し、「隔離拘禁作用確保のための規律」が構築する管理を補完する役割を担っている。

　（2）すでに、刑事収容施設法においては、矯正処遇に「作業」のほか「指導」（改善指導、教科指導）を加え（84条1項）、刑法の規定する刑の内容ではない「指導」を受刑者に義務づけ（103条1項、104条1項）、これを遵守事

32　土井政和「「国際化」の中の「日本型行刑」」刑法雑誌37巻1号（1997年）33頁、小澤禧一「行刑における保安と処遇――日本行刑における一断面」菊田幸一ほか『犯罪・非行と人間社会　犯罪学ハンドブック』（評論社、1982年）489頁。

33　本庄武「日本における受刑者処遇理念の変遷と今後の展望」龍谷大学矯正・保護研究センター研究年報6号（2009年）33頁。

項に含め（74条2項9号）、その違反を懲罰対象としている（150条1項）。その上で、昨年（2016年）12月、法務省内での「「若年者に対する刑事法制の在り方に関する勉強会」取りまとめ報告書」が公表され、本年2月の法制審議会に対する法務大臣の諮問（103号）以降、若年受刑者に対する処遇のあり方を端緒としながらも、高齢受刑者や障害を有する受刑者への処遇をも含めて、「懲役・禁錮を一本化した上で、刑法上規定された懲役・禁錮刑の内容とは切り離して、矯正施設における処遇内容を決定し、作業を含めた各種の矯正処遇を懲罰を介して義務づける法制」、端的に「拡大された懲役刑による刑の一本化」と批評される提案が検討されている[34]。作業の意味に欠ける受刑者や、それが現場に与える負担の大きさを考えれば、こうした提案の意図に共感する部分は少なくない。しかし、この提案が、冒頭に述べた規律と懲罰をめぐる監獄法59条の呪縛のなかで、日本型行刑の深刻な弊害を加速させる契機となりうる点を忘れてはならない。

　第1に、刑務作業とは異なり、刑の内容ではない改善指導や教科指導の「指導」をなぜ受刑者に義務づけえるのかが改めて問われるからである。提案者は、刑事施設への「拘置」とは、「身柄の収容」に加えて施設で「矯正処遇のための生活」をさせることを含み、その実施こそが刑の執行である。そして、執行の方法を定めるのが刑事収容施設法であり、その方法は受刑者処遇の目的（改善更生による社会復帰）により決定される。それ故、その目的達成のために法による権利制限や義務づけが可能であり、先の「指導」は「拘置」という刑罰の内容に含まれる故に義務づけが可能であるとする[35]。しかし、刑事施設での「矯正処遇のための生活」が「身柄の収容」とともに「拘置」という刑罰内容を構成するとの認識は正しいのか。「身柄の収容」を刑罰の内容とする結果、施設での「生活」が不自由なものになることと、その「生活」自体がそもそも刑罰であるというのとは大きく異なる。むしろ、その思考は、この半世紀を超える各国で見られる施設生活の社会化による一貫した社会復帰政策の展開といわゆる自由刑純化論の指向とを本質的な議論を回避して否定するものでもある。また、「拘置」に「矯正処遇のための生

---

34 松宮孝明「「自由刑の単一化」と刑罰目的・行刑目的」法律時報89巻4号（2017年）79頁。
35 川出敏裕「自由刑における矯正処遇の法的位置付けについて」刑政127巻4号（2016年）17頁。

活」を含める解釈は、前述の「法案」作成時の 37 条 2 項（刑事収容施設法73 条 2 項）で、「要綱」を引き継いだ「処遇環境と共同生活の維持」に「収容の確保」の語句を加えて、前者の要請する規律を後者の規律に吸収させた解釈に相通じ、「矯正改善促進のための規律」を「隔離拘禁作用確保のための規律」の補完物としてとらえられる傾向を助長する。この指向のなかで刑務所内の規律は、さらに拡大化、細密化、内心化しよう。矯正処遇の多様化は、この変化を遮断するものではない。むしろ、多様化のなかで、さらに規律の顕著な厳格化を予定する施設が登場することも危惧される。

　第 2 に、仮に、その義務づけを行う場合も、なぜ、その義務づけを「懲罰」によって強制するのかについても改めて問い返す必要があるからである。改善指導や教科指導の「指導」を受け、また、社会復帰に有益な「活動」の実施を義務とする規定を置く国は少なくない。しかし、その義務を国側の提供義務として規定するのでなく、もっぱら受刑者の遵守義務とし、その違反に懲罰を科す国がどれだけ存在するのであろうか。「一本化論」の提案者は、矯正処遇の義務付けおよび懲罰のみによるその強制の妥当性について、少なくとも諸外国の経験を十分に検討すべきであろう。立法論としては、刑事収容施設法 74 条 2 項 9 号を廃止し、法制の相違に留意しつつも、前述のフランスでの「刑期の短縮」等を参考に、処遇条件の緩和を超えて、仮釈放・社会内処遇への起点となる「賞遇」的制度構想を真剣に策定すべきである。このことは、仮に、その 2 項 9 号が廃止できない場合も同様である。受刑者を自分では適切な判断のできない者と断じ、矯正処遇の義務付けともっぱら懲罰によるその強制を正当化する無邪気な思考には、欧米でのかつての社会復帰行刑論による処遇強制への深刻な批判を学んだ形跡がみられない。「自覚に訴える」国の責務は、ただ「懲罰に訴える」ことで尽くされるわけではない。行刑改革は「懲罰」を語らずに「規律」を語るために進められなければならない。

受刑者の法的地位と自由刑の改革

本庄　武

1　受刑者の法的地位論と現下の改革課題

　受刑者の法的地位論は、監獄法改正論議が本格化した1970年代に華々しく論じられた。そこでの課題は、受刑者ないし被拘禁者は刑事施設という公の営造物の利用者として、国の包括的な支配下に入るとする伝統的な特別権力関係の克服であった。しかし、後述するように、最高裁が特別権力関係という言葉に言及することなく、比較衡量論の枠組みで判断を下して以降、この課題は克服されたとみなされたのか、議論は下火になっていった。にもかかわらず本稿が受刑者の法的地位論を取り上げるのは、この議論が自由刑の単一化と呼ばれる現下の改革課題に関して、なお一定の示唆を与えると考えるためである。

　こうした考えはおそらく奇異に受け止められるであろう。というのも受刑者の法的地位論は、受刑者の権利・義務関係が法律で規律されるべきか、されるとしてどこまでの密度が要求されるのかに関して論じられており、典型的には外部交通、図書閲読や懲罰、不服申立てといった論点との関連で取り上げられてきたためである。これらの論点については、2005年の受刑者処遇法制定にともない、規律密度が大きく向上した。なお課題は残るものの、これらは現下の改革課題ではない。

　現在問題になっているのは、刑務作業を義務付ける懲役刑と刑事施設に拘置するのみの禁錮刑という区別を見直すための改革であり、行刑法（受刑者

処遇法に未決拘禁者・死刑確定者に関する規定を統合した現在の刑事収容施設被収容者処遇法。以下、処遇法という）のみならず、刑法の改正を視野に入れたものである。受刑者の高齢化にともない、刑務作業を行わせるのが困難ないし無意味な受刑者が増加していることや、刑務作業を行わせることは困難ではないものの、それよりも充実した改善指導・教科指導（以下、指導という）を行った方が改善更生・社会復帰に寄与するであろう受刑者層が存在している。しかし、現在の懲役刑規定の下では、日中の活動時間の大部分を刑務作業に従事させなければならないと解されていることの制約から、処遇の充実を図ることが制度上困難であるといった隘路があり、これを打開することが目指されている。処遇法30条は、「受刑者の処遇は、その者の資質及び環境に応じ、その自覚に訴え、改善更生の意欲の喚起及び社会生活に適応する能力の育成を図ることを旨として行うものとする。」と規定し、また94条1項は「作業は、できる限り、受刑者の勤労意欲を高め、これに職業上有用な知識及び技能を習得させるように実施するものとする。」と規定する。しかし、出所後就労が見込まれないような高齢者を作業に従事させても、勤労意欲の向上や職業上有用な知識・技能の習得に結びつかないことは言うまでもなく、また改善更生の意欲の喚起に結びつくとも考えにくい。こうしたことから、改革を行うこと自体には大きな反対はないものと思われる。

　この改革は大きく言えば、理念としては改善更生を掲げつつも、実態としては応報刑寄りであった日本の行刑を教育刑寄りのものとし、名実ともに改善更生を目指すものであるということができる。しかしながら、日本の行刑が厳しい規律秩序の維持を重んじてきたことを念頭に置けば、教育が規律秩序維持の手段として用いられる可能性を検討しないわけにはいかない。制度設計においては、そうした事態が現出しないよう留意する必要があり、その意味で、公正モデルと改善モデルが対立する中で、公正な改善モデルの確立を目指したかつての受刑者の法的地位論[1]を振り返りつつ、現下の問題状況への示唆を得ることには意味があると思われる。

---

1 中山研一「受刑者の権利と義務」法律時報53巻5号（1981年）93頁は、後述するデュー・プロセス関係論に対して、「処遇モデル論」の上に「公正モデル論」を加えることによって、処遇の公正性とその手続的保障の明確化を要請するもの、という評価を加えている。

2 受刑者の法的地位論の展開

(1) 特別権力関係論の克服とその限界

　伝統的な特別権力関係論では、受刑者は、刑務所という国の営造物の利用者として、刑務所当局の制定する規律を媒介とした包括的な支配服従関係に入るとされていた。国民は、憲法上の基本的人権が保障されており、その制限のためには法律上の根拠が必要とされる。また不当な人権侵害に対しては司法的救済を受けることができる。しかし受刑者の場合、①基本権の保障がなく、したがって、②その制限について法律上の根拠は不要とされる。また③基本権保障がない以上、司法的救済も受けることができない。もちろん、だからと言って行刑機関が無制約に人権侵害行為をすることが許されるわけではない。しかし制約原理は、行刑という特別権力関係の設定目的であり、その達成に必要な範囲内であれば、法律の根拠に基づかず、命令や義務付け、違反時の懲罰賦科が認められることになる。

　こうした考え方は、日本国憲法の制定以降もはや維持しえないのではないかと強く批判されるに至った。法治主義を徹底する立場から、重要な基本的人権の制限は原則として法律に基づいて行われるべきであり、かつその制限は拘禁の本質・目的に照らして合理的かつ必要と認められる範囲においてのみ是認される、とされた。というのも、刑務所への収容関係は、同じく特別権力関係の下で把握されていた公立学校の学生、公務員など、自らの意思でその地位に就任し、そのことが双方に利益をもたらす関係とは異なり、一方的に移動の自由を剥奪し、それにともなう種々の権利・自由の制限の受忍を強制するものであるから、制限には法的根拠が必要となるためである。この立場から出されたのが、有名ないわゆる平峯判決（大阪地判1958（昭和33）・8・20行集9巻8号1662頁）である。判決は、監獄収容関係はいわゆる特別権力関係に属するものと認めつつ、被拘禁者の基本的人権に対する制限は、監獄という営造物設定の目的に照らし、必要最小限度の合理的制限にとどめるべきとし、その観点から、監獄の長の在監者に対する特別権力関係に基づく行為でも、法律の規制に違背し、または右監獄の存立目的から、合理

86　第1部　自由刑の改革課題

的に不可欠と考えられる範囲を逸脱し、社会観念上著しく妥当を欠いている
場合には、司法救済を求めることができる、と判示した。この判決に対して
は、特別権力関係を容認しつつも、法によらない包括的支配を排除したもの
で、論理的に矛盾しているとの評価もなされたが[2]、この判決は特別権力関
係内部での支配行為が全面的に法律により規制されるべきとしたものではな
く、「存立目的から合理的に不可欠と考えられる範囲」については司法的救
済が排除される余地を認めていたことに注意しなければならない。

　この判決を受けて学説は、司法的救済の余地は否定しないもののなお特別
権力関係の概念を維持する「修正された特別権力関係論」と[3]、受刑者と国
家との関係も、一般的な国家と市民との間の行政作用と同様の一般権力関係
であるとしつつ、しかし刑事施設の特殊性に由来して、通常の行政作用の場
合よりも、刑事施設内部では職員の裁量的判断の余地が拡大する、とすると
考えれば、もはや特別権力関係の概念を用いる必要はないとする否定説[4]に
分かれた。

　その後、原審、原原審が特別権力関係に言及しつつ判断を行った訴訟にお
いて、最高裁がこの概念に言及することなく判断を行ったことから[5]、判例
は特別権力関係論にはもはや固執していないと受け取られ、この概念をめぐ
る論争は下火になっていった。しかしながら、21世紀になってもなお、下
級審判例には、刑事施設に関する訴訟において未だに特別権力関係という概
念に言及しながら判断を行うものがある。すなわち「監獄における懲罰は、
監獄における拘禁という特別権力関係を前提とし、拘禁目的を達成するため
及び監獄の内部秩序を維持するために在監者に科せられる行政上の秩序罰で
ある。」としたうえで、いかなる規律違反行為に対して、いかなる懲罰を、

2　室井力『特別権力関係論』（勁草書房、1968年）415頁。

3　橋本公亘「在監者の人権」刑政74巻10号（1963年）14頁。

4　松島諄吉「在監関係について――伝統的な『特別権力関係理論』への批判的一考察」『磯崎辰五
　郎先生喜寿記念・現代における「法の支配」』（法律文化社、1979年）271頁以下。なお室井・前
　掲注（2）414頁も刑務所収容関係における裁量の幅の広さを肯定しているが、その一方で、刑
　務所収容関係は「罪刑法定主義に基づく、全く法治主義が妥当する特殊の公権力発動関係＝公法
　的権力関係」であるとして、一般権力関係であるとの把握を拒絶する。ここには、後述するデュ
　ー・プロセス関係論の萌芽がみられるように思われる。

5　後述する、未決勾留者の喫煙禁止に係る、最大判1970（昭和45）・9・16である。

いかなる期間科せられるかを定めた法令は存在しないが、これらの判断は、当該施設の秩序を維持するために必要な遵守事項や規律違反に対する対応も自ずから異ならざるをえない監獄の特殊性から、監獄内の実情に通暁し、直接その衝に当たる監獄の長の合理的かつ合目的的な裁量に委ねられている、とする裁判例である（金沢地判2002（平成14）・12・9判時1813号117頁）。このような結論は特別権力関係論を媒介せずとも導出可能であり、その意味でこの概念への言及は不可欠のものだとは思われない。しかし裏を返せば、特別権力関係否定論は、修正された特別権力関係論と同程度には刑事施設の特殊性を認め、法治主義の例外を容認する考え方である、ということが示唆されている[6]。

(2) 最高裁のリーディングケース

　現に、最高裁のリーディングケース自体がそのことを示している。すなわち、①最高裁はまず、「未決勾留は、刑事訴訟法に基づき、逃走または罪証隠滅の防止を目的として、被疑者または被告人の居住を監獄内に限定するものであるところ、監獄内においては、多数の被拘禁者を収容し、これを集団として管理するにあたり、その秩序を維持し、正常な状態を保持するよう配慮する必要がある。このためには、被拘禁者の身体の自由を拘束するだけでなく、右の目的に照らし、必要な限度において、被拘禁者のその他の自由に対し、合理的制限を加えることもやむをえないところである。」という一般論を示し、未決拘禁者の喫煙の自由を法律の根拠なしに制限することを認めた（最大判1970（昭和45）・9・16民集24巻10号1410頁）。

　最高裁は、火器の使用にともなう火災のおそれや他の被収容者との通謀のおそれが発生することから、喫煙を許すことによる罪証隠滅のおそれ、火災発生による逃走のおそれ、集団内火災による人道上重大な結果を発生させるおそれが生じると指摘するが、こうしたおそれは喫煙の場所や時間帯、態様を工夫することにより防止可能なものであり、一律に喫煙を禁止する理由に

---

6 「特別権力関係論は刑務所収容関係をめぐる判例を見る限り、理論的に終わったとはいえない」という行政法学者の指摘として、平田和一「行刑の法的統制と人権」専修法学論集48号（1988年）97頁。

88　第1部　自由刑の改革課題

はなりがたい。そのため喫煙の自由の人権としての価値の低さを指摘し、比較衡量論により喫煙禁止の合憲性が導かれている。しかしながら、問題は喫煙の自由の価値の高低ではなく、一般社会で許容されている行いを刑事施設内であるという理由で禁止することの当否である。喫煙の禁止は、拘禁作用に必然的に内在する制約を超える制約といわざるをえず、にもかかわらず最高裁は、それを、法律上の根拠なしに認める姿勢を打ち出したものと理解される。この判断は特別権力関係論ではないとしても、法治主義の保障を一般社会よりも後退させることを是認することが前提になっている[7]。

　②また、最高裁は、未決拘禁者が講読していた新聞の記事を抹消するかの判断に関して、新聞紙や図書を閲読する自由の憲法上の保障は憲法19条、21条の趣旨、目的からその派生原理として認められ、また憲法13条の趣旨にも沿うとしつつ、この自由は、逃亡及び罪証隠滅の防止という勾留の目的のためのほか、施設内の規律及び秩序の維持のために必要とされる場合にも、一定の制限を加えられるとした。そのうえで、新聞紙、図書等の閲読の自由の制限は、目的達成のために真に必要と認められる限度にとどめられるべきであるから、「制限が許されるためには、当該閲読を許すことにより右の規律及び秩序が害される一般的、抽象的なおそれがあるというだけでは足りず、被拘禁者の性向、行状、監獄内の管理、保安の状況、当該新聞紙、図書等の内容その他の具体的事情のもとにおいて、その閲読を許すことにより監獄内の規律及び秩序の維持上放置することのできない程度の障害が生ずる相当の蓋然性があると認められることが必要であり、かつ、その場合においても、右の制限の程度は、右の障害発生の防止のために必要かつ合理的な範囲にとどまるべきものと解するのが相当である。」と判示した（最大判1983（昭和58）・6・22民集37巻5号793頁）。

　施設内の規律秩序を害する相当の具体的蓋然性が発生するかという基準は、一部の裁判例や学説が支持していた明白かつ現在の危険という基準[8]より緩やかな基準であるものの、それなりに高い基準であるといえる。明白かつ現

7　宇野栄一郎「判解」『最高裁判所判例解説民事篇昭和45年度』275頁は、本判決について、特別権力関係理論を承認したものではないが、もとよりこれを否定する趣旨でもなく、最高裁の見解は、ついにこれをうかがうことができなかった、と解説している。

在の危険基準のうち、危険の現在性については、危険が差し迫っていなければ、権利・自由の制限ができないとすれば、安全かつ円滑な所内の規律秩序維持に支障が生じるという見方は了解できなくはない。問題はその点よりもむしろ、危険の明白性をも不要としたことにより、その判断を施設長の専門的判断に委ねることになってしまったことである。判決は、「具体的場合における前記法令等の適用にあたり、当該新聞紙、図書等の閲読を許すことによつて監獄内における規律及び秩序の維持に放置することができない程度の障害が生ずる相当の蓋然性が存するかどうか、及びこれを防止するためにどのような内容、程度の制限措置が必要と認められるかについては、監獄内の実情に通暁し、直接その衝にあたる監獄の長による個個の場合の具体的状況のもとにおける裁量的判断にまつべき点が少なくないから、障害発生の相当の蓋然性があるとした長の認定に合理的な根拠があり、その防止のために当該制限措置が必要であるとした判断に合理性が認められる限り、長の右措置は適法として是認すべきものと解するのが相当である。」と述べている。その結果、刑事施設内では一般の行政作用の場合よりも広い裁量が存在することとなり、裁量の逸脱や濫用が認められない限りは、施設長の判断が尊重され、裁量の範囲内では法律による権利保障と司法審査が排除されることになる。

　またこの判例は、「文書、図画の閲読に関する制限は命令をもってこれを定む」とする旧監獄法31条2項の規定について、「その文言上はかなりゆるやかな要件のもとで制限を可能としているようにみられるけれども、上に述べた要件及び範囲内でのみ閲読の制限を許す旨を定めたものと解するのが相当であり、かつ、そう解することも可能であるから、右法令等は、憲法に違反するものではないとしてその効力を承認することができる」という判示も行っている。行政命令に対する委任が包括的な白紙委任的なものであっても許されるとするものであるが、当該規定は、刑罰法規の行政命令への委任に関する猿払事件判決（最大判1974（昭和49）・11・6刑集28巻9号393頁）が合憲とした、「人事院規則で定める政治的行為をしてはならない」とする国

8　前掲・大阪地判1958（昭和33）・8・20、広島地判1967（昭和42）・3・15行集18巻3号223頁、石川才顕「受刑者の法的地位」ジュリスト497号（1972年）29頁等。

90 第1部 自由刑の改革課題

家公務員法の規定に比しても、一層無内容であると言わざるをえない。これをもってして、「拘禁中の法律関係についても法治主義の適用を肯定する[9]」ものと評価するのは強引だと言わざるをえないであろう。

③そして、最高裁は、受刑者と親族でない者との間の信書の発受に関して、「受刑者の性向、行状、監獄内の管理、保安の状況、当該信書の内容その他の具体的事情の下で、これを許すことにより、監獄内の規律及び秩序の維持、受刑者の身柄の確保、受刑者の改善、更生の点において放置することのできない程度の障害が生ずる相当のがい然性があると認められる場合に限って、これを制限することが許されるものというべきであり、その場合においても、その制限の程度は、上記の障害の発生防止のために必要かつ合理的な範囲にとどまるべきものと解するのが相当である。そうすると、監獄法46条2項は、その文言上は、特に必要があると認められる場合に限って上記信書の発受を許すものとしているようにみられるけれども、上記信書の発受の必要性は広く認められ、上記要件及び範囲でのみその制限が許されることを定めたものと解するのが相当であり、したがって、同項が憲法21条、14条1項に違反するものでない」と判示している（最決2006（平成18）・3・23判時1929号37頁）。

信書の発受を制限するには合理的な理由が必要であるとの判断は、結論的にはもちろん適切な方向性を示している。しかしここで問題なのは、最高裁が旧監獄法の規定を違憲無効とすることなく、法文の文理から原則と例外を逆転させた帰結を、解釈として導いていることである。こうした文面からはおよそ到達しえないような解釈論が許容されていることは、裏返せば、判例が、刑事施設における法治主義の要請を重視していないことを示している[10]。

(3) デュー・プロセス関係論の意義

以上の簡単な考察は、特別権力関係という概念を否定するだけでは問題は解決しないことを示している。そこで注目されるのが、デュー・プロセス関係論である[11]。

---

9 太田豊「判解」『最高裁判所判例解説民事篇昭和58年度』279頁。

デュー・プロセス関係論は、刑事施設で行われるのが刑罰の執行であることに着目し、憲法31条が保障する、刑事に関する実体面と手続面における法定主義の要請と内容が適正でなければならないとの要請が行刑にも直接及ぶ、と主張する。罪刑法定主義が規制内容の法定を要求するだけでなく、明確性の原則をも要求するように、刑罰執行の場面でも、権利自由を制約し義務を課す場合には基本的な内容が法定され（行刑法定主義）、かつその内容が、一般通常人をして理解可能でなければならないという帰結が導かれる。刑罰は国家が国民に合法的に行使しうる権力の中で最も強力なものであるだけに、濫用されるおそれの強いものである。そのため、恣意的な国家刑罰権発動を防止するために、立法段階や裁判段階で機能する罪刑法定主義や適正手続主義が確立してきた。処罰される可能性のある行いをすべきかどうかという選択に直面した一般市民や、捜査や裁判の対象となった被疑者・被告人の権利は、特に手厚く保障されなければならない、とするのが憲法31条である。しかし未だ有罪が確定していない段階で権利が保障されなければならないとすれば、有罪が確定し刑の執行段階に至った後はなおさら保障がなされなければならないはずである。無罪推定の原則に忠実に、罪を犯した疑いがある段階での刑罰権の濫用を戒める人も、罪を犯したと公的に認定された段階では刑罰権濫用に対する警戒心が緩む可能性がある。刑の執行段階においては、権限濫用のおそれはより強くなると考えるべきである。そのために、刑の執行段階においても、憲法31条が刑事司法過程に関わった人に特に保障している刑事人権[12]が保障されなければならないことになるのである[13]。

---

10 他方で、旧監獄法が被勾留者の面会を原則許可すると規定していたにもかかわらず、旧監獄法施行規則が被勾留者と14歳未満の幼年者との面会を原則禁止し、処遇上その他必要があると認められた場合にだけ例外的に施設長の裁量により許可することと規定していた点について、「法50条の委任の範囲を超えた無効のものと断ぜざるを得ない」と判示した最高裁判例（最判1991（平成3）・7・9民集45巻6号1049頁）は、法治主義に忠実な判断を下しているように見える。しかしこの事案は、施設内の規律秩序の維持に関わらない、幼年者の心情の保護を理由とした規制が問題になったものであることに注意しなければならない。判決は「幼年者の心情の保護は元来その監護に当たる親権者等が配慮すべき事柄である」と強調しており、この問題については施設長の裁量的判断を尊重する必要がない、と判断されたのであろう。

11 福田雅章「受刑者の法的地位と『監獄法改正要綱案』」同『日本の社会文化構造と人権』（明石書店、2002年）109頁、同「国際人権基準からみた受刑者の権利」同書169頁。

92　第1部　自由刑の改革課題

　この考え方からすれば、判例のように、明文の根拠なく喫煙を禁止することや規制の目的や基本的な原則を明示せずに行政規則に委任することは、法定主義違反として許容されないことになるはずである。また、法律の明文とは原則と例外を逆転させたような解釈を行うことについても、許されない類推解釈である、ということになると思われる[14]。

　学説では、憲法は18条、31条、34条等において在監関係の存在とその自律性を憲法的秩序の構成要素として認めている、という理由により、拘禁・戒護、矯正教化といった在監目的を達成するために必要最小限度の合理的な権利・自由の制限は、憲法が容認している、と主張するものがある[15]。この考え方によれば、法定主義の例外を認める余地が出てくることになろう。しかし、そもそも国家が刑罰を科す制度自体、憲法的秩序の構成要素であるが、だからといって罪刑法定主義が不要になるとは考えられていない。憲法が許容しているのは、国家刑罰権を発動するために必要にして十分な限度で、かつ適正な形態において、人権を制約することになる立法を行うことである。

　さらに、施設長の専門的判断を尊重し裁量の余地を幅広く認めることについても、見直しが必要になってくると思われる。デュー・プロセス関係論によれば、刑罰執行の場面において生じる恣意的な権限濫用のおそれに対しては特段の注意が払われなければならない。そのため、判例のように、安易

12　刑事人権とは、一般市民ないし国民を対象とした一般人権が、憲法31条のフィルターを通すことにより、刑事司法過程の特殊性を加味した特有の保障内容を有するに至ることを意味する。この概念についてはさしあたり、本庄武「福祉的ニーズを有する犯罪者の社会復帰支援を巡る自律と保護」法の科学48号（2017年）47頁を参照。

13　福田・前掲注（11）「国際人権基準」170頁は、受刑者は刑罰目的達成のために身柄を拘禁されているが、それ以外の点では一般市民であるとの認識が定着したことをデュー・プロセス関係論の根拠としている。しかし、それだけでは特別権力関係論を否定することにはなっても、現在の判例のような広範な行政裁量を許容する一般権力関係論を基礎付けることにしかならないのではないか、という疑問がある。

14　東京地判1992（平成4）・9・29（鴨下守孝『新行刑法要論〔全訂2版〕』（東京法令出版、2009年）339頁）は、遵守事項は懲罰対象基準を定めたものであることから、憲法31条の精神に照らし、刑罰法規と同程度の明確性を有することが望ましい、としている。一般論として、デュー・プロセス関係論に親和的な判示であり、注目される。しかし、最高裁は、監獄法が懲罰の対象となる違反行為の内容を定めていないことは憲法31条に違反しない、と判示している（最判1998（平成10）・4・24判時1640号123頁）。

15　芦部信喜『憲法学Ⅱ人権総論』（有斐閣、1994年）272頁。

に施設長の専門的裁量を尊重するわけにはいかない。ただし、罪刑法定主義においても、裁判官が法令の解釈を行うことが否定されていないことからわかるように、法律の規定により基本的な行動の予測可能性が保障されている限りにおいて、具体的な当てはめにおいて、行政の裁量的判断の余地が一切否定される、ということにはならない。実際、刑事施設内で必要な規制のレベルは、その時々の収容率や被収容者の特性等を踏まえてうえで判断されるべきことである。刑事施設の内部に通暁していない裁判所が、施設長が本来なすべき判断を代わりに行うことには無理がある、とする判例の指摘には一面の真実がある。デュー・プロセス関係論においても、この意味で、具体的な個別事案における施設長の裁量権を認める必要性を否定することはできないであろう。あらゆる事態を想定しそれに相応しい対処を法律で予め定めておくことには無理がある、と率直に認めなければならない。

　この点で注目されるのは、行刑当局に裁量基準の策定を求める提案である[16]。裁量基準を策定し、その適用が積み重ねられていけば、慣習法とみなされるようになり、合理的な理由なしに、同種の事案を従来の取扱いと異なって取り扱うことは平等原則違反として違法になりうる、とされる。裁量基準は一定限度で外部的効果を有し、司法判断においても活用されるに至るのである。また裁量基準自体の合理性、個別判断の裁量基準への適合性は司法審査の対象になる。

　問題は、行政手続法が、申請に対する処分に関する審査基準や不利益処分の基準の策定を行政庁の努力義務としつつ（5条・12条）、刑事施設における収容目的を達成するためになされる処分には適用されない、と規定していることである（3条1項8号）。しかしこの規定は、基準策定だけでなく他の様々な手続保障について一括して適用を除外するものであり、行刑に関する個別規定について行政手続法と同レベルの基準を策定することを直ちに不要としたものではないだろう。そして、裁量を統制すべきという要請が法治主義から導き出されるとするなら、裁量基準の定立義務も法治主義から導き出される[17]、という指摘を踏まえるならば、デュー・プロセス関係論は、裁量

16 萩原聡央「監獄法改正と行刑における裁量の統制に関する一考察」名経法学20号（2006年）26頁以下参照。

94　第1部　自由刑の改革課題

的判断については施設長ないし法務大臣に裁量基準を策定することを義務付けると解すべきであろう。

　以上のように、デュー・プロセス関係論は、単に特別権力関係論を否定するだけではなお克服できない刑事施設長の広範な裁量を統制する意義を有しており、決して曖昧な規範内容を有しているわけではない[18]。

3　デュー・プロセス関係論と矯正処遇

(1)　法治主義の妥当範囲

　法治主義の妥当範囲に関して従来、拘禁関係と処遇関係を区別して論じる見解が有力であった[19]。すなわち拘禁関係は、自由刑の内容をなすものであり、刑の内容として一般社会からの隔離を意味するため、法律を媒介とした権利・義務の関係でなければならないとされる。そこから国家が拘禁を確保するために受刑者の権利・自由に介入できる範囲と限界は、行刑法により法定されなければならない、という帰結が導かれる。具体的には、衣食住・衛生・分類など拘禁生活の内容となるもの、図書等の閲読や外部交通に関するもの、拘禁緩和に関するもの、仮釈放という拘禁関係の終了に関するもの、そして、拘禁関係における経済面の問題としての作業賃金、社会保険加入の問題が、この拘禁関係に属するとされる。これに対して処遇関係とは、刑の執行の内容をなすものであり、受刑者の社会復帰を目的とするもろもろの処置、対策を意味する。処遇関係は、生きた人間を媒介とする施設側の助言・説得と受刑者側の同意・納得の関係で構成されなければならない。なぜなら受刑者は処遇の主体として扱われなければならないからである。それによってこそ受刑者は自ら更生し、社会および被害者に対する社会的責任を全うすることになり、また施設が一定の処遇を受刑者に押し付けるところではとう

17　山下竜一「裁量基準の裁量性と裁量規律性」法律時報85巻2号（2013年）26頁。

18　デュー・プロセス関係論に対して、法的形式に力点があり、人権から出発していない、との批判があるが（菊田幸一編『受刑者の人権と法的地位』（日本評論社、1999年）5頁）、人権から出発するからこそ、一般的な法的規律の問題としては行政目的達成のために保障が後退しうる場面において、なお特別な法的保障を行わなければならない、とするのがこの理論の意義であろう。

19　石原明「受刑者の法的地位考察の方法論」刑法雑誌21巻1号（1976年）7頁。

てい望みえない矯正の実をあげることができる。処遇関係には、処遇分類、心理テスト、作業や職業訓練、教育、カウンセリング、環境調整などが属するとされる。

　この見解によれば、拘禁関係は法治主義に従って運営されなければならないのに対して、処遇関係については受刑者の真の意味での同意・納得が確保されている限りにおいて、施設長の処遇権限が濫用されることにはならないから、必ずしも法律上の根拠なく処遇を展開することが許される、ということになるだろう。たしかに処遇関係においては、新しい処遇技法が開発されたり、人的物的体制の刷新により刑事施設での導入が可能になった場合に、適時に処遇が実施できることには意味があり、拘禁関係と同程度に厳格な法的根拠を求めるべきではないように思える。

　しかし、この見解に依拠するには一定の留保が必要である[20]。まず提唱者自身が認めているように、拘禁関係と処遇科刑の双方の意味合いを有する領域がある。その場合、法治主義に関しては、拘禁関係が優先的に適用され、厳格な法的根拠が必要になるだろう。しかしその場合でも、外出や外部通勤などの拘禁緩和に関する措置に求められる法的根拠の厳密度は、拘禁確保のための措置の場合よりも緩やかでよいと考える余地があると思われる。次に、この見解は自由刑の内容を拘禁に純化することを前提としている。それゆえに刑務作業すら処遇関係に分類され、受刑者の同意と納得のうえで行われるものと整理されている。こうした見解の当否はひとまず措くとして、ここで確認しておきたいのは、この分類の妥当性は前提として、自由刑の内容として何が予定されているかに依存する、ということである。自由刑の内容に身体の拘禁以外のものが含まれる場合、それについても法治主義が及ばなければならない。その意味で拘禁関係ではなく、刑罰関係とでも称すべきであろ

20　なお本文で検討するもののほか、この見解に対しては、自由刑の内容は拘禁のみだとしておきながら、改善・社会復帰については、自由刑の内容でないにもかかわらずなにゆえに行刑の目的であるのかが説明されなければならない、との批判がなされている（澤登俊雄「行刑の目的と国家の処遇権」『現代の刑事法学——平場安治博士還暦祝賀（下）』（有斐閣、1977 年）340 頁。土井政和「社会的援助としての行刑（序説）」法政研究 51 巻 1 号（1984 年）44 頁も参照。）。この点は、国家による処遇権ないし国家の処遇提供義務がいかなる根拠から導出されるかに関わる問題であり、法的地位の問題とは論点を異にするため、本稿では扱わない。

う。現行刑法における懲役刑規定は、「所定の作業」を課している。これが刑罰内容であるとすれば、懲役刑における作業は処遇関係であるとともに、刑罰関係でなければならないことになる。また、現行の処遇法は、正当な理由なく指導を拒まないことを遵守事項としており（74条2項9号）、遵守事項を遵守しなかった場合を懲罰対象としている（150条1項）。処遇関係の中でも、作業に指導を加えた矯正処遇（84条1項）については、助言・説得と同意・納得の関係とはされてないため、拘禁関係同様に法治主義が妥当しなければならない。

(2) 自由刑の刑罰内容の見直し

　現在問題になっているのは、少年法適用年齢引き下げ問題に関連して、法務省に設置された「若年者に対する刑事法制の在り方に関する勉強会」が提起した、自由刑の単一化という論点である。すなわち受刑者の中には、若年者・高齢者・障害者のように、その特性を考慮すると作業以外の改善指導や教科指導が適している者がおり、作業を刑罰内容とするがゆえに刑期の大部分を作業に充てざるをえない懲役刑を見直し、懲役刑・禁錮刑を一本化して、作業を含めた各種の矯正処遇を義務付けることができることとする法制上の措置を採ることが提案されている[21]。この提案と問題意識を同じくする見解は、より踏み込んで、懲役と禁錮は拘禁刑として一本化したうえで、刑務作業その他の矯正のために必要な処遇を行う、という形にすべきとしつつ、矯正処遇に関する定めは刑法に規定してもよいが、矯正処遇は自由刑の内容というよりも執行方法という位置付けであるため、処遇法で定めるものであっても構わない、とする[22]。

　この見解は、現行法の作業には苦痛はともなうものの、目的は苦痛を与えることではなく、受刑者の改善であり、自由の拘束と作業の間には、少なくともその目的の主従に差がある、という見解[23]を前提としていると思われる。だからこそ、刑法に規定されていたとしても、作業は執行方法にすぎない、

21　『「若年者に対する刑事法制の在り方に関する勉強会」取りまとめ報告書』（2016年）9頁。
22　川出敏裕「自由刑における矯正処遇の法的位置づけについて」刑政127巻4号（2016年）21頁。
23　平野龍一「懲役と禁錮」同『犯罪者処遇法の諸問題〔増補版〕』（有斐閣、1982年）78頁。

というのであろう。しかし、処遇内容が刑法で規定されるか処遇法で規定されるかは大きな違いではないだろうか。現行法の懲役刑にあっては、作業については刑法上の義務とする一方で、指導については処遇法上の義務とされている。作業拒否に対しては懲罰をもって厳しく対処する一方で、指導拒否に対しては懲罰をもってしてまでは臨まないという運用が一般的であるとされる。この違いは、指導は自発的に取り組むことで大きな効果が上がるのであり、懲罰により間接的に強制することに大きな意義はないのに対し、懲役受刑者の作業については、刑の執行をしている以上、その内容が実現できないことを許しておくわけにはいかない、ということにあるとされている[24]。

仮に、刑法において拘禁刑については、「作業を課し、その他矯正に必要な処遇を行う」という規定を置いた場合、矯正処遇が刑の内容を構成し、受刑者が指導を拒否すると、刑が執行されていない状態になるため、厳格に懲罰を課すことにより受講を強制せざるを得なくなることが懸念される[25]。強制しても効果が見込まれない指導の受講について、懲罰によって間接強制することがそもそもの目的に適うのか大いに疑問であるが[26]、ここでは法治主義との関係に限定して問題を検討する。

(3) 法治主義と矯正処遇

まず現在のように、処遇法レベルで指導の受講を義務付けてはいるものの、それを拒否しても基本的には懲罰を課さないように運用している場合について検討する。この場合、処遇関係に属するとはいっても、義務付けの対象である以上、法治主義の要請は及ばなければならない。いかなる対象者に対していかなる指導が行われるかに関する基本的事項は法律で定める必要があり、

---

24 富山聡「刑事施設における自由刑の執行と矯正処遇の位置付け」罪と罰 54 巻 2 号（2017 年）4 頁。
25 改正刑法草案 35 条は 2 項で「懲役は、刑事施設に拘置する。」とし、3 項で「懲役に処せられた者に対しては、作業を課し、その他矯正に必要な処遇を行なう。」と規定していた。「懲役は、刑事施設に拘置して所定の作業を行わせる。」と規定する現行刑法 12 条 2 項とは異なり、懲役の刑罰内容は拘置に限定され、矯正処遇は執行内容であるとされているようにも見えるが、項を改めただけで刑罰内容か否かが変わるものでもなかろう。仮にそう言えるのであれば、現行法上、作業は刑罰内容ではないと解釈することもできたはずである。いずれにしても、こうした規定を設けた場合、現在のように作業拒否と指導拒否で対応を異にすることは困難になると思われる。
26 この疑問は、十分な議論なしに指導拒否を懲罰対象とした現行の処遇法自体にも向けられる。

98 第1部 自由刑の改革課題

かつその内容は適正でなければならない。また具体的にどのような指導を受けるかを決定する手続も法定され、かつその手続は適正でなければならない。この関係で、処遇法103条1項における改善指導の規定内容は包括的すぎるようにも思えるが、義務付けの程度が強くないことを加味すると、その限りにおいて、相応の法定がなされているといえるように思われる。矯正処遇の内容を決定する手続についても、処遇法84条において処遇要領を策定することが定められており、一応の法定はなされている。ただし手続の適正性に関しては、同条4項が、「必要に応じて、受刑者の希望を参酌」するとしている点は不十分であろう。本人からの意向聴取は必要的になされるべきである。また認知行動療法など本人の意欲が重要となる指導を指定する場合は常に本格的な処遇調査を行う、裁判段階で提出された更生支援計画を参照するなど本人以外の情報源からも情報収集を行う、処遇計画を策定する際に出所後の社会資源との連携を模索する、といった形でさらに手続を充実させる必要もあるだろう。

次に刑法改正により、刑罰内容として指導を規定する場合については、法治主義の観点から、行刑法定主義以前に罪刑法定主義の要請を充たさなければならないことになる。刑罰の本質は苦痛であるが、実体的適正の一内容として、苦痛の程度が不公平にならないようにしなければならない、という要請がある。現行法が刑罰として剥奪する法益は、生命、時間を単位として剥奪される移動の自由、財産と、客観的価値は誰にとっても等しいものである[27]。懲役刑における作業強制の苦痛は、それらと比べると客観化が難しく、刑罰内容としての適正性には疑義が生じる。ただし、勤労とは、憲法上、象徴的な義務と解されている一方で権利として保障されるような神聖なものである。にもかかわらず、それを強制されるという屈辱を味わわせる点に、誰にとっても妥当する象徴的な苦痛という要素が存在しているともいえる。そ

---

[27] もちろん主観的感覚を問題にすれば、剥奪される法益に価値を見出さない人にとって苦痛は少ないともいえるが、主観的感覚の測定は困難であり、また刑罰の社会一般に対する効果を損なうおそれがある。主観的感覚に応じて刑罰を個別化することは困難であるため、客観的尺度が採用されている。それでもなお財産については、周知のように、経済状態に応じて苦痛の程度が異なるという問題があるため、日数罰金制という立法提言がある。その場合も日数という形で苦痛の公平性に配慮が払われている。

れをもってして、主観的感覚に依存しない客観的な評価であると何とか言えるかもしれない[28]。それに対して、指導は性質上作業以上に内容が多様であり、また負担の度合いも著しく異なる。作業が憲法上の勤労に対応するのに対して、指導は憲法上の教育概念には包摂されない内容を含んでいる。そもそも憲法上、教育は勤労とは性質を異にしており、権利ではあっても、象徴的にも義務とはされていない。指導を義務付けることは刑罰内容として適正でないように思われる。

　また指導を刑罰内容とする場合、法定主義の要請を満たせるかという問題がある。苦痛の程度があまりにも多様である場合、単に矯正処遇と規定するだけではそもそも刑罰内容を特定したことにならないのではないか、という疑問が生じる。指導内容の骨格はあらかじめ法定されていなければならず、社会情勢の変化や技術の発展にともなって柔軟に新規の指導を導入したりすることは困難になるだろう。そして仮に矯正処遇の内容の法定の問題をクリアしたとして、それを判決において個別に特定して言い渡すこととした場合、手続的にそれが可能かという問題がある。前提として、本格的な判決前調査を実施することが必須と思われるが、そこでの調査内容は、被告人の改善更生にとっての必要性や処遇の有用性だけでなく、当人にとってそれがどれだけ苦痛を構成するのかも含まざるをえない。苦痛の程度を的確に把握することが可能かどうかがすでに問題であるが、仮にそれが可能であったとしても、指導が効果を発揮するためには本人の意欲が重要であるところ、意欲があればあるほど指導への適性は増す一方で、その指導を強制されることの苦痛は減少してしまう、というジレンマが存在する。この状況で適切な均衡点を発見して、相応しい指導内容を特定することは極めて困難であろう。

---

28 こうした解釈に難があるとすれば、作業を刑罰内容とすること自体を見直さなければならなくなる。その場合、現行刑法の懲役刑の刑罰内容は、日中の活動時間における活動の自由を剥奪する限度に縮小解釈されなければならないであろう。日中は定められた活動を行うことが刑罰として義務付けられることになるが、その内容自体は強制性を有してはならないことになる。なお別途、自由刑の刑罰内容は移動の自由の剥奪に尽きると考えるべきか否かという問題があるが、この点についても本稿では扱わない。

4 結びに代えて

　以上のように、受刑者の法的地位に関して、デュー・プロセス関係論に則って法治主義の貫徹を要求した場合、矯正処遇についても、義務付けの程度に応じて、求められる実体および手続の法定および適正性の程度が変わってくることになる。刑法上、指導の受講を義務付けようとする場合には、困難に逢着する。刑罰改革を行う際には、処遇効果や受刑者の主体性、施設運営の円滑性などに加えて、この点についても踏まえる必要がある。

第2部

非拘禁措置の改革課題

仮釈放
―必要的仮釈放をめぐる議論を中心に―

武内謙治

1　はじめに

　仮釈放とは、一定の期間経過後、収容期間の満了前に自由刑に処せられた
者に仮に釈放を許すことをいう。

　この仮釈放は、刑事政策理論を凝縮している。行刑の出口に位置する釈放
を仮に行おうとする仮釈放には、行刑はもちろんのこと、処遇（施設内処遇
および社会内処遇）や刑罰のあり方が投影されるからである。

　仮釈放は、現実の刑事政策でも、重要テーマであり続けている。最近の動
きだけみても、例えば、法務省の「若年者に対する刑事法制のあり方に関す
る勉強会」の「取りまとめ報告書」（2016 年 12 月）は、「若年者に対する刑
事政策的措置」の項目の下、「施設内処遇と社会内処遇との連携を強化する
ための刑事政策的措置」として「社会内処遇に必要な期間の確保」を挙げて
いる。そこでは、責任主義との関係など理論的課題が存在することに留保が
付されつつも、「仮釈放の期間について、いわゆる考試期間主義を採用する
こと等が考えられる」ことが指摘されている[1]。これを受けた法制審議会少
年法・刑事法（少年年齢・犯罪者処遇関係）部会の第 3 回会議（2017 年 5 月 31

---

[1] 「『若年者に対する刑事法制の在り方に関する勉強会』取りまとめ報告書」（2016 年）11 頁。しか
し、現在少年院の在院者についてはほとんどの場合に仮出院の措置がとられている。18 歳と 19
歳の者についていえば、「社会内処遇に必要な期間」を確保する最良の方法は、少年法適用年齢
を引き下げないことである。

104 第2部 非拘禁者措置の改革課題

日開催）で出された論点表（案）でも、同様の事柄が論点として提示されている。再犯防止の高唱をも背景として、仮釈放のあり方が再び問われている。

本稿の目的は、仮釈放制度について検討を加えることにある。以下では、現行の仮釈放制度を概観し〔2〕、その課題を確認する〔3〕。それを踏まえて、理論的検討を行い、必要的仮釈放制度の理論上の合理性を確認するとともに〔4〕、かつての刑法改正論議に焦点をあてる形で、その刑事政策上の必要性を確かめることにする〔5〕。

2 現在の仮釈放の制度

(1) 実体的要件

現行制度上、仮釈放の期間は刑期終了までである。仮釈放の期間中対象者は保護観察に付されることとされており、その期間も刑期の終了までとされている（更生保護法 40 条。残刑期間主義）。

仮釈放の実体的な要件には、形式的要件と実質的要件とがある。形式的要件とは、所定の執行刑の刑期が経過することであり、有期刑の場合には執行すべき刑期の 3 分の 1 の期間の経過が、無期刑の場合には 10 年の経過が必要である[2]。実質的要件となるのは、「改悛の状」の存在である（刑法 28 条）。

この実質的要件である「改悛の状」は、「犯罪をした者及び非行のある少年に対する社会内における処遇に関する規則」上、①対象者に悔悟の情及び改善更生の意欲があること、②再び犯罪をするおそれがないこと、③保護観察に付することが改善更生のために相当であることが、仮釈放の許可基準として具体化されている。また、ただし書きにおいて、④社会の感情による是認が、消極要件として求められている（28 条）。

このうち、②は、実務上「仮釈放中」再犯のおそれがないことと理解されており、悔悟の情や改善更生の意欲が特に強く求められるといわれる。③に関しては、刑事施設において予定される処遇内容・効果のほか、面接における審理対象者の悔悟を表す発言・申告表の書面からの判断、矯正教育の成績、

---

[2] なお、少年のときに裁判の言渡しを受けたものについては、少年法上特則が存在する（少年法 58 条）。

刑事施設における生活態度（反則行為、規律違反の有無）、釈放後の生活環境、生活設計等が考慮される。④については、③の資料のほか、被害者等の感情、収容期間・仮釈放に関する関係人・地域社会の住民感情の他、裁判官・検察官の意見が考慮されている[3]。

(2) 手続

　仮釈放の許否判断は、行政機関である地方更生保護委員会（以下「地方委員会」）が行う（更生保護法16条）。その審理は、刑事施設の長の申出を受けて開始され（同法34条）、必要があるときは、地方委員会の委員と保護観察官により調査が行われる（同法25条。25条調査）。もっとも、刑事施設長からの申出がないときでも、必要がある場合、地方委員会は刑事施設長の意見を聴取したうえで、職権により審理を開始することができる（同法35条1項）。この場合も、必要があるときは、審理対象者との面接や関係人に対する質問などにより調査を行うことができる（同法36条。36条調査）。そのうえで、仮釈放の許否が、委員3人からなる合議体での審理を踏まえた評議により、判断される。

3　仮釈放の課題

(1)　仮釈放の現状と課題

　しかし、仮釈放をめぐっては、現実面で少なからず問題が存在する。保護統計年報および矯正統計年報によれば、仮釈放が許可された人員と（2015年は13,945人）、仮釈放の申出が取り下げられた者を除いて許可されなかった人員の合計に占める前者の比率は、近年95％前後で推移している。しかし、満期釈放者と仮釈放者の合計に占める後者の比率（仮釈放率）は、近時50％台後半で推移しているものの、2009年（49.2％）と2010年（49.1％）に50％を割り込んでいる（2015年は満期釈放者が9,953人、仮釈放者が13,570人、仮釈放率が57.7％）。

---

3 松本勝編著『更生保護入門〔第4版〕』（成文堂、2015年）43頁［御厨勝則］。

106 第2部 非拘禁者措置の改革課題

　仮釈放許可決定人員の刑の執行率は、特に2000年以降、85％以上のものが半数以上を占めており、かつ、その割合は漸増傾向にある。2015年でみると、刑の執行率が80％以上のものが80％を、刑の執行率が90％以上のものに限っても34.3％を占めている。しかも、執行率は、刑期が長くなればなるほど高くなっている。2015年の統計で、刑の執行率が70％未満、80％未満、90％未満、90％以上で区別して刑期別にみてみると、刑期が2年以下の場合、順に、1.2％、21.9％、52％、24.9％である。また、刑期が3年以下の場合、1.4％、20.7％、46.3％、31.7％である。これが、10年以下の刑期になると、0.8％、12.3％、38.9％、48％、10年を超える刑期となると、0％、2.5％、22.9％、74.5％となっている。

　以上から、地方委員会で審理が開始された事件のほとんどでは仮釈放が許可されているといえる。しかし、刑事施設被収容者（以下「被収容者」と表記）のうち40％から50％程度が満期釈放されている。仮釈放される場合でも、刑が長期になるほど執行刑期が長くなってもいる。現行制度の枠組みを考えれば、これらの現象は、刑事施設の長による仮釈放の申出がなされていなかったり、地方委員会の職権による審査が行われていなかったりする事案が相当数あること、そしてまた、その申出ないしは職権による審理が、長期の刑になればなるほど慎重になっていることの表れであると理解すべきであろう。

　以上の事柄は、満期釈放者と仮釈放者との施設再入率の差とも関連づけられる。よく知られているように、刑事施設出所者の再入率は、満期釈放者の方が高い[4]。他の条件を統制したものではないという留保は必要であるものの、現行制度下で保護観察がつけられない満期釈放者が釈放後専門的支援なしに一般社会での生活へとハードランディングを強いられることになることを考えれば、釈放形態の違いが刑事施設への再入率に何らかの影響を与えている可能性は払拭できない。

　しかし、引受人との関係や居住地の確保など社会内で環境調整を行う必要

---

[4] 2011年に出所した満期釈放者と仮釈放者の再入率は、5年以内で49.5％と38.8％、10年以内で59.5％と47.6％である。法務省法務総合研究所編『犯罪白書 平成28年版』（日経印刷、2016年）220頁。

性が高い者ほど仮釈放になりにくいという問題は——高齢者犯罪や薬物犯罪による再入所という近時刑事政策の重点課題となっている問題により深刻化している可能性も否定できないにせよ——従前から指摘されてきたものである。「仮釈放のジレンマ」としていい表されてもいるこの問題は、その意味で、伝統的な運用傾向も含めて現行制度の構造に根ざしている可能性が高い。

(2) 問題の構造

しかし、特に有期刑の場合、現行刑法上の形式的要件は、仮釈放の可能性を広く開いているはずである。それにもかかわらずこの可能性が尽くされているとはいいがたいのは、なぜであろうか。

地方委員会の仮釈放審査に関しては、仮釈放許可基準が性質上確信的心証を得ることが難しいものになっていることと相まって、判断の幅が広く、内容も抽象的であるために、仮釈放審査にあたり「再犯のおそれ」と「社会感情」が必要以上に重視され、それが仮釈放の消極的な運用につながっているとの指摘がある[5]。「再犯のおそれ」については、「期間中再犯の虞があるかないかを的確に認定することは至難のわざ」であるため、安全を期して仮釈放を許可しないか仮釈放期間を短くする運用になりがちであるともいわれる[6]。「社会感情」に関しては、「地方委員会の良識によって濾過され客観化された、いわば『高次元の感情』」を「基準でいう社会感情」として理解すべきこと[7]や、保護司や検察官の意見に準拠しつつ「良識ある社会の正義感情に基づいて」[8]認定すべきことが説かれている。どちらにしても、現行制度下では、「再犯のおそれや社会感情への配慮から、仮釈放の運用はとかく消極的に傾くことを免れ難い」[9]状況にあることは否定できない。

刑事施設の長による仮釈放の申出については、やや古いが、大阪矯正管区管内行刑施設における満期出所者の仮出獄申請をしなかった理由の調査

---

5 西中間貢「仮釈放制度の運用の現状と課題」矯正講座 27 号（2006 年）33 頁。

6 野中忠夫「必要的仮釈放制度とその問題点」更生保護と犯罪予防 10 号（1978 年）3 頁。

7 野中忠夫「仮釈放の運用と制度上の問題」朝倉京一他編『日本の矯正と保護 第 3 巻 保護編』（有斐閣、1981 年）36 頁。

8 西岡正之「仮出獄許可の基準について」犯罪と非行 43 号（1980 年）86 頁、91-92 頁。

9 野中・前掲注（7）39 頁。

108　第 2 部　非拘禁者措置の改革課題

(1985 年 10 月 1 日から 1986 年 9 月 30 日まで期間）がある。これによれば、保
護不良が 37.3％、行刑成績不良が 20.4％、暴力団離脱意思なしが 17.2％、短
期刑のためが 16.9％、仮出獄申請棄却が 4.1％、満期出所を希望が 1.7％、そ
の他が 2.3％を占めている（総数 2993 人）[10]。保護不良は、帰住予定地が定ま
っていなかったり身元引き受け人がいなかったりする場合を指す。今日、被
収容者中の高齢者の割合が増加していることを考えれば、帰住予定地の確保
の問題はさらに深刻化していることが予想される。

　仮釈放の申出が慎重である分地方委員会による職権審理が積極的であるか
といえば、そうとはいえない。被収容者の実態を正確に把握することは困難
であるため、地方委員会による職権審理が行われる事例はほとんどないとい
われる[11]。

　こうした中で、特に 1960 年後半以降、仮釈放を積極化するための施策が
とられてきた。早期から継続的に仮釈放のための調査を行う仮釈放準備調査
（1966 年）や、保護観察による調査の充実を図るため刑事施設に保護観察官
を常駐させる施設駐在が制度化された（1981 年）。また、仮釈放率が 50％を
割ることへの危惧を背景として「仮出獄の適正かつ積極的な運用について」
の通達が発され、いわゆる仮釈放の積極化が推進された（1983 年 11 月）[12]。
2009 年には、無期刑受刑者に関する仮釈放の運用が見直され、地方委員会
による仮釈放審理を行うための面接を複数の委員で行うことや、仮釈放審理
の際に検察官の意見を求めること、地方委員会がすべての犯罪の被害者等に
ついて面接等調査を行うことなどの措置をとることとされた。また、刑の執
行開始日から 30 年が経過した場合、刑事施設の長による申出によらずとも
地方委員会は職権で審理を開始することなどの措置がとられるようになった。

10　景山隆吉「仮釈放を中心とした矯正の現状と問題点」犯罪と非行 71 号（1987 年）48 頁。柴田
　　力「仮釈放及び保護調整の現状と課題」刑政 104 巻 6 号（1993 年）27-28 頁も、1989 年から
　　1991 年までの期間における大阪刑務所の状況につき同様の事柄を伝えている。
11　井手幹曠「仮釈放審理の問題と対策」犯罪と非行 43 号（1980 年）68-69 頁、西岡正之「仮釈放
　　の適正化と積極化について」犯罪と非行 78 号（1988 年）28 頁。西中間・前掲注（5）33 頁も、
　　「ごく一部はあるも皆無と言っていい」と述べ、「総じて地方委員会の仮釈放の運用は受身的」で
　　あることを指摘しており、現在でも状況が大きく変わっているわけではないことが窺われる。
12　通達に焦点をあて、戦後における仮釈放と保護観察の政策の展開をみるものとして、特に、井
　　手幹曠「仮釈放・保護観察の 40 年」犯罪と非行 84 号（1990 年）72 頁以下を参照。

仮釈放　109

　しかし、仮釈放積極化の効果は、直後数年間仮釈放率が増加するなどしたものの、限定されたものであったといえよう[13]。無期受刑者の仮釈放に関する措置も、「再犯のおそれ」や「社会感情」の判断方法にしろ、30 年という職権審理開始の刑の執行期間の設定にしろ、刑事施設長の申出や地方委員会の仮釈放許可判断を慎重にさせるよう作用しないかが危惧される。より根本に制度のあり方自体を考える必要がある。

4　仮釈放の本質的性格

(1)　学説の概観

　保護観察の期間の確保という問題関心を出発点に据えれば、制度のあり方としてまず重要なのは、保護観察の期間と自由刑の刑期との関係である。その関係性のとらえ方には、大きくは 2 つの方向性がありうる。第 1 は、保護観察に付しうる期間と自由刑の期間との連動を切り離し、前者を後者とは別に自由に設定できるようにすることである。つまり、考試期間主義をとることである。第 2 は、自由刑の刑期の枠内に収めたまま、保護観察に必要な期間を確保する方途である。つまり、残刑期間主義を維持したうえで、仮釈放を行わせやすいようにすることである。そのための方法は、対象者の主体的努力を釈放時期の決定に連動させることか、すべての被収容者を対象として仮釈放を必ず行うようにすることである。前者が善時制であり、後者が必要的仮釈放制度である。

　この問題は、仮釈放の本質的性格に関する理解と連動する。特に理論が関心を寄せる受刑者像とのかかわりで整理すれば、その理解は、次の 5 つに大別することができる[14]。第 1 に、仮釈放を、刑務所内での行状に対する恩典とする理解である（①恩恵説）。これは、仮釈放を施設内での善行に対する褒賞ないしは恩恵としてとらえ、施設内で行状のよいものを対象として裁量

13　仮釈放の積極化施策の同時代的な分析については、瀬川晃『犯罪者の社会内処遇』（成文堂、1999 年）205 頁以下を特に参照。
14　特に、前野育三『刑事政策論〔改訂版〕』（法律文化社、1994 年）229-230 頁、土井政和「仮釈放と適正手続」犯罪と非行 108 号（1996 年）78-79 頁を参照。

によって刑期満了前に条件付きで釈放すること理解する。この考えは、刑事施設内の秩序を維持する一手段としての機能を仮釈放にも担わせる。第2に、主に善良な受刑者に焦点をあて、行刑が閉鎖的空間で行われるがゆえに種々の弊害をともなっていることに着目して、処遇の観点から、社会復帰をうながす制度として、仮釈放を理解する考え[15]である（②刑の執行の一形態説）。この考えの軸足は、行刑から可能な限り早期に受刑者を釈放することにあるといえる。第3に、反対に主に危険な受刑者に着目し、保護観察を通して社会に適応できない場合に再収容することに力点を置いて制度をとらえる考えがある。この考えを徹底すれば、満期であったとしても、釈放を「仮」のものとしてとらえることになる。そのため、この理解は、仮釈放と刑の執行猶予とを同質のものとして把握することになる。換言すれば、刑の一部執行の後に残刑部分の執行を猶予する制度として仮釈放をとらえ[16]、刑の一部執行の後に残刑部分の執行を猶予する刑の消滅の一形態として仮釈放を理解するのが、この立場である（③刑の一形態説）。その基本的な視座は、社会防衛に据えられている。第4に、これらの考え方を総合的に発展させ、受刑者が善良であるか危険であるかを問わず、すべての受刑者に適用されなければならない刑の執行の一段階として、仮釈放と保護観察を考える見解である。この考えは、刑事施設内における生活と一般社会での生活との間にはギャップがあるため、すべての受刑者に保護観察による社会適応性のための指導と援助を与える必要があるとの認識に立つ。アフター・ケアのための手段として仮釈放と保護観察をとらえるのが、この立場である（④アフター・ケア説）。第5に、仮釈放を端的に拘禁の緩和としてとらえる考えである（⑤拘禁の緩和説）。この考えは、一方で、「再犯の危険性」を仮釈放要件に据えることへの懐疑を土台として、受刑者の主体的努力を釈放時期の決定に連動させ、他方で、更生保護の理想を「刑事制度に取り込まれることによって援助を受けて更生・社会復帰する必要のあるものになってしまった者に対する配慮」に求

---

[15] 現行制度を刑の執行の一形態として説明するものとして、大谷實『刑事政策講義〔新版〕』（成文堂、2009年）275頁を参照。

[16] 森下忠「保護観察」平場安治＝平野龍一『刑法改正の研究1 概論・総則』（東京大学出版会、1972年）321頁、同『刑事政策大綱〔新版〕』（成文堂、1993年）286頁。

める[17]。

　保護観察期間と自由刑の刑期との関係性に引きつければ、②刑の執行の一形態説と④アフター・ケア説、⑤拘禁緩和説は、残刑期間主義を前提とする必要的仮釈放制度や善時制の導入論と結びつきやすい。それに対し、③刑の一形態説は考試期間主義と整合する。

　関連して、仮釈放を被収容者の権利ととらえる契機の有無をみてみれば、②刑の執行の一形態説、④アフター・ケア説、⑤拘禁緩和説にはその契機がある。それに対し、①恩恵説にはこれがない。③刑の一態様説でも理論上不可能ではないものの、社会防衛の要請に譲歩させられる可能性が高い[18]。

(2)　理論的検討

(a)　考試期間主義の検討

　保護観察期間を刑期と連動させない考試期間主義は採用できない。この立場の本質は、司法機関が言い渡した自由刑の枠を超え、新たな負担を事後的に対象者に加える点にある。保護観察期間を設定するのが地方委員会のような行政機関でなく司法機関であったとしても、事後的な自由制限措置の付加は予見可能性を奪い、自由権保障を損なう。

　このアプローチが刑期の枠組みを超えてまで保護観察に付すことに期待する事柄も、問題になる。指導監督の枠組みで各種処遇プログラムを義務づけたいということであれば、結局のところ対象者の個別的な犯罪危険性に着目して、新たな負担の正当化を図ることになろう。この場合、自由刑の根拠となった犯罪類型が同じであるにもかかわらず、保護観察期間が犯罪危険性に応じて刑の枠を超えたり超えなかったり、その自由拘束の程度が異なったりすることがありうることになる。仮に各種処遇プログラムに相当な効果を見込むことができるとしても、このことには平等原則との関係で問題がある。また、その期間も問題である。実務における仮釈放の消極的運用が「再犯のおそれ」に関係しているとすれば、この枠組みでの保護観察も同様の消極的

17　吉岡一男『刑事制度論の展開』（成文堂、1997年）254-255頁［初出：1990年］。

18　この意味で、被収容者に仮釈放申請権が認められるか否かは、必要的仮釈放制度か善時制をとるか否かにかかっている。土井・前掲注（14）80頁。

112 第2部 非拘禁者措置の改革課題

判断から延々と続くことになりかねない。その本質は、保安処分と同質であり、日本の刑事制裁制度の体系と整合しない[19]。他方で、期待するのが補導援護ということであれば、本人の社会復帰支援のために福祉的措置を強制するという矛盾がいよいよ前面に出てこざるをえない。

同様の問題関心から仮釈放を残刑の猶予とみる場合でも、事柄の本質は変わらない。この論理構成による場合、たしかに、保護観察期間中自由は拘束されるものの、遵守事項を守れば、残刑が執行されず、その意味で対象者も利益を受けることになるとはいえる[20]。しかし、この場合でも、司法機関が言い渡した自由刑の枠との関係で問題が生じる。刑の言渡し後に新たな負担が事後的に加えられるのであれば、予見可能性と正当化根拠との関係で問題が生じる。執行猶予と同様に事前に猶予期間を定めればこの問題は生じないものの、特に長期の刑の場合、何を基準に猶予期間を事前に設定するのか疑問が生じる。

(b) 必要的仮釈放制度の主張

根本問題として、各種処遇プログラムは、自由刑の内容としてであれ施設法・更生保護法上の処遇措置としてであれ、強制されるべきでない。自由刑の内容として奪われる利益は、本来、移動の自由に尽きているはずである。この点、施設法は刑の執行方法を定めるものであるという理解と、改善更生による社会復帰は自由刑の目的に含まれるとの理解を前提にして、義務の付加や権利制限も刑事施設への拘置という刑罰内容に織り込まれており、刑法に定められた刑罰内容を超えるものではないという理解がある[21]。しかし、この論理を推し進めていけば、改善更生による社会復帰の名目を付与すればどのような措置でも刑法上の自由刑の内容を構成することになりかねない。その帰結は、刑法に書かれていない自由刑の刑罰内容の豊富化である。

---

19 戦後、旧刑法下の警察の監視（旧刑法55条）や現行刑法下の警察の監督（監旧67条）を改めて、更生保護体制の強化の一環として保護観察が採用されたという歴史認識も、ここでは問われる。その変遷の概観については、朝倉京一「仮釈放の原則化をめぐる一考察」更生保護と犯罪予防50号（1978年）20-21頁を特に参照。

20 太田達也「仮釈放と保護観察期間」研修705号（2007年）14-15頁。

21 川出敏裕「自由刑における矯正処遇の法的位置づけ」刑政127巻4号（2016年）17頁。

そのうえで、自由刑の本来の内容である、移動の自由の制限自体が不可避的に弊害を伴うことに着目する必要がある。物理的に一般社会と空間を隔てて移動の自由を奪うこと自体が、環境・精神・生理の面での弊害を被収容者にもたらしうる。自由刑純化の要請は、ここで拘禁による弊害の回避や最小限化のために拘禁期間それ自体の短縮とともに、その弊害を除去し、被収容者の生活を再建する措置をとる義務を国家に求める。各種処遇措置は、この弊害を除去ないし最小化するための任意の措置として理解すべきである。

　この観点から仮釈放制度をとらえれば、それはまずもって、拘禁による弊害を最小限化する国家の義務に対応する形で、絶対的な拘禁期間の短縮化と結びつかなければならない。このことは、釈放時期を早期化するための個別的な仮釈放制度を併せて構想することを排除しない。むしろ、すでに生活再建がなされているにもかかわらず拘禁を継続することでは弊害を最小限にとどめることができないことを考えれば、拘禁の弊害を回避するために拘禁期間を一般的・絶対的に短縮する役割を担う「必要的仮釈放」と、個別的な被収容者の生活再建と関連づけられる「任意的仮釈放」とを並立させ、後者につき被収容者自身に仮釈放申請権を認めることが望ましい。仮釈放の申請が却下された場合には不服を申立てる権利を保障する必要がある。

　任意的仮釈放の基準はあくまで生活の再建に据えられるべきであり、積極的な「善行保証」まで求めるべきでない。後述する歴史から示唆されるように、善行保証は刑事施設内における規律秩序維持への関心と結合しやすく、却って自由刑の純化を妨げるよう作用する。

　保護観察に期待されるのは、補導援護を軸とした役割である。近時、立ち直り研究や離脱研究が明らかにしているように、人生行路における犯罪経歴からの離脱にとって重要なのは社会関係資本である。指導監督の枠組みで実施される各種プログラムも、効果を得るためには、社会関係資本の土台が不可欠である。一般社会生活への移行支援のためには福祉のネットワークの活用が不可欠であるが、そのためには保護観察が各種福祉サービスと水平の関係に立つ必要がある。保護観察の伝統的な専門性は、このネットワークの中でこそ活かされるべきである。

　こうした考えに対しては、従前から指摘されているように、次のような批

114　第2部　非拘禁者措置の改革課題

判がありうる。①実質的には刑期が短縮される結果となり、一定の刑期を定めて刑を言い渡した判決の趣旨に反する、②一定の期間の経過によって必ず釈放されることになれば、裁判所としてはそのことを考慮して量刑するようになり、刑が重くなるおそれもある、③通常の仮釈放を許されないで満期まで拘置される受刑者の多くは、再犯の可能性も高く、これを刑期満了前に釈放するのでは、社会の安全にとって大きな脅威になる、④仮釈放を許すかどうかの判断は、個々の事件ごとに具体的な事情を考慮して行うべきであって、刑期の一定部分の経過によって機械的に釈放するのは、仮釈放の本質に反する、⑤仮釈放審査機関である地方委員会が役割を失うことになる、⑥現行法の下でも、ほとんどすべての受刑者に仮釈放を許すという運用をすることにより、必要的仮釈放を認めるのと同じ目的を達することが可能である。

　すでになされている指摘と重なる部分も多いが[22]、①②は、必要的仮釈放制度に固有のものではなく、程度の差はあるとしても仮釈放制度一般にあてはまる。換言すれば、①②は、仮釈放制度を採用する以上は生じうる問題である。②は必然的な帰結であるともいえない[23]。③は、仮釈放制度の実質的な否定である。刑事施設に永遠に拘禁することが許されず、かつ満期釈放が却って再犯可能性を高めるのであれば、仮釈放を不可避的に考えざるをえない。再犯可能性の高さが社会的なつながりの脆弱さとの関連でとらえられるべきものであるとすれば、なおさらそうである。④は、必要的仮釈放を任意的仮釈放と組み合わせる場合には妥当しない[24]。また、仮釈放審査基準のどの部分について個別審査が重要性をもつのか明らかではない。仮釈放の本質が個別判断にあるとしても、その幅と方向性、とりわけ「再犯のおそれ」や「社会感情」の審査のあり方が問題である。むしろ、従前から施設間較差の解消や仮釈放の公正かつ積極的な運用を目的としてガイドライン策定の必要性が指摘されてきたこと[25]を想起する必要がある。⑤も、必要的仮釈放と任

---

[22] 野中・前掲注（6）6頁以下、森本益之『行刑の現代的展開』（成文堂、1985年）277-278頁［初出：1984年］。

[23] 判決前調査を採用するなどして刑の言い渡しの段階から個別化を図り、重罰化を防ぐことも考えられる。

[24] 太田達也「必要的仮釈放制度に対する批判的検討」法学研究80巻10号（2007年）22頁は、この点を「本質的欠陥」と述べている。

意的仮釈放を並列させる場合には妥当しない。上記の観点から任意的仮釈放を構想するとき、仮釈放審査の基準は、抽象的な「再犯のおそれ」や「社会感情」ではなく、端的に社会移行の可能性ということになる。この意味で判断内容を純化することで、地方委員会の専門性と社会的役割の大きさは却って高められうる[26]。これとは反対に、必要的仮釈放の導入により、地方委員会委員の事件負担数が過多となるという批判も考えられる。しかし、その本質は、この問題が長年にわたり指摘され続けているにもかかわらず状況に改善がみられないことにある[27]。地方委員会の事務的・人的体制は、どちらにしても刷新が図られなければならない。⑥については、これまで積極化の試みがあったにもかかわらず効果が限定されていたことを想起する必要がある。

　⑥は、理論上はともかく、必要的仮釈放制度に対する批判として根強く主張されており[28]、実のところ、先の刑法改正論議の際にも制度導入に消極的な立場の大きな論拠となったと目される[29]。しかし、それがどのような内容のものであったのか、これまで具体的には知られてこなかった。そこで、以下、この議論を概観する。

25　富田正造「仮釈放の現状と問題」刑政 94 巻 5 号（1983 年）32 頁、松本勝「仮出獄者の選択について」更生保護と犯罪予防 20 巻 1 号（1985 年）8 頁、西中間・前掲注（5）32 頁。

26　この指向は、再犯防止をリスク管理としてではなくリカバリーによる犯罪からの離脱として理解していくこととつながる。それがより対等な権力関係・コミュニケーション関係を求めることについては、特に、津富宏「犯罪からの離脱」浜井浩一編『犯罪をどう防ぐか』（岩波書店、2017 年）253 頁を特に参照。

27　仮釈放の適正な運用を可能にするためには地方委員会配属の職員の大幅な増員が必要であることの指摘については、西岡・前掲注（11）44 頁、武藤一次「仮釈放の適正化と積極化」更生保護と犯罪予防 24 巻 1 号（1989 年）3 頁を参照。

28　特に、森下忠『刑法改正と刑事政策』（一粒社、1964 年）89 頁、同「仮釈放」平場安治＝平野龍一『刑法改正の研究 1 概論・総則』（東京大学出版会、1972 年）311 頁。これは、保護実務家から唱えられた仮釈放の原則化論に対しても指摘される批判である。伊福部舜児『社会内処遇の社会学』（日本更生保護協会、1993 年）179 頁［初出：1991 年］。

29　必要的仮釈放は、その後法制審議会の被収容人員適正化方策に関する部会でも話題にのぼり、消極的に評価されている。こうした評価も、刑法改正論議に端を発しているといえる。

116 第 2 部　非拘禁者措置の改革課題

5　必要的仮釈放制度の政策的問題

(1)　必要的仮釈放制度の導入案否決の意味合い

　必要的仮釈放制度は、改正刑法準備草案（1961 年 12 月）を下敷きとして
作業を進めた法制審議会刑事法特別部会（以下「特別部会」）と、刑罰のあり
方を対象とした同部会第二小委員会、そして、保安処分を対象とした第三小
委員会での審議後、第二小委員会作成の第一次案に登場したものの、特別部
会における採決の結果、採用が見送られた[30]。

　この意味で、必要的仮釈放の制度が刑法改正作業の早い段階で姿を消した
ことは間違いがない。しかし、その原因を全面的にこの制度の理論面に帰す
のは早計である。特別部会での否決結果には、圧倒的な差があったわけでは
ない[31]。また、その採決に先立ち表明された消極意見も、「地方更生保護委
員会の運用が必ずしも理想的にいっておらないことを念頭に置いて」必要的
仮釈放の制度構想が出てきている面があるとの評価の上で、「やや小手先と
もみえるような対処のしかたではなく、もう少し根本的に何か考えるべきこ
とがあるのではないか」、「趣旨にはむしろ賛成……反対ではない……賛成な
のでありますがそれだけに何かもう少し合理的な案ができないものであろう
か」[32] というものであった。その実質は、まずは実務運用上の工夫を求める
時期尚早論と重なっていたといえる。「法制審議会において、必要的仮釈放
制度が真剣に議論され……否決理由の最終段階に見られるように、『なるべ
く多くの受刑者に仮釈放を許すという運用』が、ほぼ是認されたかに感じら

30　その議論の概略は、法制審議会刑事法特別部会『改正刑法草案 附同説明書』（法曹会、1972 年）
　　149 頁、法務省刑事局編『改正刑法草案の解説』（大蔵省印刷局、1975 年）132-133 頁、鈴木義
　　男「仮釈放」ジュリスト 453 号（1970 年）121 頁でも知ることができる。本稿では、議論の文脈
　　や意味合いを確認するため、第一次資料を参照する。
31　法務大臣官房司法法制調査部『法制審議会刑事法特別部会第十七回会議（第一日）議事速記録』
　　（1969 年 6 月 4 日）（1972 年）81 頁（以下、「特別部会第十七回会議議事速記録」として引用）
　　によれば、必要的仮釈放制度の導入を支持する委員数とそうでない委員数とは 12 名と 19 名であ
　　った。そもそも特別部会における採決自体が、審議、採決方法につき部会長が示した方針に異議
　　が唱えられる緊迫・混乱した状況下で行われたものでもあった。
32　特別部会第十七回会議議事速記録 19 頁［團藤重光発言］。

れることは、十分注目に値する」[33]との保護実務家の受け止めは、この文脈を確認することによってこそ、正確に理解できる。

同様のことは、第二小委員会における議論についてもあてはまる。議論の軸足の推移を大づかみにしておけば、出発点となった問題意識は、刑期満了まで拘禁するほかないような被収容者についても保護観察をつけるべきではないかという点にあった。そこで、まず選択肢として示されたのが、満期釈放者にも保護観察をつける方向性と、必要的仮釈放制度を採用する方向性であった。しかし、前者の考え方に対しては、極めて早い段階から、「保護観察を独立の処分として規定するまでの必要性はない」、「刑の執行を受け終わつた者の自由をさらに拘束するのはゆきすぎであり、かえつて本人の更生意欲を害するおそれもある」との批判が強くなされ[34]、その後の議論の対象から外されている。つまり、法案作成の基点として設定されたのが、必要的仮釈放制度であった。

ところが、最終的に第二小委員会がまとめた参考案（第一次案）では、必要的仮釈放制度は、これを導入しない案（A案）と並列された上、善時制と結合した形態（B案）と無条件の形態（別案）に分けられた[35]。その要因は、2つあったと考えられる。第1は、整理案（素案）の提示を契機として、急遽矯正局幹事から、「行刑実務家の間でその採用を希望する意見が強いこと」[36]を理由として、必要的仮釈放と結びつけて、善時制の導入が主張されたことである。それは、「従前の審議では、釈放との関係で刑事施設内における行状を重視しすぎることに対する疑問から」、「消極的な意見が強かった」はずのものであった。善時制が施設内での規律秩序を強調する形で主張され、必要的仮釈放と結びつけられたことで、議論の焦点が拡散したことは否定できない。第2は、刑法に新たな制度を創設しなくても、実務運用や行

---

33 野中・前掲注（7）39頁。

34 第9回会議［1964年4月9日］法務省『法制審議会刑事法特別部会 第二小委員会会議事要録（一）』（1964年）24-25頁（以下、「第二小委員会会議事要録」と表記して引用）。

35 しかも、無条件の必要的仮釈放が最終的に「別案」として残ったのは、不定期刑に限り必要的仮釈放を認めることの理論的な説明が難しかったためであった。第103回会議［1968年9月27日］、第104回会議［同年10月4日］「第二小委員会会議事要録（六）」（1969年）594頁、597頁。

36 第97回会議［1968年5月24日］「第二小委員会会議事要録（五）」（1968年）552頁。

刑・保護法の改正で足りるという意見の強まりであった。その要諦は、必要的仮釈放の制度を採用するとしても、まずは実務運用や特別法で試験的に実施し、その成果を踏まえて、将来改正が困難な刑法典に規定するかどうかを検討すれば足りるということにあった。現行法下仮釈放の要件は抽象的に規定されており、新制度をわざわざ導入しなくても、行状のよい受刑者について刑事施設長が仮釈放の申出を行う一般的な方針をとったり、地方委員会で大部分の受刑者に対して仮釈放を許す方針をとったりしさえすれば、必要的仮釈放を採用した場合とほぼ同じ結果を得られる、と主張された。また、監獄法改正などにより、開放処遇、外部通勤、帰休制などの新しい処遇方法を発展させることが先決問題であり、これらの制度について十分な経験を積んだ上で必要的仮釈放の採否を検討しても遅すぎないとも主張された[37]。

(2) 今日からみた時期尚早論

　問題は、特別部会の議論から約50年を経た現在、時期尚早論の根拠とされた事項が実現しえているか否かである。

　刑法改正論議後の1960年代後半以降に「仮釈放の積極化」が実務運用において試みられたものの、その効果は限定されていたこと、刑事施設長の申出や地方委員会の審理が今日でもなお概して仮釈放に消極的であることは、先にみたとおりである。

　新しい処遇方法の発展はどうか。確かに、監獄法を改正して成立した「刑事収容施設及び被収容者等の処遇に関する法律」では、外部通勤作業（96条）や外出・外泊（106条）の制度が採用されている。しかし、この法律の施行後から2014年5月末までの実績で、外出はわずか121件、外泊は15件にとどまっている[38]。その効果はやはり限定されている。

　関連して、監獄法改正を俎上に載せた法制審議会の場で、第三者委員会的な機関を設置してこれに対する受刑者自身の仮釈放申請権を認めるという提案と関連して、「刑事施設運営協議会」なるものの設置が話題にのぼってい

---

37 第101回会議［1968年7月19日］、第102回会議［同年9月6日］、第103回会議［同年9月27日］「第二小委員会議事要録（五）」（1968年）575-576頁、591-592頁。

38 犯罪白書・前掲注（4）56頁。

たことも、今日想起するに値する。これは、「開かれた矯正」を実践するために「行刑陪審的な役割」を期待されたものであり、「当然その中で仮釈放の運用そのものも問題となるであろうことは疑いない」[39] ものともされていた。現在の刑事施設視察委員会の制度が、この構想を土台としていることは想像にかたくない。しかし、刑事施設視察委員会は、「行刑陪審」といえるまでの組織や役割、仮釈放の運用に実質的に踏み込む権限まで与えられているわけではない。いわゆる行刑の社会化の文脈でも、出口である仮釈放が果たすべき役割は大きくならざるをえない。

6　結びに代えて

必要的仮釈放を消極的に評価する見解の根底には、刑期の一定部分が経過すれば自動的に仮釈放となる制度はおかしいという素朴な、しかしながら根強い感情が存在するように思われる。これは、その実、現行法下で仮釈放の運用につき消極的な態度をとらせている事柄と通底しているとみるべきである。それは、一面で、「再犯のおそれ」や「社会感情」の重視と、他面で、行刑関係を一般社会と切り離し、各種措置を権利ではなく恩恵ないしは義務ととらえる発想と同質のものである。この意味で、先の監獄法改正論議の際に近代化や国際化とともにスローガンとされた法律化は、この間の行刑改革によっても達成されてはいない。

仮釈放の積極化にとって最も必要かつ有効なのは、端的に、それを国家の義務や被収容者の権利としてとらえることである。

---

39 古川健次郎「仮釈放と監獄法改正」犯罪と非行 43 号（1980 年）16 頁。大芝靖郎「監獄法改正の審議状況（4）」法律のひろば 30 巻 8 号（1977 年）67 頁、同「監獄法改正の審議状況（18）」法律のひろば 32 巻 9 号（1979 年）68 頁。

保護観察
―解明すべき理論的課題および処遇の視座―

正木祐史

1 はじめに

　社会内処遇をめぐる近時の動向には、いくつもの論ずべき事項・課題がある。法務省「若年者に対する刑事法制の在り方に関する勉強会」の「取りまとめ報告書」（2016 年 12 月。以下、「勉強会報告書」）から、それを受けた現下の法制審議会少年法・刑事法（少年年齢・犯罪者処遇関係）部会における議論でも（2017 年 5 月 31 日第 3 回配布資料「論点表（案）」参照）、多種多様な論点が提示されている。

　なかでも、保護観察制度は多くの課題を抱えている。本稿では、同制度を中心とする沿革・改正略史を確認したうえで、本来、法制審部会で議論・検討のうえ一定の方向性を示さなければならないものとして、どのような理論課題があるのかを提示したい。そのうえで、「勉強会報告書」の提言内容について若干の検討を加える。なお、本稿に密接に関連する仮釈放および猶予制度については、本書・武内論文および葛野論文が別に用意されているので、そちらを参照していただきたい。

2 更生保護制度の沿革・改正略史[1]

(1) 沿革

　戦前の更生保護制度は、池上雪枝の池上感化院開設による少年感化事業、

金原明善の静岡県出獄人保護会社設立による免囚保護事業の開始等が先駆け
とされている。それに、1923年の旧少年法施行による少年に対する全面的
な保護観察の実施（少年保護司の観察処分、執行猶予・仮出獄・仮退院時の少年
保護司の観察）と、1936年の思想犯保護観察法制定による成人に対する保護
観察制度の創設が加わり、被釈放者保護・少年保護・思想犯保護を合わせて
司法保護とされた。免囚保護事業は当初、出獄者のみを対象としていたが、
1890年の旧刑訴法および1905年の刑ノ執行猶予ニ関スル法律の施行によっ
て執行猶予者・起訴猶予者も対象となった。また、同事業では司法保護委員
がおかれた。

　その司法保護の事業は、民間事業が主体となって行われていたために、
1937年には保護措置の法制化や保護事業経営費に対する国庫補助を求めて
全日本保護事業大会が開催され、それを受けて1939年、司法保護事業法が
公布・施行された。これにより、起訴猶予者・刑執行猶予者・刑執行停止
者・刑執行免除者・仮出獄者・刑執行終了者・保護処分対象者の保護を行う
事業およびその指導・連絡または助成をする事業が司法保護事業とされ、当
該保護を行うための司法保護委員が法制化された。この司法保護委員と旧少
年法上の少年保護司が、現行の保護司制度の前身となっている。

(2) 戦後改革の要点

　戦後期の更生保護法制改革の要点をあげるとすれば、①犯罪者予防更生法
（旧・犯予法）の制定および、それに付随する更生緊急保護法（旧・更緊法）
と保護司法の制定、②刑法改正と執行猶予者保護観察法（旧・猶予者観察法）
の制定である。

(a) 旧・犯予法の制定

　同法制定の背景となる社会情勢の認識としては、犯罪が激増する一方で矯
正施設においては極度の過剰拘禁にあるために、多数の犯罪者が社会に放出
されているのに加えて保護監督制度がないことから、常習犯による社会不安

---

1 更生保護50年史編集委員会編『更生保護50年史（第1編）──地域社会と共に歩む更生保護』
（日本更生保護協会、2000年）、安形静男『社会内処遇の形成と展開』（日本更生保護協会、2005
年）、内田博文『更生保護の展開と課題』（法律文化社、2015年）等参照。

が増大している、ということがあった。この対応策として、全犯罪者の施設収容は財政面からも再犯防止効果の面からも良策とは言えず、むしろ社会における保護監督により犯罪者の更生を促すことで再犯を防止すべき方向が模索されたのである。そのため、保護観察実施による犯罪者の改善更生助長や、社会正義・犯罪予防の見地から仮釈放・刑の執行猶予その他関係制度の公正妥当な運用等を図ることによって、犯罪鎮圧、社会保護、個人及び公共の福祉増進のため、犯罪対策を確立する、という方向が目指された[2]。

　当初司法省は、思想犯保護観察法の全面改正による成人犯罪者一般を対象とする保護観察制度という構想を打ち出していたが、GHQ のメモランダムによってその制度機構が廃止（治安維持法とともに思想犯保護観察法を廃止）された[3]。また、たとえば、GHQ 当局から被釈放者保護事業の主務官庁は厚生省とすべきではないかとの指示的質問があったが、交渉の結果、司法省所管とすることになるなど、GHQ 当局との交渉の中で司法保護事業法の改正草案が作成された。これは、保護観察を軸として、猶予者・被釈放者保護の展開を図ろうとするものだったが、そこからさらに GHQ との折衝の中で改訂作業が繰り返され、名称も犯罪者予防更生法となった最終案が 1949 年にできあがった[4]。

　同法案は、成人と少年双方の保護観察について規定するものだったが[5]、成人の対象については、GHQ との折衝の中で仮出獄者と一部の刑執行猶予者とされた。刑執行猶予者については、さらに国会の審議過程においても議論が集中した。原法案は、懲役・禁錮につき執行猶予とする場合に必要があ

2　第 5 回国会衆議院法務委員会（1949 年 4 月 28 日）会議録 13 号 11-12 頁。なお、綿引紳郎『犯罪者予防更生法解説』（大学書房・1949 年）、大坪与一「犯罪者予防更生法解説（Ⅰ）～（完）」刑政 64 巻 9 号 58 頁・同 10 号 60 頁・同 12 号 60 頁（以上 1953 年）・同 65 巻 1 号 70 頁・同 2 号 68 頁・同 3 号 80 頁（以上 1954 年）、注釈更生保護法研究会編『注釈犯罪者予防更生法・執行猶予者保護観察法』（法務省保護局・1981 年）等参照。

3　なお、後の国会審議の中で、旧・犯予法案の思想犯保護観察法との関係が問われた際、同法案 33 条 2 項により刑の満期後の保護観察を認められていないなど、その断絶を強調する答弁がなされている。第 5 回国会衆議院法務委員会（1949 年 5 月 7 日）会議録 16 号 10 頁参照。

4　森田宗一「少年法制定覚え書⑦」ジュリスト 941 号（1989 年）84 頁。

5　少年法および少年院法は、1948 年に制定されて翌 49 年 1 月 1 日より施行されていた。旧・犯予法は本来、この 2 法と同時制定が企図されていたが、上記のような事情により同法のみ制定作業が遅れたものである。綿引・前掲注（2）6 頁、森田・同前参照。

るときは保護観察に付することができる旨の規定を刑法に追加する内容を含んでいたが、従前よりも執行猶予者に不利益となるもので効果にも疑問があるとして、刑法改正に係る部分は審議未了となった。他方、旧少年法では、18歳未満の少年が懲役・禁錮につき執行猶予の言渡しを受けた場合には、期間中、少年保護司の観察に付されることとされており、それが当面効力を有するとされていたため、（後に削除されることとなる）同法案33条1項4号にそのような修正規定が置かれるなど、その他の小修正も加えられたうえ[6]、1949年5月31日公布、同年7月1日から施行された。

　これにより、保護観察・仮釈放等に関する基本的制度は確立したが、同法の対象となっていない者への対応が課題とされ、旧・更緊法が制定されることとなった。1950年5月25日に旧・更緊法が公布され、同日施行されたが、同法制定に伴い、司法保護事業法は廃止されることとなり、それへの対応として、保護司法が公布・施行された。

(b) 刑法改正と旧・猶予者観察法の制定

　前記のとおり、旧・犯予法では成人の執行猶予者に対する保護観察が含まれなかったため、この点についての対応を図るために、1953年、刑法および旧・犯予法の改正案が国会に提出された[7]。刑法改正案にあっては、25条に2項を追加して執行猶予の要件を緩和し、さらに25条の2を新設することにより、初度目執行猶予者には裁量的に、再度目執行猶予者には必要的に保護観察に付するとするものであった。これに合わせて旧・犯予法を改正し、33条1項4号が（前記のとおり）少年のみを対象としていたのを、刑法改正案25条の2の場合と改めることによって対応しようとした。

　同法案についての国会審議においては、初度目保護観察部分が削除され（これにより言渡し時少年についても保護観察が不能となった）、再度目執行猶予者に限って必要的に保護観察に付するとされたほか、旧・犯予法による対応

---

6 以上につき、綿引・前掲注（2）6-7頁参照。

7 第15回国会に提出されたが審議未了廃案となり、第16回国会に再提出された。斉藤三郎「執行猶予に伴う保護観察制度——刑法等を改正する新しい刑事政策」時の法令99号（1953年）1頁、長島敦「刑法等の一部を改正する法律」法律時報25巻10号（1953年）940頁、同「刑法等の一部を改正する法律の解説」警察研究25巻7号（1954年）52頁参照。

が頓挫することとなった。その理由は、仮釈放されている者については刑執行の延長線上にあると考えられるのに対して、執行猶予者はまさしく刑の執行が猶予されているのであって、両者はその性格を異にするはずであり、とりわけ、旧・犯予法中の遵守事項が課せられるといった自由制約を後者に認めることへの抵抗感が強かったことにあるものと思われる。また、保護観察が所期の効果をあげているのかという、実態に対する批判もされていた。

　上記改正にあたって、衆議院では、初度目執行猶予者に対しても保護観察の下におくようにすることが望ましいという附帯決議がなされていた。それも踏まえて、翌1954年に再び刑法改正案が提出された。ここで、同法25条の2が改正されてようやく初度目執行猶予者にも裁量的な保護観察が可能となった。また、前年の批判にこたえて執行猶予者に対する保護観察については旧・犯予法とは別建てとし、旧・猶予者観察法を新たに制定した。同法では、その2条で「保護観察は、本人に本来自助の責任があることを認めてこれを補導援護するとともに、第5条第1項に規定する事項を遵守するように指導監督することによって行うものとし、その実施に当つては、画一的に行うことを避け、本人の年齢、経歴、職業、心身の状況、家庭、交友その他の環境等を充分に考慮して、その者にもつともふさわしい方法を採らなければならない」と規定していた。つまり、「補導援護」の文言が「指導監督」よりも先にあり（条文の順序としても、6条に補導援護を、次いで7条に指導監督を定めるという構成になっていた）、運用指針としての「画一回避」が明示されるなど、旧・犯予法とは違う体裁であった。また、2006年改正[8]前の旧・猶予者観察法では、遵守事項は一般遵守事項のみ[9]で、その内容も旧・犯予法のそれと比べて限定されていた。また、刑法上、執行猶予者については保護観察の仮解除の制度がある（刑法25条の2第2項）ほか、遵守事項違反による取消の要件が仮釈放取消の場合よりも加重されている（刑法26条の2第2号）。

8　平18・3・31法15。同改正により、旅行・転居について届出制だったのが許可制となり、長期旅行が1箇月以上とされていたのが7日以上となるなど一般遵守事項の一部が改正されたほか、特別遵守事項の規定が追加された。

9　そのほかに、旧・猶予者観察法7条による「指示事項」があった。

126　第 2 部　非拘禁者措置の改革課題

(3)　その後の展開

(a) 法整備の動き

　詳しくは省略するが、保護観察処遇の充実という課題への取組みは、戦後
一貫してなされてきた。それらとは別に、戦後の更生保護制度整備において
は、複数の法律が複雑に絡み合う構成となったことから、法務省保護局内で
は、それらの全面整備が企図されていた[10]。1974 年の刑法の全面的改正に関
する法制審議会の答申を機に、保護観察・仮釈放等の規定の統合、更生緊急
保護関連規定の取込みにより、更生保護の措置の全領域を体系的に整備する
中で、必要な修正・改正を加えることを基本方針とした、更生保護法案の作
成作業が行われていった。

　現実の動向としては、1995 年には、更生保護事業法（以下、事業法）が制
定され、従来は民法上の公益法人だった更生保護会が更生保護法人とされる
ほか、罰金・科料を言い渡された者や少年院満期退院者に対象が拡大した。
あわせて、従前の旧・更緊法を廃止して、更生（緊急）保護規定を旧・犯予
法に移行する改正がなされた。また、1998 年には保護司法が改正され、保
護司の職務遂行方法の規定、保護司組織の法定化、保護司の任務の明確化、
地方公共団体の協力を規定するなどした。

　これら改正がなされたことで、保護局にとって残る課題は、旧・犯予法と
旧・猶予者観察法の法体系上の整備ということになった。この点につき、従
来の更生保護法案を参考に、新規の施策を加えた「更生保護基本法」（仮称）
の構想案を作成し、21 世紀を展望した基本方針を確立したうえで、具体的
には、局内に更生保護制度およびその運営に関する基本的問題について調査、
検討し、その改善方策を策定するために更生保護基本問題検討会を設置、そ
の下部組織として保護司制度検討部会と基本法検討部会を設け、部会内には
基本法策定プロジェクトと外国制度研究プロジェクトをおいて立法作業を進
めるとされていた[11]。

　他方、2000 年には旧・矯正保護審議会が「21 世紀における矯正運営及び

---

10 江畑宏則「更生保護分野における立法の動きについて」犯罪と非行 113 号（1997 年）31 頁以下
　参照。

11 江畑・同前参照。

更生保護のあり方について」と題する提言を行っている。更生保護の領域については、効果的な保護観察処遇の推進、仮釈放制度の適正な運用、更生保護官署における人材確保と育成、保護司制度の充実強化、社会との連携の促進、法制度整備への取組み等について各種提言がなされている[12]。

旧法体制下最終盤の法整備としては、2002年の旧・犯予法および事業法改正、2003年の心神喪失等の状態で重大な他害行為を行った者の医療及び観察等に関する法律の制定、2006年の旧・猶予者観察法の改正[13] などがある。

(b) 更生保護法の制定

行刑改革は、2002年のいわゆる名古屋刑務所事件[14] をきっかけとして大きな転機を迎えることとなった。そのために発足した「行刑改革会議」は2003年12月に『行刑改革会議提言——国民に理解され、支えられる刑務所』を公表し[15]、その後、所要の立法措置として旧・監獄法改正に着手し、2005年5月に、刑事施設及び受刑者の処遇等に関する法律が公布された（翌2006年に施行。同年に刑事収容施設及び被収容者等の処遇に関する法律へと改正され、2007年に施行）。

行刑改革会議の提言では、受刑者の人間性を尊重し、その改善更生・社会復帰を図ることが行刑理念とされた。受刑者処遇法もそれを目的として掲げ、また、保護機関との緊密な協力を目指すものといえた[16]。しかしながら、行刑改革会議の議論（およびそれに伴う旧・監獄法改正）では、主として刑務所運営そのものに焦点を定めたため、仮釈放の現状と問題について議論がなされたものの、時間的限界や更生保護との関係を理由として結論を出すことは

---

12 なお、後出の更生保護のあり方を考える有識者会議の第2回会議（2005年8月23日）における事務局配布資料で、同提言の取組み状況がまとめられている。法務省ウェブサイト http://www.moj.go.jp/content/000009989.pdf（2017年9月22日最終閲覧）参照。

13 前掲注（8）参照。

14 「特集：名古屋刑務所事件と受刑者の人権」法学セミナー583号（2003年）6頁以下、海渡雄一編『監獄と人権2——現代の拷問・名古屋刑務所事件はなぜ起きたか』（明石書店、2004年）等参照。

15 行刑改革会議とその議論状況や提言については、法務省ウェブサイト http://www.moj.go.jp/shingi1/kanbou_gyokei_kaigi_index.htm（2017年9月22日最終閲覧）参照。

16 土井政和「更生保護制度改革の動向と課題——有識者会議提言と更生保護法案を中心に」刑事立法研究会編『更生保護制度改革のゆくえ——犯罪をした人の社会復帰のために』（現代人文社、2007年）3頁。

見送られ、提言においても仮釈放については言及されないままだった[17]。

　更生保護の領域における改革の動きは、上記行刑改革とはまったく別な文脈の上に成り立っていた。上記行刑改革と重なる時期、治安強化が叫ばれ、情報管理の動向が強化されていた[18]。そのような中、2004 年から 2005 年にかけて、性犯罪で受刑歴のある者や保護観察に付されている者による世間の耳目を引く重大事件が相次いだことを直接の契機として、法務省に「更生保護のあり方を考える有識者会議」が設置されたのである[19]。

　そのような経緯で発足した有識者会議では、その冒頭でこそ、更生保護の制度についての法的性質や権利保障の検討が必要であるとの発言があった[20]ものの、その実質的な検討はなされないままに推移した。最終的にまとめられた報告書でも、「保護観察の充実強化」名下に、保護観察に付されている者に対して様々な義務を課す提言がまとめられている。それは現実の立法作業にも受け継がれ、2007 年 6 月には、従前の旧・犯予法と旧・猶予者観察法を一本化する形で、更生保護法（以下、法ないし現行法）が公布され、翌 2008 年 6 月に施行された。

17　斎藤司「仮釈放の現状と課題」刑事立法研究会編『刑務所改革のゆくえ――監獄法改正をめぐって』（現代人文社、2005 年）88 頁。

18　前者についてはたとえば、犯罪対策閣僚会議『犯罪に強い社会の実現のための行動計画――「世界一安全な国――日本」の復活を目指して』（2003 年。後に改訂）において、国民の体感治安の悪化を喧伝するその中で、「更生保護制度の充実強化」が、「治安回復のための基盤整備」の 1 項目として登場している。後者の関係ではたとえば、2001 年の検察庁「被害者等通知制度」（実施要領は 2007 年 12 月に改定）の一環として、地検を窓口に満期出所予定時期ないし釈放日を被害者に事後通知するようになったほか、被害者への報復防止目的で法務省側から警察へ出所日前に帰住地情報を通知する出所情報通知制度が整備されることとなり、警察庁が「再被害防止要綱」を策定（2007 年に、平 19・6・11 警察庁丙刑企発第 23 号等として改正。合わせて同日、平 19・6・11 警察庁丁刑企発第 153 号等「再被害防止のための刑事施設等との連携及び再被害防止対象者への関連情報の教示及び指定期間について」発出）。2005 年前半には、法務省と警察庁とで出所情報・前歴者情報を共有することで合意し、警察庁では、子ども対象・暴力的性犯罪の出所者による再犯防止に向けた措置として、再犯防止措置対象者を登録して継続的な動向を把握（平 17・5・19 警察庁丙生企発第 48 号等）、その後、捜査の便宜のためとして、凶悪・重大事犯出所者の情報活用が始まっている。

19　有識者会議とその議論状況や提言については、法務省ウェブサイト http://www.moj.go.jp/shingi1/kanbou_kouseihogo_index.htm（2017 年 9 月 22 日最終閲覧）参照。

20　有識者会議第 1 回会議（2005 年 7 月 20 日）における佐伯仁志発言。

3 保護観察制度の特徴と理論課題

(1) 仮釈放保護観察の特徴と問題点

（a）特徴

　仮釈放期間中は保護観察を受けるものとされている（法40条）。その期間について、法77条5項は、保護観察停止の決定の時から刑期の進行も停止し、保護観察停止を解く決定の時からその進行を開始するとしている。また、刑法29条3項には、仮釈放の処分が取り消されたときには、仮釈放中の日数を刑期に算入しないことが規定されている。これらの規定から、仮釈放の処分が取り消されず、保護観察停止の決定もされなければ、すなわち、保護観察が実施されている間は、刑期が進行することが導かれる。また、仮釈放の期間は、宣告刑の刑期から刑事施設での執行刑期を差し引いた残期間だということにもなる。この点、旧・犯予法33条2項には、保護観察の期間は、言い渡された刑の期間の経過後まで及ぶものと解してはならないとする規定があったが（前掲注（3）も参照）、現行法に該当規定はない。

　保護観察の目的は、「対象者の改善更生を図ること」、すなわち犯罪者自身の主体的な社会復帰であり、指導監督および補導援護を行うことにより実施する（法49条1項）。指導監督については法57条により接触保持・行状把握や遵守事項を遵守するための措置、専門的処遇実施の方法によることとされ、また、補導援護については法58条で「自立した生活を営むことができるようにするため、その自助の責任を踏まえつつ」各号に定める方法で行うことが規定されている（その他、法62条に応急の救護に係る規定がある）。遵守事項は、一般遵守事項（法50条）[21]と特別遵守事項（法51条）[22]とに分けられる。この遵守事項は、一定の義務を保護観察対象者に課す点で不利益（権利制約）的性格を持つものであり、その不遵守が後述の不良措置をとる理由ともされていることから規範的性格をも持っている。また、保護観察を実施するうえでの指導指針たる役割も負わされている[23]。

---

21 法48条に規定される保護観察対象者すべてが遵守しなければならない事項である。旧法から更生保護法への改正に当たり、一般遵守事項はその内容が大きく拡張された。

130　第2部　非拘禁者措置の改革課題

　仮釈放保護観察については良好措置の定めはない。不良措置については、仮釈放取消審理のための留置（法76条）、保護観察の停止（法77条）、仮釈放の取消（法75条・刑法29条1項［とりわけ4号］）がある。保護観察が停止されると、前述のとおり刑期の進行が停止する一方、遵守事項違反を理由とする仮釈放の取消ができない（法77条6項）。仮釈放が取り消された場合、釈放中の日数は刑期に算入されない（刑法29条3項）[24]。

（b）問題点

　このように、仮釈放については、その期間中保護観察に付されること、一定の処遇が予定されていること、また、刑期が進行することから、刑の執行の一形態と理解するのが一般的とされている。そして、仮釈放保護観察については、残刑期間中の付随処分としての必要的保護観察と理解されている。

　この保護観察の法的性格については、そもそもの議論がある。後述のとおり、現行刑法においては仮釈放に係る保護観察についての規定はなく、刑罰や保安処分と並ぶような独立の処分としては承認されてはいないとされる[25]。また、仮釈放保護観察について保安処分そのもの（狭義の保安処分）とする解釈はされていないようであるが、「広義の保安処分の一種」とする見解がある[26]。なお、さらに広く「性格」論とのかかわりで言うならば、旧・犯予

22　旧・犯予法制下において旧・仮釈放、仮出場及び仮退院並びに保護観察等に関する規則5条に規定されていた特別遵守事項の範囲については、現行法51条2項に規定されることとなった。ただし、旧規則にあった「本人の生活歴、心身の状況、犯罪又は非行の原因及び態様、居住すべき住居地の環境等からみて適切であり、本人がこれを誓約して遵守することができると認められ、かつ、本人の自由を不当に制限しないものでなければならない」という文言は、現行法および規則からは削られている。また、特別遵守事項については変更・取消が可能となった（法52条、53条参照）。さらに現行法では、56条に「生活行動指針」が規定された。これは、遵守事項とは異なり、不利益性・法規範性はないものとされるが、他面において、「生活行動指針に即して生活し、及び行動するよう、必要な指示その他の措置をとること」は指導監督の内容であって（法57条1項2号）、その「指導監督を誠実に受けること」は一般遵守事項の内容である（法50条2号）という法構造を前提とすると、不利益性・法規範性が完全に払拭されているとはいえないように思われる。

23　川崎政宏「仮釈放における遵守事項の研究」法務研究報告書83巻3号（1997年）11頁以下参照。

24　ただし、仮釈放取消審理のために留置されていた場合には、その留置日数は刑期に参入するものとされている（法76条2項）。

25　井上正治「現代における刑罰思想」平野龍一編『現代法と刑罰』（岩波書店・1965年）215頁等参照。

法においては、仮釈放、保護観察とも「更生の措置」として第3章の中に規定されていた。これは、同法1条で「犯罪をした者の改善及び更生を助け」ることを目的としていたことと相俟って、仮釈放および保護観察の性格を位置付けるうえで重要なものだったといえる。しかしながら、現行法では、この構成はとられなかった。

さらに改めて、その特色と問題点を概観してみると、まず、刑法上、仮釈放時の保護観察についての規定はおかれていない。更生保護法（その前身となる旧・犯予法）の解釈により、仮釈放保護観察についての上記理解が導かれることとなるほか、仮釈放期間と残刑期間との一致が導き出されている。また、仮釈放保護観察には、不利益的性格・規範的性格があることから、仮釈放中も一定の権利制約が課されることになるという点から見れば、刑の執行中、施設内においては、拘禁という移動の自由の権利制約があり、仮釈放中には保護観察という権利制約があるということになる。保護観察の停止決定があった場合に刑期の進行が停止するという上述の規定は、それを裏打ちしたものといえる。これは、施設内拘禁と仮釈放中の両期間を合わせて、裁判所の宣告刑期とするという趣旨であり、責任主義に基づく司法判断を重視したものとする評価が可能であろう。

ただし、一般的にそのように理解されている上記解釈は、仮釈放が取り消された場合には仮釈放中の期間を刑期に算入しないという刑法29条3項の規定と整合を欠くこととなる。現実には仮釈放中の保護観察という権利制約を受けていながら、法的評価によれば仮釈放取消によってその期間が刑期に算入されないのである。これは、実態としてみれば、通算の権利制約期間が裁判所の宣告刑期を超えていることとなり、本来の趣旨に合わないと言わざるを得ない。

この点に関して、先述のとおり現行法からは旧・犯予法33条2項に該当する条文が削られていることをどう考えるべきか。仮にこれが上記不整合に対応するためのものだとすれば問題である。責任主義の観点からは、少なくとも、残刑期間を超える仮釈放期間の設定といったことは許容すべきではな

---

26 小川太郎『自由刑の展開』（一粒社、1964年）、染田惠「保護観察における基本的人権の尊重とその方法」犯罪社会学研究17号（1992年）90頁等参照。

い。「仮釈放期間＝残刑期間」という原則は、他の規定の解釈により導き出せるとしても、改めて積極的に規定して確認すべき内容である。さらに言えば、旧・犯予法制定時においては、同条項の存在こそが、戦前の思想犯保護観察制度との断絶を言うための拠り所となっていたという歴史的経緯が改めて想起されなければならない。

　次に、遵守事項の位置付けが問題となる。現行法77条1項では「仮釈放者の所在が判明しないため保護観察が実施できなくなったと認めるとき」を、保護観察の停止事由としている。これは、法50条3号ないし5号の一般遵守事項に係る違反があった場合ということができよう[27]。また、遵守事項は保護観察における指導監督の対象でもある。これらからすると、遵守事項は保護観察の条件としての性格をもつとも考えられる。他方、刑法29条1項4号によれば、遵守事項違反は仮釈放の取消事由でもある。この意味においては、遵守事項は仮釈放の条件としても位置付けられることになろう[28]。これら輻輳する位置付けをどのように整理し、どの文脈で議論するかを明確にする必要がある。

　また、遵守事項の内容の妥当性も検討を要する。遵守事項違反は、上述のとおり、保護観察の停止や仮釈放の取消といった不良措置を導くという重大な効果を持っている。その際、たとえば現行法50条1号の「健全な生活態度の保持」といった遵守事項が、そのような効果を持つ内容として妥当なものか、現行法において遵守事項が拡張されたことに問題はないか、といった点をはじめとして、遵守事項そのものを理論的・内容的に整理して再構成すべきではないか、ということが問題となろう。

　この点で、仮釈放の取消については、刑法29条1項が規定するが、すべて任意的取消事由だということは確認しておく必要があろう。ここには、社会復帰過程においてはその主体である本人の試行錯誤（trial & error）が一定程度予定されているという観点を、刑事法制自体が持ち合わせていると読む余地がある。遵守事項違反があるという事実（同項4号）を、処遇（社会

27　旧・犯予法では、42条の2第1項「居住すべき住居に居住しないため、保護観察を行うことができなくなったとき」（同法34条2項1号・4号に掲げる一般遵守事項に係る違反があった場合）。
28　この点につき、川崎・前掲注（23）19-20頁参照。

的援助の提供）のあり方を再考するきっかけと把握すると解してこそ、この取消事由が任意的であるにすぎないことをよく説明できる。

あるいはまた、仮釈放中の再犯で実刑になったとしても（同1号）、前刑の仮釈放は取り消さないことができる。このような場合にもなお「任意的」取消とされていることはどう理解すべきか。再犯をしたことの刑事責任の処理はしなければならない。その違法・責任の量によっては実刑を免れないこともあるだろう。しかし、それもまた社会復帰過程における試行錯誤の現れであるとするならば、むしろ、社会内処遇を連続した一定期間確保する必要性が顕著に表れた場合ともいえる。もちろん、仮釈放になっている前刑と、その仮釈放中の再犯で実刑となった後刑とは同時執行できない。しかしながら、現行法上、たとえば、いったん仮釈放となっている前刑の執行を停止して後刑を先に執行し、その仮釈放を得てそれを執行したうえで、その後に残る前刑の仮釈放部分の執行を再開するということが可能である（刑事訴訟法474条参照）。刑法・刑事訴訟法を一体として解釈適用することにより、連続・一定期間の社会内処遇を確保することができる。

そのような理解が可能であるとするならば、遡って遵守事項にどの程度の規範的性格を与えるべきか（その他の性格とどのように調和させるべきか）が改めて議論されなければならない。そのことなしに、遵守事項によるプログラム受講等の義務付けの当否に関する結論は得られない。他方、逆に、規範的性格が残存する（端的に言えば、遵守事項違反を取消事由として維持する）限り、規範的性格を大幅に緩和させるべく理解・構成したことを理由として義務付けが可能となるとする主張は、なお短絡的と言わざるを得ない。保護観察制度の下における権利制約の許容限界を定めるには、その正当化根拠を別に積極的に提示する必要がある。

(2) 執行猶予保護観察の特徴と問題点

(a) 特徴

刑法25条は刑の全部執行猶予について定める[29]。この執行猶予の法的性格については、一般的には、刑の付随処分であって刑罰そのものではないとされる。判例はそこから、執行猶予条件の変更は同法6条が規定する「刑の

変更」にあたらないとする[30]が、この判例に対しては強い批判があり、一個の独立した刑事処分としての性格を備えたものとする見解が有力である[31]。

全部執行猶予の際に付される保護観察については、刑法25条の2が定めている。それによれば、保護観察に付する旨の言渡は、刑の執行猶予が初度目の場合は裁量的に、再度目の場合は必要的に行われる。その観察期間は、(後述の良好措置がとられる場合を除き)執行猶予の言渡が確定した日から開始され、執行猶予の終了まで継続する。これに対応して、旧・猶予者観察法が独立してあったのであるが、その後の更生保護法制定によって旧・犯予法と旧・猶予者観察法とが統合されたことにより、執行猶予保護観察についても、その目的・実施方法については、仮釈放保護観察と同様なものとなった[32]。

執行猶予保護観察には、良好措置として、刑法25条の2第2項による仮解除の制度がある。この場合、同条3項により、遵守事項違反が執行猶予言渡を取り消す事由とならないなどの効果が定められている(法81条参照)。仮解除の有無を問わず(そもそも執行猶予に保護観察が付されているか否かを問わず)執行猶予言渡を取り消されることなく猶予期間が経過すれば、刑の言渡は効力を失う(刑法27条)。不良措置としては、刑法26条の2第2号による執行猶予言渡の取消がある(同号による遵守事項違反を理由とする取消の要件は「その情状が重いとき」とされており、仮釈放の場合に比して加重されている)[33]。取り消された場合、宣告刑の全期間が執行対象となる。

(b) 問題点

執行猶予保護観察については、前述のとおり、戦後の制定に曲折があった。仮釈放者と違い、執行猶予者はまさしく刑の執行が猶予されているのであり、

---

29 刑法等の一部を改正する法律(平25・6・19法49)により、刑の一部執行猶予制度が導入されている。以下ではおおむね、従前の執行猶予制度(現在で言う刑の全部執行猶予)を念頭に議論を進める。

30 最三小判昭和23・6・22刑集2巻7号694頁。

31 大塚仁ほか編『大コンメンタール刑法〔第2版〕第1巻』(青林書院、2004年)491頁以下[豊田健]参照。

32 特別遵守事項の設定・変更権限は、仮釈放保護観察の場合は地方更生保護委員会にある(法52条2項)一方、執行猶予保護観察の場合は保護観察所長にある(同条4〜6項)。

33 なお、(全部)執行猶予取消の全体については、刑法26条ないし26条の3を、取消手続については刑事訴訟法349条・349条の2および法79条・80条を参照。

とりわけ、旧・犯予法中の遵守事項が課せられるといった自由制約を執行猶予者に認めることへの抵抗感が強かったとされている。

この「抵抗感」は、きわめて素朴な感覚によるものといえようが、理論的に見れば、現在もなおこの点は大きな解決課題として残されているというべきであろう。すなわち、執行猶予保護観察における権利制約の根拠と限界を改めて示す必要が依然としてあるということである。旧法時代には遵守事項が仮釈放保護観察と比較して緩和されていた等のことがあるにせよ、執行猶予が刑の執行に入っていない以上、たとえば「刑の執行の一形態」といった、仮釈放保護観察におけるものと同様の理論構成はとり得ないのであるから、同様の（あるいはそもそも）権利制約を可能とするにはそれ相応の理論構築が必要だったはずである。それにもかかわらず、2006年の旧・猶予者観察法改正では、制定時の議論を振り返ることもなければ、それにふさわしい理論構成を用意することもなく、むしろ旧・犯予法の規定に合わせる形で保護観察付執行猶予者の権利制約を強める方向がとられたのである。そしてその消極的スタンスは、更生保護法制定にも引き継がれることとなった。

全部執行猶予の取消については、刑法26条および26条の2が定めをおく。26条は、必要的取消事由を定める。そのうち、2号および3号については、従前から疑義が呈されており[34]、改正刑法草案では、2号を裁量的取消事由に、また、3号はそもそも取消事由から削除するという提案をしている。1号の執行猶予中再犯による実刑判決の確定という事由については、必要的取消事由とするのもやむを得まいか。執行猶予の場合、仮釈放の場合とは違って、猶予期間を停止して、再犯の刑が終了した後に、再度猶予期間を再開するというのは現行法上実現し得ないし、執行猶予という制度上もそのような構成をすることを意義付けることは困難であるように思われるからである。もっとも、とりわけ保護観察付執行猶予が選択されて保護観察が実施されている場合の再犯については、仮釈放の場合と同様に社会復帰過程における試行錯誤の現れとみる余地のある事案はありえよう。それらに対しては、再度執行猶予の要件を再考することによって対応すべきであろう。

---

34 大塚ほか編・前掲注（31）566-590頁［豊田健］参照。

136　第2部　非拘禁者措置の改革課題

　刑法26条の2は、執行猶予の裁量的取消に係る規定であり、保護観察付の場合の遵守事項違反（「その情状が重いとき」）はその2号となる。これが「裁量的」取消であることの意義は、仮釈放取消の項で述べた部分がそのまま妥当するし、違反要件が加重されている理由は制定過程の項で述べたところによる。

(3)　「勉強会報告書」提言内容の問題点

　以上の内容を踏まえ、「勉強会報告書」の中から、「社会内処遇を充実させるための刑事政策的措置」（11頁以下）において提言されている内容のうち2点について、問題点を指摘したい。

　1点目は、「保護観察の活用のための刑の全部の執行猶予の見直し」として、再度目猶予の要件緩和が言われる一方で、これにより「執行猶予取消し等の心理的強制による再犯防止の担保機能が低下するおそれがあることから、執行猶予期間中における保護観察の遵守事項の遵守を強く促す等のため」として、再度目猶予の際の遵守事項違反がある場合には「情状が重いとき」に限らず取消し可能とすることや再犯を理由とする取消しの場合の取消し時期の前倒しなどが考えられるとしている点である（12頁）。

　保護観察付執行猶予の場合に、遵守事項違反に係る取消しについて、仮釈放の場合と比べて要件が加重されているのは、上述したとおり、その制定過程において、刑執行中である仮釈放者と、刑執行に入っていない執行猶予者との差異に着目されたことによる。この差異とはまさに、法的地位の違いにほかならない。立法者が考慮したその法的地位の違いを踏まえたとき、取消し要件を仮釈放者におけるものと同じくすることができる積極的理由こそが提示されなければならないはずである。

　この点、「勉強会報告書」は、この取消し要件緩和を「再度目猶予の際の遵守事項違反」の場合に限ることによって配慮しているかにもみえる。しかしながら、法的地位の違いを超えることのできる理由が示されていない以上、取消し要件緩和が許容される根拠自体がないのであって、再度目に限定されているか否かは問題とならない。

　さらには、再犯による取消し時期の変更が企図されている点にも併せて言

えることであるが、上述したとおり、そもそも保護観察処遇（あるいは広く処遇一般）とは、本人の試行錯誤の過程であることは、処遇一般論において当然の前提とされている。言ってしまえば、その試行錯誤の過程をきちんと踏ませるために保護観察を付した処遇がされるのである。そして、それが法制度としても体現されている。そうだとするならば、遵守事項違反に係る取消し要件を緩和し、あるいは再犯取消し時点を前倒ししようとすることは、その試行錯誤を許さない、本人の立ち直り過程を阻害するものであって、「社会内処遇を充実させる」（ことによって再犯防止を図る）のとは真逆を向いたものと言わざるを得ない。

　２点目は、「社会内処遇における新たな措置の導入」として挙げられているものについてである（13-14 頁）。まずそもそも論として、そこで例示されている「集中的な指導監督や特定行動の禁止」、「医療受診等や福祉への相談の義務付け」を「特別遵守事項として設定して行う」ことができるのか、という問題がある。上述したとおり、仮釈放者や執行猶予者がどのような法的地位にあって、それによりどのような権利制約までが許容されるのかということがまず解明されなければならない。そのことなくして、上記例示事項が「保護観察を始めとする社会内処遇を現行より多様化する」という美辞麗句の下で、新たな権利制約内容として導入されることは許容されない。そのような権利制約が許容されるかどうか自体が問題なのであるから、これら措置に裁判所の判断が必要かどうかという手続論・制度論以前の問題である。

　そしてここでもまた、保護観察処遇（ないし処遇一般）における過程の特性（試行錯誤論）が等閑視されているという問題が現れている。「特定行動の禁止」や「医療受診」、「福祉への相談」が必要な場合というのはもちろんあるだろう。それが有用な場合のあることをおよそ否定するつもりはない。指摘したいのは、「処遇の多様化」や「充実」を言うのであれば、なぜ、その違反が仮釈放ないし執行猶予の取消しを招き得る特別遵守事項や裁判所命令という構成をまず考えるのだろうか、ということである。たとえば、現行で言えば、それらを「生活行動指針」（更生保護法 56 条）として定めたうえで保護観察を進めていく[35] ということが、なぜ提示すらされないのか。保護観察処遇の「多様化」や「充実」は、本人が試行錯誤を経て立ち直っていく過

138　第 2 部　非拘禁者措置の改革課題

程をどれだけ保障できるのかという観点からこそなされるべきであり、その観点から改めてその内容が検討される必要があろう。

4　結びに代えて

　以上に見てきたことからは、保護観察制度をめぐっては、本来は理論的・実践的に解決しなければならない根本問題をずっと解決しないままに推移してきたということが確認できる。

　その根本問題の最たるものは、仮釈放ないし執行猶予の制度趣旨・法的性格を発端とするそれぞれの保護観察の法的性格に係る議論と、仮釈放保護観察に付されている者および保護観察付執行猶予に付されている者それぞれが、どのような根拠により権利制約が許容されるかという、いわゆる法的地位に係る議論の不在である。保護観察付執行猶予の導入と旧・猶予者観察法制定時に示された「素朴な疑問」を等閑視してなされたその後の改正と更生保護法の制定、そして、特別遵守事項をめぐって、刑の一部執行猶予制度導入と同時に導入された「社会貢献活動」や、プログラム受講・医療受診・福祉相談等の義務付けに係る近時の議論は、端的にそのような根本問題から目を背けつつ進められてきた（いる）と言ってよい[36]。

　さらに個別具体的な権利保障の内容を議論するにあたっては、これまでの国際人権法領域の進展に目を向けるならば、関連する国際準則の参照が欠かせないと言うべきである。古くは、1957 年に国連経済社会理事会決議により採択された被拘禁者処遇最低基準規則から、1990 年の第 8 回犯罪防止・犯罪者処遇国連会議において採択された、「非拘禁措置に関する国連最低基準規則」（「東京ルールズ」）[37]、1988 年に国際刑務財団（International Penal and Penitentiary Foundation）により策定された「自由の制限を含む非拘禁制裁及

35　ただし、前掲注（22）参照。

36　その関連で、近時の地域生活定着支援センターによる支援活動については、その主たる対象をいわゆる「特別調整」対象者として満期釈放者をターゲットとしたことにより、この法的地位論等のくびきから解放された、純粋な福祉的援助に近い活動が可能であったと許することもできよう。他方、いわゆる入口支援については、被疑者・被告人としての地位やデュープロセスにまつわる問題が重なることからくる独自の問題点がある。

び非拘禁措置のための最低基準規則」（「グロニンゲン・ルールズ」）、そして2015年には上記の被拘禁者処遇最低基準規則が改訂される（「マンデラ・ルールズ」）など、参照すべき準則は多くある。これらいずれの準則も、本人の人権および尊厳を守ること（権利制約の最小化あるいは権利行使の最大化）、家族のプライバシーの権利を保護すること、実施にあたっての同意の重要性（処遇の任意性確保につながるであろう）、拘禁の最終手段性が明示されている。具体的な制度設計に当たっては、これら国際準則の理念が反映されたものにしなければならず、また、個々の規定が要請するところを実現するものでなければならない。

　既決被収容者については理論化の営みがなされてきていたにもかかわらず[38]、保護観察を受けている者の法的地位の探求、あるいはそれらの者に対する権利制約の限界を画するための法規範の探求は必ずしも十分になされてはこなかった。それを奇貨として、加えて国際準則にも目を向けずに来たことにより、最終的には更生保護法の成立によって、これまでの援助型の更生保護から監視型の更生保護への転換が図られてしまったようにも思われる。

　この点、仮にも刑罰改革を図ろうとするならば、仮釈放・執行猶予や保護観察、ひいては更生保護や刑罰の基礎理論にも立ち戻りつつ、保護観察に係る法的地位論や具体的権利保障の内容についての理論的探求がまずなされるべきである。歴史や国際動向に学ばず、検討を怠って透徹した理論的根拠を示すことなく、必要性のみを根拠として、制度改革・処遇改革を試みることは許されない（筆者も社会的援助の必要性は信じて疑わないが、「処遇の充実」という語１つをとっても、検討すべき点は多い）。拙速をこそ畏れ、上記課題に切り込んだ議論を積み重ねていかなければならない。

37　杉原弘泰「『東京ルールズ』と拘禁代替策」ジュリスト972号（1991年）81頁、富田正造「非拘禁措置についての国連基準規則（東京ルールズ）」罪と罰28巻2号（1991年）23頁等参照。

38　福田雅章「受刑者の法的地位と『要綱案』」ジュリスト712号（1980年）40頁、同「処遇権の基礎」刑法雑誌25巻1号（1982年）163頁、同「受刑者の権利」宮崎繁樹＝五十嵐二葉＝福田雅章編著『国際人権基準による刑事手続ハンドブック』（青峰社、1991年）326頁等参照。

猶予制度
―刑事司法の基本原則と刑事手続の基本構造に適合した猶予制度のあり方―

葛野尋之

1 猶予制度をめぐる立法提案——問題の所在

「若年者に対する刑事法制の在り方に関する勉強会」（以下、「勉強会」）は、10回に及ぶヒアリングを経て、2016年12月、『取りまとめ報告書』を発表した。このなかには、起訴猶予、宣告猶予、刑の執行猶予という3つの猶予制度をめぐる改革提案も含まれている。再犯防止と結びつけた起訴猶予の積極活用という近時の実務をみても、また、猶予制度のあり方が、その運用方針も含め、刑事司法の原則、刑事手続の基本構造と深く関係することからしても、これらの改革提案は重要な意味を有している。法制審議会少年法・刑事法（少年年齢・犯罪者処遇関係）部会（以下、「法制審部会」）第3回会議において承認された「論点表」も、起訴猶予、宣告猶予、刑の執行猶予それぞれに関連する事項をあげていた。今後、法制審部会において、これらをめぐる議論が展開することになろう。

勉強会『取りまとめ報告書』において注目されるのは、第1に、起訴猶予にともなう再犯防止措置の強化・制度化に関する提案である。同報告書は、具体的提案として、①起訴猶予者の再犯防止という目的から、「入口支援」や更生緊急保護の運用をさらに充実させることのほか、制度改革の提案として、②更生緊急保護を検察官の起訴猶予処分の決定前にも可能にすること、③検察官が起訴猶予とするときに被疑者に訓戒、指導等をすることができる旨明文化すること、④検察官が処分決定にあたり生活環境・生活態度の改善

状況を把握するために、保護観察所などに帰住先の確保を含む生活環境の調整を依頼することを可能にする仕組みの導入、⑤検察官がより適切な措置をとることを可能にするための少年鑑別所や保護観察所の調査・調整機能の積極的活用、をあげている。

第2に、「判決や刑の宣告を回避しつつ、司法判断を経た上で保護観察を行うことを可能にする制度」としての宣告猶予制度の導入が提案されている。具体的には、①裁判所が審理の結果被告人の有罪を認めた場合において、有罪判決の宣告を猶予する制度、②刑の宣告のみを猶予する制度を導入し、宣告猶予のあいだ、保護観察や保護観察所その他公私の団体に対する補導委託などの社会内処遇を行うとともに、保護観察官による調査・調整を行うという制度である。

第3に、保護観察の活用のための刑の全部執行猶予制度の見直しも提案されている。具体的には、①保護観察付刑の全部執行猶予の期間中の再犯であっても、一定要件のもと、再度の刑の全部執行猶予を言い渡すことのできる仕組みの導入、②刑の全部執行猶予の期間中にさらに禁錮以上の刑を言い渡す場合であっても、社会内処遇の継続を可能とするため、再度の刑の全部執行猶予を言い渡しうる刑期の上限を「1年以下」（刑法25条2項）から引き上げること、③刑の全部執行猶予の適用の柔軟化にともない、再犯防止の担保機能を確保するために、執行猶予の取消要件を緩和するなど、保護観察の遵守事項の遵守を強く促す制度の導入、があげられている。

これらの猶予制度については、いずれも再犯防止のために、保護観察その他の社会内処遇と強く結合させることが提案されているところ、社会内処遇の強化策として、①就労支援、更生保護施設による退所後の指導・支援（通所処遇等）など、保護観察・社会復帰支援策の充実のほかに、保護観察の遵守事項または裁判所の判断を経る制度として、②集中的な指導監督、③特定時間帯の外出禁止、特定の施設・地域への立入禁止などの特定行動の禁止、④医療受診、福祉相談などの義務づけ、などが提案されている。

本稿は、以下、3つの猶予制度の制度的特徴を整理したうえで、これらをめぐる議論を整理・分析することによって、勉強会『取りまとめ報告書』の諸提案を検討するさいに踏まえるべき基本的視座を提示する。そのさい、刑

事司法の原則との整合性、刑事手続の基本構造との適合性を重視する。これらに欠ける制度改革であれば、実体的・手続的正当性について重大な疑問が生じることとなり、また、実用主義的観点からは有用にみえても、中・長期的にみれば、刑事司法システム全体の機能を阻害することにもなろうからである。

2　3つの猶予制度

(1)　起訴猶予

　まず、3つの猶予制度それぞれの特徴と三者間の異同を明らかにしておく[1]。

　起訴猶予は、独自の「日本型」刑事司法の要に位置する制度である[2]。検察官は有罪判決の高度の見込みがあるときに限って起訴するという確立した実務が続いてきた。さらに、刑訴法248条は、「犯人の性格、年齢及び境遇、犯罪の軽重及び情状並びに犯罪後の情況により訴追を必要としないときは、公訴を提起しないことができる」と定め、高度な嫌疑基準が満たされる場合でも、不起訴の可能性を認めている（起訴便宜主義）。検察官は起訴猶予を積極的に活用しており、2015年、交通事件をのぞく一般刑法犯について、起訴が39％、起訴猶予が40％、嫌疑不十分などその他の不起訴が21％であった。軽微な事件だけでなく、重大事件についても、起訴猶予が活用されており、同年、起訴猶予率（起訴と起訴猶予の合計に占める起訴猶予の割合）は、殺人について11％、強盗について8％であった（一般刑法犯全体について50％）。200年代後期から、一般刑法犯の起訴猶予率が上昇傾向にあることも注目される（2006年には41％）。

　起訴猶予の積極活用の理由としてあげられるのは、犯罪行為者の再犯防止にとって、不起訴により手続を終えることが有効である場合が少なくないこと、早期の手続打切りが訴訟経済に適うこと、インフォーマルな事件処理が国民感情にあうこと、検察官に対する信頼が厚く、広汎な訴追裁量権限とそ

1　各制度の概要について、川出敏裕＝金光旭『刑事政策』（成文堂、2012年）など参照。

2　葛野尋之「検察官の訴追裁量」川﨑英明＝葛野尋之編『リーディングス・刑事訴訟法』（法律文化社、2016年）参照。

144　第2部　非拘禁者措置の改革課題

の前提たる強大な捜査権限が是認されていることである。

　反面、起訴猶予は、再犯防止のための積極的処遇を付加する点においては限界を有している。現行法下でも、過去、起訴猶予に保護観察的措置を結びつけようとする試みがあった。また、現在も、更生緊急保護を活用した「入口支援」が活発化している。しかし、起訴猶予は裁判所が有罪認定を経て決定する司法的処分でないため、対象者に積極的処遇への参加を法的に義務づけることはできない。この点において、再犯防止の効果に限界があるとの指摘もある。

(2)　宣告猶予

　現行法には存在しない制度である。有罪判決の宣告猶予と有罪宣告のうえでの刑の宣告猶予とがあり、前者はさらに有罪認定をするかどうかにより区別され、後者は刑の量定をあらかじめしておくかどうかにより区別される。

　宣告猶予は、諸外国、特に英米法圏において、保護観察の発達とともに広がった。日本においても、1970年代中頃までの刑法全面改正をめぐる検討過程では、これらのバリエーションのなかから、いくつかの具体的提案がなされていた。法制審刑事法特別部会草案には、裁判所が有罪認定、量刑、判決書の作成までを行ったうえで、決定でその判決の宣告のみを猶予し、猶予期間が無事経過すれば免訴の裁判が確定したものとみなし、再犯または保護観察の遵守事項違反があった場合には、猶予された判決をそのまま言い渡すとする有罪判決の宣告猶予制度が盛り込まれていたが、法制審総会の審議の結果、いかなる宣告猶予制度の採用も見送られた。

　起訴猶予と対比すると、有罪宣告がある場合はもちろん、有罪認定をともなう宣告猶予であれば、対象者の自由を制約するような積極的処遇を付加することに問題が生じにくい。反面、起訴、有罪認定、有罪宣告にともなう烙印効果が生じる。

　刑の執行猶予と対比すると、宣告猶予には、刑の宣告にともなう資格制限を回避しうること、烙印効果が弱いことなどの利点が認められる。反面、有罪の認定があっても、その正式な宣告がない場合であれば、被告人に対し積極的処遇としての保護観察を課すことは、無罪推定との抵触など、適正手続

猶予制度　145

上の疑義を生じさせるとも指摘された。

(3)　執行猶予

　刑の執行猶予とは、裁判所が刑の宣告をしつつ、一定期間、その執行を猶予する制度である[3]。刑の執行猶予は、禁錮以上の刑に処されたことのない者または禁錮以上の刑の終了・免除の日から5年以内に禁錮以上の刑に処せられたことがない者について、3年以下の懲役・禁錮または50万円以下の罰金を宣告刑として言い渡す場合に可能とされている。この形式要件を満たすときに、裁判所は、「情状により」執行を猶予することができる。実務においては、一般の量刑基準と同様、犯情により行為責任の面から執行猶予が可能かつ相当かを判断したうえで、一般情状から特別予防上の考慮を行い、執行猶予にするかどうかを決定している。執行猶予の期間については、裁判所が1年以上5年以下のあいだで決める（以上、刑法25条1項）。

　刑の執行が猶予された場合でも、刑の宣告にともなう資格制限が生じる。執行猶予期間が経過すると、刑の言渡は効力を失う（刑法27条）

　裁判所は、刑の執行猶予と同時に、猶予中、対象者を保護観察に付すことができる。再度の執行猶予の場合、保護観察は必要的である（刑法25条の2第1項）。実務上、保護観察付執行猶予は、単純執行猶予と実刑の中間に位置する処分として運用されており、再犯防止にとっての必要性・有用性よりも、行為責任の程度を重視して選択されている。

　裁判所は、執行猶予中に、再犯により禁錮以上の刑に処せられたときは必要的に（刑法26条）、再犯により罰金に処せられたときまたは保護観察付執行猶予の場合において遵守事項に違反し、その情状が重いときは裁量的に（刑法26条の2）、執行猶予を取り消すものとされている。執行猶予が取り消された場合には、当初言い渡された刑がそのまま執行される。

　運用をみると、2015年において、執行猶予率（有期の懲役・禁錮に占める執行猶予の割合）は61%であり、罪名別にみると、殺人が26%、傷害が61%、窃盗が46%であった。執行猶予の総数34,499人のうち、保護観察が付され

---

[3] 2011年刑法改正により、刑の一部執行猶予制度が導入された。法制審部会の審議において、これは論点に上がっていないので、本稿も取り扱わないこととする。

たものは 3,383 人（10%）であった。ただし、裁判員裁判においては、保護観察付執行猶予の割合が高く、45%に上っていた。また、執行猶予の言渡に対する取消の割合は 13%であり、単純執行猶予中の再犯による取消が 11%、保護観察付執行猶予中の再犯による取消が 22%であった。

執行猶予の積極的意義としては、自由刑執行にともなう弊害を回避できること、自由刑執行の威嚇により再犯防止に有効であることがあげられてきた。また、保護観察を付すことにより、再犯防止のための積極的処遇としての性格をも有しうることが指摘された。反面、限界もある。すなわち、執行猶予が付された場合にも、刑の宣告があったとして、資格制限が生じること、執行猶予中に再犯があった場合、再度の執行猶予が制限されていること、保護観察付執行猶予中の再犯の場合、再度の執行猶予がまったく認められないことなどにおいてである。

(4) 法制審部会の改革提案と刑事司法の原則・基本構造

勉強会『取りまとめ報告書』があげた改革提案のうち、全部執行猶予制度の見直しに関するものは、現行制度の限界ないし問題点に対応して、再度の執行猶予、あるいは保護観察の付加を拡大しようとするものである。これらの提案は、再犯防止措置の強化につながるものであるところ[4]、刑事司法の原則、刑事手続の基本構造との関係において、特に大きな問題を有してはいない。

他方、起訴猶予に関する改革提案は、これらと関係において重大な問題をはらんでいる。また、宣告猶予に関する提案についても、具体化するにあたっては、刑事司法の原則や刑事手続の基本構造との適合性・整合性の精査が必要となる。宣告猶予の具体化にともない、罪責認定と量刑の手続二分、判決前調査制度など、新たな制度的改革も必要となろう。それゆえ、以下では、起訴猶予および宣告猶予に焦点を合わせて、論じていくこととする。

---

[4] 保護観察付執行猶予における社会内処遇の強化策としての提案には、問題をはらむものがある。これについては、本書・正木論文参照。

3 起訴猶予に関する改革提案──その批判的検討

(1) 再犯防止のための起訴猶予の積極活用

　検察庁は、近年、再犯防止に対して積極姿勢を強めている。この積極姿勢は、現在、特に福祉的支援を必要とする高齢者・障がい者の軽微事件、子ども虐待事件などにおいて、起訴猶予の積極化、保護観察付執行猶予の求刑などの形で、検察官による個別事件の取扱いのなかにも具体化している[5]。

　貧困で社会的に孤立した高齢者・障がい者のように、犯罪の背景に満たされない福祉的支援のニーズが存在し、これらの人々が社会生活を円滑に送るためには福祉的支援が必要とされるときに、刑事司法との深い接触は、これらの人々から福祉的支援をますます遠ざけることになる。その結果、これらの人々が犯罪をくり返し、社会と刑事施設とを往き来するという負のスパイラルが生じる[6]。そのことからすれば、たしかに、これらの人々の福祉への権利を実現するためにも、それを通じて市民としての社会生活を再建するためにも、刑事司法からの早期離脱を促進しなければならない。このときに、再犯防止の効果もあがる[7]。

　早期離脱の手段として、警察段階での微罪処分は限定的であり、執行猶予についても刑法上の制限が強いことからすると、検察官の決定する起訴猶予に高い期待が寄せられるのも自然である。事実、再犯防止措置と結びつける形で、起訴猶予によって刑事司法からの早期離脱を積極化する実務が広がっている。勉強会『取りまとめ報告書』の改革提案も、このような流れのなかで、起訴猶予にともなう再犯防止措置を制度化することにより、一層強化し

5　「特集・検察と刑事政策」罪と罰53巻4号（2016年）、廣澤英幸「罪を犯した障がい者等に対する検察庁の取組」自由と正義68巻1号（2017年）、「特集・刑事手続と更生支援」法律時報89巻4号（2017年）など参照。

6　葛野尋之「新自由主義、社会的排除と刑事司法──日本の場合」『斉藤豊治先生古稀祝賀論文集』（成文堂、2012年）参照。

7　本稿の主題について、紙幅の制約から省略した注記も含め、葛野尋之『刑事司法改革と刑事弁護』（現代人文社、2016年）113頁以下、同「検察官の訴追裁量権と再犯防止措置」法律時報89巻4号（2017年）参照。

148　第2部　非拘禁者措置の改革課題

ようとするものである。明示されていないが、適用対象についても、高齢者・障がい者を超えて、若年成人などに拡大していくことが想定されているのであろう。

起訴猶予の積極活用については、現在、2つのモデルが存在している。『取りまとめ報告書』の改革提案は、これら双方にかかるものである。

第1に、処分決定後措置モデルと呼ぶべきものである。「新長崎モデル」、「更生緊急保護事前調整モデル」、それを引き継いだ「更生緊急保護の重点実施」など、いわゆる「入口支援」がこれに当たる。このモデルは、起訴猶予の決定後に、対象者に対して再犯防止措置を講じるものであるが、起訴猶予の決定前から、勾留されている被疑者の同意を得て、福祉的支援の必要性・有効性を調査し、その提供のための調整を行う。

第2に、処分決定前措置モデルと呼ぶべきものである。実践例としては、仙台地検・刑事政策推進室の「再犯防止実践プログラム」[8]、在宅被疑者について、検察官の定期的な面談とともに、更生保護女性会への委託などの環境調整措置を講じるさいたま地検・刑事政策総合支援室の「再犯防止等プログラム（試行）」がある。このモデルは、在宅または勾留中の被疑者の同意を得て、再犯防止措置に関する調査を行い、一定の措置を講じるとともに、起訴猶予後の措置の調整を行った後に、起訴・不起訴を決定する。

(2)　起訴猶予の歴史的展開と保護観察付起訴猶予

起訴猶予の積極活用の基礎には、検察官の広汎な訴追裁量権がある。

歴史的展開を概観すると[9]、起訴猶予は、明治初期に運用上のものとして始まり、明治中期に本格化した。当初は、訴訟経済面の効用が強調され、軽微事件の手続を打ち切るという微罪処分的な運用がなされていた。明治後期になると、起訴猶予の積極活用が推奨され、それにともない、起訴猶予が再犯

8　目黒由幸＝千田早苗「仙台地検における入口支援」法律のひろば67巻12号（2014年）、千田早苗「仙台地方検察庁における入口支援の現状と課題」早稲田大学社会安全政策研究所紀要7号（2014年）参照。

9　三井誠「検察官の起訴猶予裁量（1）」神戸法学会雑誌21巻1＝2号（1971年）、同「検察官による訴追決定」『法社会学講座6・紛争解決と法2』（岩波書店、1972年）、同『刑事手続法II』（有斐閣、2003年）24頁以下参照。

防止に寄与するとする特別予防目的が強調されるようになった。1905年には刑の執行猶予制度が導入され、1907年、現行刑法において規定化されたことにより、起訴猶予は縮小するものと予想された。しかし、刑の執行猶予となる事件はあらかじめ起訴猶予とすべきだとされ、その積極活用は変わらなかった。これにともなって、検察官の被疑者取調べが常態化し、再犯防止の観点からの情状調査がなされるべきだとされた。

1922年、旧刑訴法において、起訴猶予は明文規定により制度化された（旧刑訴法279条）。起訴猶予率は、1923年には50％を超え、1929年には55％に達した。特別予防目的がますます強調され、猶予者に対して保護観察的措置が付され、再犯または重大な遵守事項違反があった場合には、起訴猶予が取り消され、事件再起がなされた。起訴猶予率は、1931年には60％、1934年には64％に上り、起訴・不起訴の決定に関する検察官の訴追裁量権限の行使は、裁判官の裁判と同視される傾向が強まった。また、起訴猶予率の上昇にともない、猶予者に対する保護観察的措置はいっそう強化され、事件再起も積極化した。

現行刑訴法（1948年）においても、起訴猶予を認める明文規定が維持されたが、新たに「犯罪の軽重」を考慮すべきことが付加された。この規定改正とともに、現行法における捜査権限の限定、公判中心主義、旧刑訴法下での「準司法官」ではなく、捜査・訴追機関たる当事者という検察官の基本的地位・役割などからして、特別予防目的による起訴猶予が限定されるかにみられた。現行法施行当初は旧法時代の運用が継承され、特別予防目的が強調され、起訴猶予率も高かったものの、1960年頃から起訴猶予率は低下し、事件再起も希有な例外とされた。また、起訴猶予と保護観察的措置との結びつきが切断され、実質的な最終処分としての起訴放棄型の起訴猶予が定着した。

このように、起訴猶予は、微罪処分的運用に始まり、特別予防目的の強調を経て、起訴放棄型の運用において定着した。特別予防目的が強調されるときは、保護観察的措置が結びつけられ、それが「失敗」した場合の事件再起が積極化した。起訴猶予は、特別予防目的の強調のなかで拡大し、それは、捜査段階における被疑者取調べの拡大と表裏の関係にあった。特に再犯防止の観点から、詳密な情状調査が必要だとされた。

150 第2部 非拘禁者措置の改革課題

(3) 横浜方式──保護観察付起訴猶予の復活の試み

1961年、旧法時代の保護観察付起訴猶予を復活させる動きが生じた。横浜方式である[10]。これは、正式な法制度ではなく、法運用上の実践にとどまる。しかし、20庁ほどの地検において組織的に行われた、相当長期にわたる継続的実践である。

横浜方式は、従来の基準によれば起訴相当とされる可能性がありながら、起訴猶予とした若年成人に対して、更生緊急保護の枠組みに拠りつつ、再犯防止を目的として、積極的な環境の調整、就職の斡旋など、保護観察に準じた措置を講じるものであった。更生緊急保護を活用するため、本人・保護者の申出書の提出が要件とされた。保護観察所および少年鑑別所の助力を得て、家庭環境、心理特性、生育史について詳細な調査を行い、その他詳密な情状調査のための取調べをも行ったうえで、検察官が起訴猶予を決定し、原則6月間、保護観察的措置を講じた。その期間を通じて本人の行状が良好であれば、起訴猶予が確定的なものとされた。この期間は「考査期間」としての性格を与えられていたのである。

しかし、横浜方式は、重大な問題をはらむものであった。三井誠によれば、第1に、法的根拠が曖昧である。猶予者の「申出」については、実質的にみて任意性に疑問があり、法的根拠を不明確にしたまま、実質的な強制的措置を行うことは、適正手続に反している。第2に、裁判所が有罪を認定する前に、再犯防止のための積極的処遇を行い、そのために人格および生活環境に関する調査を行うことは、無罪推定の法理に抵触し、プライバシーへの過剰な介入となる。第3に、詳密な情状調査のための取調べを行うことは、捜査・取調べの肥大化を招き、刑訴法が予定する公判中心の手続構造と整合しない。第4に、積極的処遇の決定を検察官に委ねることの問題である。すなわち、保護観察的措置を付した起訴猶予の決定は、実質的にみれば、検察官による犯罪事実の認定を前提とした積極的処遇の決定だといえるが、そのよ

---

10 三井誠「検察官の起訴猶予裁量（5・完）」法学協会雑誌94巻6号（1977年）121頁以下。「横浜方式」について、斎藤欣子「横浜地検における更生保護事件について」法律のひろば14巻12号（1961年）、斎藤欣子『横浜地検における起訴猶予者に対する更生保護事件について』（法務総合研究所、1965年）参照。

うな決定を検察官に委ねることは、旧刑訴法下のような検察官の「準司法官」的性格を承認することを意味し、刑訴法の想定する捜査・訴追機関たる当事者という検察官の基本的地位・役割に適合しない。このような本質的な問題をはらむものであったがゆえに、横浜方式はその後衰退し、消滅した。

(4)　勉強会『取りまとめ報告書』改革提案の批判的検討

　『取りまとめ報告書』の改革提案は、制度改革の提案として、①起訴猶予決定前の更生緊急保護、②起訴猶予時の検察官による被疑者への訓戒、指導等の制度化、③検察官が処分決定にあたり生活環境・生活態度の改善状況を把握するために、保護観察所などに生活環境の調整を依頼する制度の導入、④検察官による処分・措置の決定にあたっての少年鑑別所や保護観察所の調査・調整機能の積極活用、をあげている。これらは、起訴猶予に結びつけた再犯防止措置を強化し、制度化しようとするものである。

　①において、更生緊急保護として行われた再犯防止措置の成行きが検察官の処分決定において考慮されることになろうから、この提案は、更生緊急保護と結びつけた起訴猶予を上記の処分決定前措置モデルとして制度化しようとするものといえよう。現在の処分決定後措置モデルにおける起訴猶予の活用も存続するであろうから、検察官は、事案に応じて、両モデルを選択的に用いることとなろう。②は、起訴猶予に結びつけた再犯防止措置に法的根拠を与えようとするものである。③は、再犯防止措置の成行きを把握するためのものであり、成行きを検察官の処分決定に反映させることが前提となっている。同時に、更生緊急保護の適用がない場合でも、再犯防止措置として、保護観察官などによる生活環境の調整を可能とするものである。④は、検察官が措置・処分を決定するにあたり、専門機関に調査を行わせ、その結果を踏まえて判断を行うことを可能とするものであって、いわば「起訴前」調査の制度化である。『取りまとめ報告書』は明示していないが、すでに一部論者から提案されているように、起訴猶予の決定後に再犯防止措置の実効性を確保するために、成行きに応じて、事件再起が積極化される可能性もあろう。全体としてみれば、かつての横浜方式を復活させるかのような提案である。

　しかし、このように再犯防止措置と結びつけて起訴猶予を積極活用するこ

とは、刑事司法の原則との適合性、刑事手続の基本構造との整合性において、重大な問題をはらんでいる。

　処分決定後措置モデルについてみると、第1に、再犯防止措置の必要性・有効性に関する調査および措置の調整は、起訴・不起訴の決定前に行われるから、調査および起訴猶予後に提供される措置の受入れについて同意するよう、被疑者に対して、起訴の威嚇による心理強制が生じることになる。起訴され、有罪となると、実刑が見込まれるような被疑者にとって、起訴の威嚇による心理強制、逆に言えば、誘引としての起訴猶予の心理強制は、同意の任意性を疑問視させるに足りるものといえよう。また、起訴・不起訴の決定前に措置の受入れに同意しながら、決定後に措置を拒絶することは実際上容易ではなかろう。再犯防止措置の成行きによって事件再起を積極化することになれば、その威嚇のもとで、措置の拒絶はいっそう困難となろう。このようにして、調査および措置についての被疑者・猶予者の同意の任意性は希薄化することになる。このとき、再犯防止措置は、実質的にみれば、起訴猶予の条件となる。

　ある程度の心理強制が働いたとしても、起訴猶予の条件として一定の措置をとることは不合理ではないとの見解もある[11]。しかし、有罪・実刑へとつながる起訴の威嚇による心理強制は重大なものであるし、問題となるのは、裁判所の有罪認定に基づく、裁判所による処遇の決定ではなく、検察官の起訴猶予の決定に結びつけられた再犯防止措置の受入れであり、その必要性・有効性に関する調査なのであるから、被疑者の同意については、任意性が厳格に要求されるべきであろう。

　第2に、裁判所の有罪認定に先立ち、必然的に被疑者のプライバシーの深奥にまで及びうる調査を行い、再犯防止のための積極的処遇を行うことは、無罪推定の法理に抵触する。

　第3に、再犯防止措置に関する専門機関による調査・調整がなされることに加え、捜査機関による詳密な情状調査を含む被疑者取調べが行われることにより、起訴・不起訴決定前の手続が肥大化する可能性があり、また、再犯

---

[11] 太田達也「条件的起訴猶予に関する一考察」『椎橋隆幸先生古稀記念論文集』（信山社、2016年）274頁。

防止措置と結びつけた起訴猶予の積極活用により、起訴がますます厳選されることになると、公判中心主義がいっそう後退する結果となる。

第4に、再犯防止措置と結びつけた起訴猶予の決定は、検察官が、自らのなした実質的な有罪認定に基づき、再犯防止のための積極的処遇を決定することほかならず、そのような積極的処遇の決定を検察官に委ねることは、旧刑訴法下のように、裁判所と同格の立場にあって裁判所の職権行使を補助するという検察官の「準司法官」的性格を承認することを意味するものであって、現行刑訴法における捜査・訴追機関たる当事者としての検察官の基本的地位・役割と整合しない[12]。

これらの問題は、かつて横浜方式について指摘されたものと重なるが、いくらか程度は弱まるにせよ、処分決定後措置モデルにも同じく妥当する。

処分決定前措置モデルについては、再犯防止措置に関する調査・調整だけでなく、措置の提供が起訴・不起訴の決定前になされることから、起訴の威嚇による強い心理強制が働き、調査および措置の受入れへの同意の任意性が、いっそう希薄化することになろう。そうなると、再犯防止措置について、起訴猶予の条件たる性格がますます強くなる。このとき、無罪推定の法理との矛盾はいっそう強まることになる。捜査・取調べの肥大化と公判中心主義の後退、検察官の基本的地位・役割との不整合という問題は、処分決定前措置モデルにも妥当する。

4 宣告猶予の制度化

(1) 宣告猶予制度の2つの役割

刑法全面改正をめぐる審議過程において、かつて、法制審刑事法特別部会草案は、上記のように、有罪判決の宣告猶予制度を提案していたが、法制審議会は、この制度を採用しなかった[13]。

---

12 川﨑英明『現代検察官論』（日本評論社、1997年）195頁以下は、現行法のもとでの「準司法官」論を批判的に検討している。また、特別予防目的による起訴猶予の積極活用と関連して、三井誠「検察は刑事政策の『かなめ』か」罪と罰14巻4号（1976年）参照。

13 三井誠「判決の宣告猶予」法律時報47巻5号（1975年）参照。

154　第2部　非拘禁者措置の改革課題

　宣告猶予制度は、2つの異なる役割を担うものと理解されていた。第1に、検察官の起訴猶予裁量が適切に行使されることなく起訴された場合、あるいは起訴後に判明した事情があらかじめ分かっていれば、起訴猶予が相当といえるような場合のように、起訴された者のなかにも刑を宣告したうえで執行を猶予するまでもない者がいるから、これに対処するのに相応しい処分として宣告猶予が機能すべきものとされた。

　第1の役割について、主として検察官の側は、訴追裁量権限はきわめて慎重に運用されており、判断を誤ることはほとんど皆無であるし、起訴後に軽い情状が判明した場合には、検察官の公訴取消によって対処可能であると批判した。他方、弁護士会の側は、不当な起訴がなされた場合には、裁判所としては公訴権の濫用を認め、公訴棄却または免訴により手続を打ち切るべきだと批判した。

　第2に、再犯防止機能を果たす処分としての役割が期待された。すなわち、刑の執行猶予とは異なり、宣告猶予は資格制限をともなわず、また、保護観察を付すことにより、積極的処遇としても機能しうるが、宣告猶予であれば、起訴猶予とは異なり、裁判所の有罪認定を経たうえでの司法的処分であるから、再犯防止措置を講じるにあたり、対象者の同意を必要としない。この点において、積極的処遇としてより有効なものとなりうる。このように理解されたのである。

　この点についても、検察官の側は、起訴猶予および執行猶予が柔軟かつ積極的に活用されているから、その中間的処分を設ける必要はなく、また、横浜方式が広がりをみせていた当時において、起訴猶予が再犯防止のための積極的処遇として機能しうるとして批判した。他方、弁護士会の側は、再犯防止の機能を期待するにしては、適用範囲が狭すぎ、前科による制限も不当であること、積極的処遇として対象者の自由を制約する処分であれば、裁判所の有罪宣告を前提とすべきことなどを批判した。

　かくして、宣告猶予制度の提案は、採用されることなく終わった。

(2)　起訴猶予と宣告猶予

　『取りまとめ報告書』は、宣告猶予に対して、再犯防止機能を期待してい

る。この点についてみると、宣告猶予は、執行猶予に比べ、烙印効果の低さ、資格制限がともなわないことの両面において優っている。

　問題は、起訴猶予との関係である。たしかに、起訴猶予が、早期解放による烙印効果の限定という消極的機能を果たすのみならず、再犯防止措置と結びつくことによって、積極的処遇としても機能しうるというのであれば、宣告猶予を制度化する必要性は乏しいということになろう。法制審刑事法特別部会草案が有罪判決の宣告猶予を提案した時期は、検察庁が横浜方式を組織的に展開していた時期と重なる。検察庁としては、起訴猶予に積極的処遇としての再犯防止機能を担わせ、それをもって宣告猶予は不要であるとしたのである。

　現在までに、高齢者・障がい者に対する「入口支援」を始めとして、再犯防止措置と結びつけた起訴猶予の積極活用が広がっている。『取りまとめ報告書』も、上記のように、再犯防止のための積極的処遇としての起訴猶予の機能を格段に強化しようとする提案を行っていた。こちらの方が優先されることになれば、宣告猶予の制度化は、今回も困難になるかもしれない。少なくとも、その必要性は低下することになろう。

　しかし、再犯防止措置と結びつけた起訴猶予の積極活用は、先に検討したように、重大な問題をはらんでいる。これらの問題からすれば、再犯防止に向けた積極的処遇は、起訴後、裁判所が有罪認定を経て決定する司法的処分とすべきである。実際、刑法全面改正の審議過程においては、「現在起訴猶予処分を受けている者をも保護観察の対象とすることができるようにするための制度として、宣告猶予を採用しようとする考え方」が有力化していたのである[14]。そうすることによってこそ、対象者の自由を制約するような積極的処遇であっても、実体的・手続的正当性を認められ、また、無罪推定との抵触を回避することができる。また、捜査手続の肥大化、公判中心主義の後退という問題も免れることができる。

　本来、再犯防止のための積極的処遇の決定は、措置の必要性・有効性と、犯罪行為についての行為責任、さらには措置にともなう自由の制約との均衡点を決することにほかならない。このような拮抗する価値の衡量に基づく均衡点の発見こそ、司法の担うべき役割である[15]。

156　第2部　非拘禁者措置の改革課題

　もちろん公判手続に付されることは、それ自体、被告人にとって負担となる。しかし、それを回避するために、再犯防止措置に結びつけた起訴猶予を積極活用するというのではなく、起訴猶予の「微罪処分」化、捜査・取調べのスリム化、起訴前・起訴後の身体拘束の回避、起訴後の手続打切の活用などにより、起訴にともなう手続負担を軽減する方向を追求すべきであろう。起訴にともなう烙印効果も、公判段階での手続打切が広がり、刑の宣告に至らない事件が増加することによって、軽減されるであろう。それでもなお、被告人一人に注目するならば、起訴された方が、されないよりも負担が大きいことはたしかである。しかし、起訴にともなう手続的負担と烙印効果を軽減することにより、現在に比べ、起訴されること自体の不利益性が軽減されることになろう。また、起訴された場合、されなかった場合を合わせた被疑者・被告人の不利益の総和は、現在よりも相当軽減されるはずである。

(3)　宣告猶予の具体的あり方

　以上の検討を踏まえ、宣告猶予はどのように制度化されるべきか。

　本来、少年法適用年齢は引き下げられるべきではないが、いま、それを18歳未満に引き下げるとの仮定的前提に立った場合、現在は少年として家裁の調査・審判の対象となっている18・19歳の少年が、若年「成人」とし

14　法制審議会刑事法特別部会『第二小委員会議事要録〔2〕』117頁（1965年）。他方、刑法全面改正の審議過程においては、「早期処遇」という観点から、起訴猶予者に保護観察的措置を付すことを可能にする制度も提案され、その根拠として、横浜方式が実際にある程度の成果を収めていることとともに、「被疑者の同意を条件とすれば人権上の問題も起こらないこと」が指摘されたものの、横浜方式は「保護観察のような外観を呈していても」、「更生緊急保護法に基づくあくまでも任意な保護」にすぎず、「検察官が刑事上の処分を命ずることを制度として認めるのは適当ではない」とする反対意見があった（法制審議会刑事法特別部会『第二小委員会議事要録〔1〕』25頁〔1964年〕）。身体拘束をされていない在宅者を含めて「被疑者一般に対し、保護観察あるいはこれに近い指導監督をも行いうるような制度」の導入提案に対しては、「裁判所による有罪の認定を前提としないで、この種の自由拘束を伴う処分に付するのは適当でない」などとの理由から、「起訴猶予と保護観察またはこれに類する制度を結びつけることについては、消極的な意見が多かった」とされる（法制審議会刑事法特別部会『第三小委員会議事要録〔2〕』123頁〔1965年〕）。武内謙治九州大学教授より、これら資料の紹介を受けた。学説としては、平野龍一「執行猶予と宣告猶予」同『犯罪者処遇法の諸問題〔増補版〕』（有斐閣、1982年）参照（初出は警察研究32巻1〜2号〔1961年〕）。

15　平野龍一「検察官の先議権」ジュリスト353号（1966年）40頁参照。

て刑事手続の対象となる。そのとき、若年「成人」の刑事手続において、宣告猶予の具体的あり方としては、以下のようなものが考えられる[16]。

まず、前提とすべきは、若年「成人」の刑事手続である以上、刑事司法の原則、特に行為責任主義および刑事手続としての適正手続の保障を堅持することである。そのうえで、若年「成人」においては、精神的未成熟性のゆえに、犯罪行為についての刑事責任は成人一般に比べ相対的に軽減し、また、人格の可塑性が高いために、更生・社会復帰の可能性が高いという点を考慮すべきであり、それらを処分・手続のあり方に反映させなければならない。このとき、18・19歳の年長少年について、成長発達の支援による更生・社会復帰の促進を通じて、再犯防止においても成功を収めてきた少年審判の手続構造を、可能な限りにおいて反映させるべきであろう。

まず、起訴猶予については、「犯罪の軽重」（刑訴法248条）を基準として、微罪処分的な起訴猶予に限り認めることとする。再犯防止のための積極的処遇は、起訴猶予と結びつけるべきではなく、起訴後、裁判所の有罪認定を経て、また、人間行動科学的社会調査に基づき、裁判所の司法的処分として決定されるべきである。再犯防止効果は、微罪処分的起訴猶予の反射的効果として現れるべきこととなる。

若年「成人」事件については、家裁の管轄とすべきである。家裁においては、若年「成人」に適した施設環境があり、少年の特性と少年事件の取扱いを知悉した裁判官が配置され、社会調査について家裁調査官・少年鑑別所の利用がしやすい。現在は18・19歳の少年事件を家裁が管轄しているのであるから、若年「成人」事件を管轄することとなっても、家裁に過重な負担が

---

16 私は、2016年7月29日、第10回勉強会ヒアリングにおいて、①脳科学・発達心理学の近時の知見も示しているように、18・19歳の者については、精神的未成熟性のゆえに刑事責任が一般に低減すること、②人格の可塑性の高さのゆえに、更生・社会復帰の可能性が高いこと、③民法上の成年年齢のいかんによらず、少年法上、20歳未満を少年とすることについての社会的・文化的コンセンサスが大きく揺らいでいるとはいえないこと、④成長発達の支援を通じての更生・社会復帰の促進、その結果としての再非行・再犯防止において、少年司法制度は大きな成功を収めてきたこと、などの理由から、少年法適用年齢の引下げには反対であるとの意見を述べたうえで、かりに適用年齢を18歳未満に引き下げるとの前提に立った場合、若年「成人」についてどのような刑事手続および処分がとられるべきかについて暫定的構想を明らかにした。以下の叙述は、基本的にこれによるものである。

158 第 2 部 非拘禁者措置の改革課題

かかるわけではあるまい。また、勾留場所は少年鑑別所とし、起訴後の勾留期間についても、若年「成人」の情操への悪影響に配慮して、限定すべきであろう。

家裁の手続においては、罪責認定と量刑手続とを二分すべきである。罪責認定手続の結果、裁判所が有罪の心証を得た場合には、有罪判決を宣告し、そのうえで、家裁調査官に対し社会調査命令を発する。また、必要に応じて、少年鑑別所に対し鑑別を委託する。社会調査は、少年事件についての社会調査と同様、家裁調査官により、人間行動科学の専門知識に基づき行われ、犯罪原因および更生可能性・更生支援手段についての調査だけでなく、被告人の人格的・生活環境的問題が動機形成、行為選択、結果など犯情に対してどのような影響を与えたかについて、犯情の科学的評価に関する調査も行うべきであろう。社会調査の過程では、家裁調査官による生活環境の調整のためのケースワークが行われることになる。調査報告書は、その結果を踏まえて作成される。適正手続の保障という観点から、被告人・弁護人は、社会調査報告書・鑑別結果報告書の開示を受けたうえで、家裁調査官に対する質問の機会をも含め、その内容について十分検討し、意見を述べる機会を保障されなければならない[17]。

社会調査を経て、裁判所は処分を決定する。処分は、現在の量刑と同様、行為責任を基本としつつ、行為責任に基づく責任刑の枠内で更生・社会復帰可能性に関する考慮を働かせて決定する。犯情から行為責任に基づく刑の基本枠が決められることになるが、若年「成人」の場合、人格的完成度が低いことから、責任刑の枠は、より年長の成人に比べ広くなるであろう。それゆえ、更生・社会復帰可能性に関する考慮の働く余地が、相対的に大きくなることになろう。

刑の宣告猶予を制度化する。宣告猶予制度について、有罪判決の宣告猶予とするか、有罪宣告のうえでの刑の宣告猶予とするかは難問である。前者の方が、烙印効果は低いであろう。他方、適正手続および無罪推定の法理との適合性の観点からすれば、後者を採用すべきことになろう。有罪の宣告がな

---

17 葛野尋之『少年司法における参加と修復』（日本評論社、2009 年）319 頁以下参照。

いのに、対象者の自由を制約する処分を課すことは、実体的・手続的正当性において疑義を生じさせることになろう。現在、家裁の少年事件の取扱いにおいて、審判不開始の方が、不処分に比べ相当多いことからすると、烙印効果に配慮して、前者を採用すべきようにも思える。しかし、若年「成人」事件はあくまでも刑事事件であり、刑事事件を取り扱う手続としては、完全な適正手続が保障されるべきであって、無罪推定法理との抵触は厳に避けられなければならないから、有罪宣告のうえでの刑の執行猶予を採用すべきであろう[18]。裁判所が決定で刑の宣告を猶予したときは、保護観察を付すことができるものとする。猶予期間が無事経過すれば、免訴の裁判が確定したものとみなし、再犯または保護観察の遵守事項の重大な違反があった場合には、あらためて量刑を行うこととする。

　刑の執行猶予については、勉強会『取りまとめ報告書』の改革提案にもあるように、再度の執行猶予の言渡および保護観察の付加をより柔軟に行うことができるよう、刑法の規定を改正すべきである。また、少年法が少年の刑事事件について認めている不定期刑（52条）については、若年「成人」に対しても適用を認めるべきであろう。なお、自由刑の執行過程および社会内処遇において、若年「成人」の特性を踏まえた更生・社会復帰の支援が行われるべきである

　「若年」成人以外の被告人についても、刑の宣告猶予制度は、更生・社会復帰を促進するために有用である。特に、知的障がい者、高齢者など、福祉的支援を必要とする被告人については、刑事手続からの早期離脱の手段として、その必要性は高い。これらの被告人が刑事司法の深奥に取り込まれ、特に実刑を受けることになると、それにともない一般社会における福祉的・医療的支援からますます遠のくことになるところ、このような負の影響を回避しつつ、必要な支援へとつなげるためには、刑事手続からの早期離脱が求められるからである。先に示した具体的あり方のうち、罪責認定手続と量刑手続の二分、有罪判決後の社会調査、それを踏まえた刑の宣告猶予については、刑事手続一般において採用されるべきである。必要に応じて、福祉的支援に

---

18 この点について、第10回勉強会ヒアリングにおける私の報告内容を修正する。

通暁したソーシャルワーカーが、社会調査に関与することができるものとすべきであろう。刑の宣告猶予の制度化にともない、起訴猶予は微罪処分的に運用されるべきこととなる。また、刑の執行猶予に関する刑法の規定の改正も、「若年」成人に限らず、被告人一般についての改正として、なされるべきである。

5 結語

　以上検討したように、起訴猶予に関する勉強会『取りまとめ報告書』の改革提案は、再犯防止措置と結びつけた積極的処遇としての起訴猶予を制度化し、さらにその活用を積極化しようとするものであって、刑事司法の原則との適合性、刑事手続の基本構造との整合性において、重大な問題をはらんでいる。

　更生・社会復帰支援のための積極的処遇は、裁判所が有罪宣告を経て、特別予防上の必要性・有効性、犯罪行為についての行為責任、そして自由の制約の均衡点として決定した司法的処分として決定するものとすべきである。刑の宣告猶予の制度化である。このとき、罪責認定と量刑との手続二分、専門家の科学的方法による社会調査制度も必要とされよう。

第3部

国際的動向

ドイツにおける処遇の位置づけの動向

大谷彬矩

1 はじめに

　自由刑の単一化をめぐる最近の動向は、懲役刑・禁錮刑を一本化した上で、受刑者の年齢や性質に応じて異なる処遇ができるように、矯正処遇を受けることを義務づける方向に傾いている。処遇の義務づけに関しては、現行法である「刑事収容施設及び被収容者等の処遇に関する法律」（以下、刑事施設処遇法）が肯定しているとしても、そのこと自体、改めて検討する必要があろう。一般社会における人々はほとんどの事柄を自分自身で決め、その決定に対して責任を持つ。強制的処遇は、受刑者に他律的な生活を強いることになり、その結果、受刑者は、出所後の社会復帰の際に多大な困難に直面することが考えられる。

　そのような問題を有する今般の自由刑単一化構想の具体化としては、刑法に自由刑を定め、処遇法に作業義務を定める方法が考えられる。比較法の観点からモデルとして捉えられる可能性があるのは、同様の構造を有するドイツである[1]。しかし、連邦制を採用しているドイツでは、2006年の連邦制度改革により、行刑に関する立法権限が連邦から州に委譲されたため、1976年に制定された連邦行刑法[2]をフォローするだけでは法律上の基本的事実す

1　川出敏裕「監獄法改正の意義と今後の課題」ジュリスト1298号（2005年）28頁では、刑事施設処遇法における矯正処遇の義務づけを行刑法独自の目的に基づくものであることを主張する文脈において、刑法ではなく行刑法で作業を義務づけている国の1つとしてドイツを挙げている。

164 第3部 国際的動向

ら認識できない状況にある。各州による立法は単なる連邦行刑法の模倣では
なく、多様であるものの、かかる紹介はわが国ではなお不十分であると言え
る。そこで本稿は、最近の州における立法動向や行刑に関する議論を素材と
しながら、処遇の位置づけについて検討を行うこととする。

2　ドイツ行刑の概観

(1)　ドイツ行刑の現状

　ドイツ行刑における処遇について検討する前に、その現状について述べる。
　2016年時点で、ドイツ全体における司法執行施設の総数は、183（開放施
設14を含む）ある[3]。受刑者総数は46,308人（少年受刑者4,010人を除く）で
あり、そのうち女性は2,980人（全体の6.4％）である[4]。ドイツ社会の高齢化
率は21％を超えており、超高齢社会に突入しているものの、受刑者のうち
65歳以上の高齢者は1,011人（2.2％）にすぎない。一方で、外国人被収容者
（未決拘禁者を含む）は、2005年が22,095人（28.0％）[5]、2015年が19,921人
（31.3％）[6]と高率で推移している。このことから、ドイツの行刑は、日本とは
異なる受刑者層を構成していることがわかる。また、逃走に対する予防的措
置を全く行わないか、軽減した施設に収容する開放行刑（Offener Vollzug）
の2016年の人員は、7,851人（17％）であり、開放行刑において拘禁される
受刑者が多いということも特徴である。

(2)　ドイツ行刑の沿革

　次に、ドイツ行刑の沿革を概観することにする。

---

2 本稿で「連邦行刑法」と記す場合、「自由刑並びに自由剥奪を伴う改善及び保安処分の執行に関
　する法律（Gesetz über den Vollzug der Freiheitsstrafe und der freiheitsentziehenden Maßre-
　geln der Besserung und Sicherung）」を指すものとする。

3 Statistisches Bundesamt, Bestand der Gefangenen und Verwahrten in den deutschen Justizvoll-
　zugsanstalten, 2016.

4 Statistisches Bundesamt, Fachserie 10, Reihe 4.1, 2016.

5 Council of Europe Annual Penal Statistics, SPACE I, 2005 [PC-CP (2007) 2], p. 27.

6 Council of Europe Annual Penal Statistics, SPACE I, 2015 [PC-CP (2016) 6], p. 69.

現在のドイツでは、単一の自由刑が採用されているが、従来はそうではなかった。1871年帝国刑法典は、自由刑として、重懲役刑（Zuchthasustrafe）、軽懲役刑（Gefängnisstrafe）、城塞禁錮（Festungshaft）、拘留（Haft）の4種を定めていた[7]。これらは、刑期の上限および下限に違いがあった他、重懲役刑は定役（eingeführte Arbeit）を課すことになっていた一方、軽懲役刑は受刑者の適性と能力に応じて作業を課すことができるという違いがあった。城塞禁錮および拘留には作業義務がなかった。これらの区別は、受刑者の名誉剥奪の程度に応じて設けられたものであった。たとえば、重懲役と城塞禁錮のどちらかを選択する必要がある場合、処罰されるべき行為が破廉恥な心情（ehrlose Gesinnung）に由来する場合にのみ重懲役の判決を下すことが定められていた（20条）。また、重懲役刑は市民としての公民権の喪失を言い渡すことができた一方、軽懲役刑は、言い渡された刑の期間が3月に達するときなどにのみ言い渡すことができ、喪失の期間にも差があった（32条）。市民としての公民権の剥奪とは、選挙権の喪失、公的な職（弁護士、公証人、陪審員など）、高位、称号、栄誉章の喪失を意味した（33条）。

戦後、戦争で中断していた刑法改正作業の必要性が認識され、西ドイツでは1953年から刑法全面改正作業が開始されることとなった。自由刑のうち城塞禁錮は、1953年の第3次刑法一部改正法律により拘禁（Einschließung）の名称に変更されたものの、自由刑の伝統的種別は維持されたままであった。刑法改正による刑罰法規の再編だけではなく、行刑を規律する統一的法典の必要性も認識されており、1962年ドイツ刑法草案理由書では、実体法としての刑法と執行法としての行刑法の連関を特に強調していた。理由書には以下のように書かれている。「執行の分野においても、法の統一を法律的に根拠づけ、そして今日の要請を考慮するところの刑罰及び改善・保安処分の執行に関する連邦法によって、初めて刑法改正事業は完了したと言うことができる」[8]。

1963年からの連邦議会での審議において、当時野党だった社会民主党

---

[7] 拘留を除く3種の自由刑の処遇内容について、齋藤行博「行刑の近代化を考える（前）」刑政115巻5号（2004年）51頁以下を参照。

[8] BT-Drs. IV/650, S. 103.

166　第3部　国際的動向

（SPD）は、犯罪者の社会復帰を刑罰の最も重要な目的とすべきとして自由刑の単一化を主張し、自由刑の伝統的種別を存置していた 62 年草案を批判したが、与党のキリスト教民主・社会同盟（CDU/CSU）はその修正提案を受け入れなかった。しかし、第 5 立法期間に入ると、CDU/CSU と SPD の大連立政権が成立したこともあり、CDU/CSU は立場を軟化させた。刑法改正問題を審議するために連邦議会内に設置された刑法改正特別委員会では、社会民主党その他の諸提案が柔軟に受け入れられた。そして、重懲役はその烙印効果によって犯罪者の社会復帰を困難なものとすること、名誉拘禁としての拘禁を存置することは他の自由刑に名誉を傷つける性格を付与する結果を招くなどの理由から、1969 年の第一次刑法改正法（1970 年 4 月 1 日施行）では、伝統的種別を廃止して、自由刑の単一化がなされた[9]。なお、現行の刑法典では、成人に対して、下限が 1 月、上限が 15 年の有期自由刑（38条）と、具体的な犯罪類型において定める場合にのみ許される終身自由刑（Lebenslange Freiheitsstrafe）が規定されている[10]。

　1969 年の刑法改正によって行刑法の法律上の規制がなくなり、連邦行刑法は 1976 年に制定され、翌年 1 月 1 日から施行されることとなった。この連邦行刑法は、再社会化を理念としており、その具体化として、行刑における生活は社会一般の生活状態にできる限り同化されなければならないという「同化原則」、自由剥奪の侵害的効果は排除されなければならないという「侵害排除原則」、行刑は受刑者が自由社会における生活に順応することを援助する方向で行われなければならないという「社会復帰原則」の 3 つから成る形成原則を置いていた。さらに、被収容者は指定された作業などに対し作業報酬請求権を持つこと、受刑者をも各種保険制度の保障のもとに置くことなどにも、その特徴を見出すことができる。その先進性ゆえに、立法過程も含むドイツ行刑の状況は、70 年代から 80 年代にかけて監獄法改正が俎上に上ったわが国でも盛んに紹介された。

　しかし、立法によって提示された内容が必ずしも現実の実務と足並みを揃

---

9 立法過程の詳細については、内藤謙『西ドイツ新刑法の成立』（成文堂、1977 年）89 頁以下を参照。
10 たとえば、謀殺罪（刑法 211 条）、故殺罪（同 212 条 2 項）、強姦致死罪（同 178 条）などがこれに当たる。

えていたわけではなかった。そもそも行刑法の内容を実現するには相当の費用がかかるため、行刑法自体が198条3項によって受刑者の社会福祉に関する一連の規定は特別の連邦法が制定されるまで、その発効を延期することを規定していた。また、作業報酬の引き上げは、行刑法200条2項（制定当時の条文）によって1980年12月31日までに判断される旨を定め、留保が付されていた。そして、それらの多くは不十分なままか、期限を超過しても手つかずのままであった。その背景として、当時の西ドイツが経済面で大きな危機に瀕していたことが考えられる。西ドイツは、1970年代から80年代初頭にかけて、マルクの変動相場制への移行と、2度の石油ショックを経験した結果、経済停滞や失業率上昇などの諸問題に直面していた[11]。このような社会状況により、行刑の諸規定が早期に実現されるべきものであると認識されながらも、その実現には大きな困難を抱えていたのである。

　その後、連邦行刑法自体は細かな改正を行ったものの[12]、掲げた理念と実務との間の懸隔を埋めることは容易ではなかった。行刑の分野において、より大きな変化が現れる契機となったのは、2006年の連邦制度改革であった。2003年11月に連邦議会と連邦参議院が「連邦制度秩序の現代化に関する調査会」を共同で設置したことに端を発する一連の改革の背景には、現行連邦制の下で連邦と州の権限が複雑に絡み合い、主として立法と財政の領域を中心に、責任の明確性や意思決定の効率性が阻害されているとの認識が広まっていた状況がある。連邦議会は2006年6月30日に「基本法の改正に関する法律（連邦制度改革法）」に同意し、その後、連邦参議院も同年7月7日に賛同、9月1日に発効する運びとなった。これにより連邦と州との競合的立法に関する規定（基本法74条）が改正され、行刑についての立法権限は連邦か

11　たとえば、1980年の西ドイツにおける失業者は88万人で、失業率は3.8％であったのに対し、1985年には失業者が230万人、失業率が9.3％にまで膨れ上がっている。Vgl. Bundesanstalt für Arbeit, Arbeitsmarkt 1991, S. 681.

12　その主要なものを挙げると、1984年の社会治療施設に関する規定と刑法典65条（外国での違法行為）削除後の部局に関する規定の追加（行刑法9条、123-126条）、1985年の保健上の強制的処置に関する新条項の追加（101条）、1987年の信書発受の監督に関する規定の追加（29条）、1988年の保健に関する規定の改正（57-59条、61-62条a、76条および78条）、1998年の情報保護規定の導入（179条以下）、連邦憲法裁判所判決を受けて、2000年の作業報酬に関する規定の改正（43条、200条）がある。

168 第3部 国際的動向

ら州に委譲された[13]。その結果、連邦諸州は現在までに少年行刑法、未決勾留執行法、行刑法、保安監置執行法を次々に立法することとなった。

　行刑についての立法権限を州に移すことについては、批判の声が強い。刑法典も刑事訴訟法も、連邦において統一的に適用される一方で、その刑罰の執行目的や方法が州ごとに異なることは、これまで発展してきた統一的行刑法としての法文化の喪失を意味する[14]。また、各州の間では、すでに運用面で格差が開き、「みすぼらしさの競争」を演じてしまっているのであり、この上、立法権限を州に譲れば、再社会化行刑は確実に退潮してしまうという批判もあった[15]。

　上述のような立法の洪水の中、行刑に関する規定は、2007年から2016年にかけて様々な形態の法律として順次、定められ、シュレスヴィヒ・ホルシュタイン州の行刑法が2016年7月に制定されたことによって、すべての州に整備されることになった。

3　処遇の位置づけ

(1)　作業その他の処遇

　次に、ドイツにおける受刑者に対する作業義務や処遇に関連する部分について見ていくこととする。

　連邦行刑法41条1項は、受刑者の作業または作業療法的労作 (arbeitstherapeutische Beschäftigung) の義務について定めており、受刑者の意思に反しても再社会化概念の要素として、処遇手段としてそれらを用いる法的根拠となっていた。これは、国民一般に対する勤労の義務とは明らかに異なり[16]、基本法12条3項により許容された強制労働 (Zwangsarbeit) である。基本法に基づいていることは、受刑者労働に対して刑務所が全責任を負

---

13 連邦制度改革の行刑に対する影響について、武内謙治「ドイツにおける行刑改革」『前野育三先生古稀祝賀論文集 刑事法学の体系』(法律文化社、2008年) 76頁以下を参照。

14 *Heinz Müller-Dietz*, Strafvollzugsrecht als Ländersache?, ZfStrVo 2005, S. 40.

15 *Dünkel / Schüler-Springorum*, Strafvollzug als Ländersache? Der „Wettbewerb der Schäbigkeit" ist schon Gange!, ZfStrVo 2006, S. 145-149.

16 国民一般の勤労の義務は基本法12条2項で明記されている。

っている限り、私企業により運営される工場で働く受刑者にも義務を課す根拠となっている[17]。指定された作業を拒否することは義務違反となり、連邦行刑法102条以下により懲戒処分の対象になる。この場合、叱責（103条1項1号）と、3月までの自己で使用できる金銭の使用および物品購入の制限または禁止（同2号）が科され得ることになっていた。また、個々の受刑者は、自分に適し、かつ、その能力および社会化の必要性に応じた作業場所を獲得し得るという意味で、特定の作業または労作に就くことを要求する権利を有さなかった。もっとも、この作業義務は、社会との同化原則に基づき、受刑者の性質によって柔軟に対応されていた。受刑者が65歳以上である場合や、社会保障法典第4編に定められた就業不能の受刑者、妊娠中または授乳中の母親の場合は作業義務がない（41条1項第三文）。一方、職業訓練、職業補習教育またはその他の教育的、補習教育的措置への参加は義務ではなく、受刑者の同意を必要とした（41条2項）。作業に従事する能力を有しない受刑者は、作業療法的労作を行うことを訓示規定（Soll-Vorschrift）で定めている（37条5項）。その他、年に3月まで、施設における補助活動を義務づけることができ、その者の同意があれば、その期間を超えることもできる。

　作業以外の処遇については、連邦行刑法4条において、「受刑者は、その処遇の形成及び行刑目的の達成に参加協力する。」と定められたものの、参加する義務はないと考えられていた[18]。そのため、再社会化のために有益と考えられる処遇を拒否したことを理由として、懲戒処分を科すことは許されない。一方で、行刑目的の達成に協力することを、他の行刑における諸決定の場合に考慮することは許容されている。たとえば、連邦行刑法の執行の緩和（11条）について、第11条関係行政規則では、その許可の判断に当たって、「受刑者が行刑中の行動を通して、行刑目的の達成のために参加協力する心構えを示したかについて」考慮することを定めていた。

　立法者は、成果の豊かな再社会化が受刑者の自由意思に基づく協力を前提とするという認識から、行刑法4条についての協議において、結局、協力義務を課すことを断念したにもかかわらず[19]、作業については、なぜ、そのよ

---

17 BVerfGE 98, 169; *Callies ／ Müller-Dietz*, Strafvollzugsgesetz, Bd. 19, 11. Aufl., 2008, § 41 Rn. 7.
18 *Rolf-Peter Calliess*, Strafvollzugsrecht, 3. Aufl., München 1992, S. 59.

うな認識を一貫して保持しなかったのか立法資料からは明らかでない[20]。それに対して、1998年7月1日のドイツ連邦憲法裁判所の判決では、「立法者は、(…) 行刑における作業を、(…) 中核的な再社会化手段に格上げしようとした」[21] と推測されている。そして、基本法12条3項で許容された強制労働が、再社会化原則に対応しているときは、憲法上、問題ないと判断した。さらに再社会化原則に対応している条件として、「行われた作業が適切な評価を受ける場合のみ、効果的な社会復帰の手段となる」[22] とした。この評価は必ずしも金銭的なものである必要はないものの、「憲法上要請された再社会化に役立ちうるのは、受刑者が少なくとも受け取る報酬額によって、収益労働が生活の基礎を築くのに意味のあることだと自覚することができる場合のみである」[23] とされた。このように、連邦憲法裁判所は、作業義務と再社会化との間の機能的つながりを強調していた。

(2) 作業義務に対する批判

これに対して、フェルン大学の刑事法学者 Bemmann は、作業義務は、行刑における諸原則から拒絶されなければならず、基本法による後ろ盾があったとしても支持できないことを以下のように主張する[24]。

作業は非常に単調な生活の気分転換になるため、事実上、多くの受刑者が作業する機会があることを肯定的に受け止めている。しかし、そのことで法律上、受刑者が望むか否かに関わらず、働かなければならないことが正当化されるわけではない。今日では、自由刑の害悪は自由の剥奪と、それと不可

---

19 Vgl. BT-Drs. 7/3998, S. 6.

20 政府草案理由書は、作業義務について、国際労働機関 (ILO) において採択された1930年6月28日の強制労働条約 (第29号) に照らしても、禁止される強制労働には当たらないことを言うのみである。BT-Drs. 7/918, S. 64.

21 BVerfGE 98, 169. この判決内容の詳細について、押久保倫夫「ドイツ憲法判例研究 (88) 拘禁者の労働報酬」自治研究76巻7号 (2000年) 137-146頁、武内謙治「ドイツ行刑法第五次改正法について——再社会化原則のゆくえ」矯正講座24号 (2003年) 147-168頁。

22 BVerfGE 98, 169 (201).

23 BVerfGE 98, 169 (202).

24 *Günter Bemmann*, Zur Frage der Arbeitspflicht des Strafgefangenen, in: Samon / Dencker / Frisch / Frister / Reiß (Hrsg.), Festschrift für Gerald Grünwald zum 70. Geburtstag. Baden-Baden 1999, S. 69-73.

避的に結びつく不利益以上のものでないことは一般に知られている。受刑者作業は、言うまでもなく自由剥奪に結び付けられていることではなく、付加的な刑罰害悪であり、現代の行刑においてその地位を失っている。それに対して、受刑者作業は刑罰害悪ではなく、「特に重要な再社会化の要素」[25]であるという反論がある。たしかに、行刑法37条により、作業の指定は「処遇措置」であり、「特に、出所後の生業に従事する能力を与え、維持し、又は促進する目的に資する」ものであることを定めている。しかし、事実として認められ、強調されるのは、再社会化は決して強制的な処遇ではないということである。なぜなら、受刑者は、その意思に反して再社会化されることはないからである。また、再社会化目的のために強制的な手段を用いることは、法治国家としても望ましい方法ではない。

　したがって、再社会化は、受刑者を処遇の対象とするのではなく、処遇に協力する主体としての役割を与えるときにのみ可能であり、許容される。処遇措置は、単に受刑者に対する提案であり、受刑者が必要と認識でき、認識するべきチャンスであって、認識しなければならないチャンスではない。そうであるならば、強制労働は再社会化手段として有用でもなく、許容されてもいない。他方、合意に基づく作業への接近は、明らかに再社会化を助長するものであるだろうし、法的に、かつ絶対的に非難の余地のない措置である。

　連邦憲法裁判所判決は、義務的作業が基本法12条3項によって許容されていることを無批判に論じているが、基本法の立法者がその当時（1948年）受容されていた応報的行刑（Vergeltungsvollzug）を念頭に置いていたことを看過している。応報的行刑においては、まさしく目的にかなうものとして、刑罰害悪としての強制労働が顕現していた。

　しかし、今日では応報的行刑は克服され、再社会化の理念によって導かれる行刑が我々の法秩序において明確に確立されている。1973年6月5日の連邦憲法裁判所判決（レーバッハ判決）は、連邦行刑法の公布前に、基本法が受刑者の再社会化を志向することを判示した。この要請は、「価値秩序の中心に人間の尊厳があり、社会国家原則を義務づけられている共同体の自己

---

25 *Günter Blau*, Arbeit im Gefängnis, in: Rollmann (Hrsg.), Strafvollzug in Deutschland, 1967, S. 75.

理解に対応している」[26]。受刑者は、それによって、固有の尊厳に基づいて、「再社会化の権利」[27] を有し、国家は社会国家原則に基づいて、受刑者にその再社会化のために必要な措置を提供し、希望に応じて与えるという任務を有する。

　したがって、基本法上の再社会化の指示が、高位の憲法規範並びに人間の尊厳の保障および社会国家原則から生じるならば、再社会化の指示とは相容れない基本法 12 条 3 項が違憲であり、ゆえに無効であることが問題とならなければならないと Bemmann は主張する。

　その他、教育上の意義に乏しい強制的な作業への従事と、社会的および治療的援助とが衝突することや、職業教育や補習教育、学校教育には義務づけがない一方で、作業義務が存在することも批判される[28]。

(3)　各州での作業義務

　次に、連邦制度改革以降の、各州における作業の義務づけについて、詳しく見ていくことにする。古典的な作業の義務づけに対して、最初に異議を唱えたのは、州が新たな行刑法を立法する際の指針とするために作成されたモデル草案であった。この草案は、10 の州（ベルリン、ブランデンブルク、ブレーメン、メクレンブルク・フォアポメルン、ラインラント・プファルツ、ザールラント、ザクセン、ザクセン・アンハルト、シュレスヴィヒ・ホルシュタイン、テューリンゲン）が、1 年半の協議の末、2011 年 8 月に公表したものである[29]。モデル草案は、「受刑者には、申請に基づいて、又はその同意によって作業が割り当てられる」（22 条）と定めた。その理由として、作業は、同化原則を尊重し、刑罰害悪としての特性を取り除くために、自由意思であるべきことを言う。一方で、「作業の指定は、扶養義務を果たし、罪を償い、行為結果を清算し、購入をするための資金を得ることを可能にする」ことや、作業

---

[26] BVerfGE 35, 202 (235).

[27] BVerfGE 45, 187 (239).

[28] *Laubenthal / Nestler / Neubacher / Verrel*, Strafvollzugsgesetz, 12. Aufl., München 2015, S. 459.

[29] Musterentwurf zum Landesstrafvollzugsgesetz v. 23. 08. 2011.　モデル草案の主な特徴に関して、次の文献を参照。Vgl. NJW-Spezial 2011, S. 634; *Heinz Cornel*, Aktuelle Debatten zur Strafvollzugsgesetzgebung in Deutschland, in: Gedächtnisschrift für Michael Walter, 2014, S. 491 ff.

によって受刑者は建設的で充実した日々を送り、作業を有意義なものとして経験するため、「職業訓練及び作業療法的措置とは対照的に、特別な処遇上の設定目的に役立たないときも、これによって、なお再社会化に対する積極的な効果が得られる」ことを付言している。また、作業自体が執行外の収益作業に接近する機能を有するため、「同化原則及び侵害排除原則の発露」であるともされていた[30]。

　しかし、モデル草案に賛同した州の責任者が予想したよりも、この改革は政治的争いの火種を含んでいた。この「甘やかし行刑（Kuschelvollzug）」に対する世間の消極的な反応が始まった途端、メクレンブルク・フォアポメルン州は、刑務所内での労働を受刑者の自由意思に任せるという計画を撤回した[31]。日刊紙 Schweriner Volkszeitung（2012 年 11 月 27 日付）は、「メクレンブルク・フォアポメルン州が受刑者の作業義務を廃止」の見出しで報じたが[32]、ドイツキリスト教民主同盟（CDU）の司法大臣は、メディアによる「誤った絵の投影」であるとして、即座にこれを否定した。新しい州の行刑法では個別化された作業義務を規定する予定であり、メクレンブルク・フォアポメルンは作業義務を放棄しない州に属すると明言したのである[33]。

　結局、多くの州の行刑法では、作業または作業療法的労作の義務が維持された[34]。経済的に収益の多い作業に従事する能力を有しない受刑者は、作業療法的労作を行うことを訓示規定で定めている[35]。

---

30 Musterentwurf zum Landesstrafvollzugsgesetz, Begründung zu § 22, S. 93.

31 *Gabriele Kett-Straub*, Die Gefangenenarbeit im Strafvollzug – Konzeption, Ausgestaltung und Ziele oder die gruße Kluft zwischen Anspruch und Wirklichkeit, ZSTW 2014, S. 887.

32 „MV schafft Arbeitspflicht für Strafgefangene ab", Schweriner Volkszeitung vom 27. 11. 2012. (https://www.svz.de/regionales/mecklenburg-vorpommern/mv-schafft-arbeitspflicht-fuer-strafgefangene-ab-id4149601.html)（最終閲覧日 2017 年 5 月 11 日）。

33 Pressemitteilung vom 27. 11. 2012.（http://www.regierung-mv.de/Landesregierung/jm/Aktuell/?id=40985&processor=processor.sa.pressemitteilung）（最終閲覧日 2017 年 5 月 11 日）。

34 バーデン・ヴュルテンベルク司法執行法典第 3 巻（2009 年）47 条 1 項、バイエルン行刑法（2007 年）43 条、ベルリン行刑法（2016 年）24 条 1 項、ブレーメン行刑法（2014 年）22 条、ハンブルク行刑法（2007 年）38 条 1 項、ヘッセン行刑法（2010 年）27 条 2 項、メクレンブルク・フォアポメルン行刑法（2013 年）22 条、ニーダーザクセン司法執行法（2007 年）38 条 1 項、ノルトライン・ヴェストファーレン行刑法（2015 年）29 条 1 項、ザクセン・アンハルト司法執行法典（2015 年）29 条 2 項、シュレスヴィヒ・ホルシュタイン行刑法（2016 年）35 条 1 項、テューリンゲン司法執行法典（2014 年）29 条 1 項。括弧内の西暦は制定された年を示す。

174　第 3 部　国際的動向

　残りの、ブランデンブルク、ラインラント・プファルツ、ザクセンは、作業の義務づけを排除した。

　ブランデンブルク司法執行法（2013 年）は、「行刑計画及び編入計画に従って、優先的な措置が損なわれない限りで、受刑者に作業が提供され、受刑者の申し出又は同意に基づいて割り当てられる」（30 条 1 項）と定める。その理由として、同化原則を考慮して自由意思を尊重すること、再社会化をより尊重する個別の作業措置の適切な収入が中心的な問題を占めていることが挙げられた[36]。

　ラインラント・プファルツ司法執行法（2013 年）も同様の規定を置いている（29 条 1 項）。政府草案の理由書は次のように説明する。「作業は、同化原則を考慮して自由意思である。（…）この法律の基礎にある基本思想は、受刑者及び少年受刑者が拘禁期間中、犯罪行為の原因となる問題を排除し、将来の犯罪性を抑える能力を強化することである。それゆえ、行刑の綿密な計画において、その措置が受刑者及び少年受刑者に将来、社会的責任において犯罪と関わりのない生活を送る能力を与えるのにもっともふさわしいと確定されなければならない。したがって、『作業』はここでは中心ではなく、多くの再社会化の要素の一つに過ぎないことを意味する。個別の場合に、労働の分野に問題があり、作業療法または職業訓練の形式での作業的措置の適切な使用は、受刑者の再社会化を考慮して行われ得る」[37]。このことは、受刑者の労働を執行の積極的な構成要素とみなし、刑罰のために使用しないように勧告する欧州刑事施設規則（26.1）や、作業への従事率が低く、実務において作業義務が機能していないことも考慮された[38]。

　また、6 条では、「自由刑及び少年刑の執行への協力」についても定められている。再社会化のために施設生活に適合することは、強制的な手段で達成され得るものの、そのような適合は自由な社会における困難を克服するに

35　バーデン・ヴュルテンベルク司法執行法典第 3 巻 42 条 3 項、バイエルン行刑法 39 条 3 項、ハンブルク行刑法 34 条 5 項、ニーダーザクセン司法執行法 35 条 3 項、ノルトライン・ヴェストファーレン行刑法 29 条 2 項。

36　Landtag Brandenburg Drs. 5/6437, S. 39 f.

37　Landtag Rheinland-Pfalz, Drs. 16/1910, S. 127.

38　Ebenda, S. 127 f.

は十分でないため、受刑者および少年受刑者の主体的な協力が必要であることを強調している。しかし、施設によって準備された措置に参加しない場合には、執行の緩和と刑法典57条および57条aに基づく残刑の執行猶予（仮釈放）について、施設がその許否を判断する際に消極的に作用する可能性があるとされるため[39]、あらゆる主体的決定が認容されるわけではないことに留意が必要である。

　ザクセン行刑法（2013年）も、作業について定め、義務については触れていない（22条）。政府草案の理由書は、現代の、処遇に方向づけられた関心においては、一般的な作業義務は時流にかなっているとは見なされないとし、作業義務を廃止することを宣言している。今では、受刑者の再社会化を強く考慮する、作業療法的措置と職業訓練が中心を占めており、欧州刑事施設規則とも整合していると評価されている[40]。

4　ドイツ行刑における最近の変化についての考察

　これまで中核的な処遇手段であった作業に、位置づけの変化が起こった原因として、次のことが考えられる。

　第1に、資源に余裕がないことや、人的・物的限界のために、作業の従事率が下がり、作業を中心とした行刑のコンセプトと実態がそぐわなくなってきたということである。実際、各州では、概ね受刑者の50 − 60％しか活動に関与できていない[41]。

　第2に、他の再社会化手段との関係において、作業の優越性はもはや失われているということである。作業は、「中核的な再社会化手段」から「多くの再社会化の要素の一つ」へと変化した。このことは、時代の変遷に伴い、労働それ自体が有する意義が減少し、それを通じた教化に支持が得られなく

39　Ebenda, S. 115.

40　Sächsischer Landtag, Drs. 5/10920, S. 2.

41　*Karl Eberhard Löhmer*, Zahlen, Daten und Fakten zum Arbeitsbetriebswesen und zur beruflichen Qualifizierung im Justizvollzug des Landes Nordrhein-Westfalen, Forum Strafvollzug 2012, S. 204. その他、各州の司法省HPに示されたデータを参照。

176　第3部　国際的動向

なったということが考えられる。特に再社会化目的を掲げるドイツ行刑においては、作業を強制的に課すことは、法構造上、矛盾を内包することを意味している。

　第3に、行刑形成の基本原則の1つである同化原則が、より先鋭的な形で表出しているということである。1976年の連邦行刑法において同化原則は明確な形式を得ていたものの、処遇に関しては、たとえば、施設内における作業条件（賃金、作業時間）が、社会一般のそれに比して不可避的に生じる違い以上に大きくならないことを求めることに留まるなど、作業が義務であること自体は容認していた[42]。若干の州のように、同化原則を媒介として受刑者の自由意思を尊重しようとする姿勢は、原則の実質化をもたらす動きとして、注目に値する。

5　おわりに

　各州による立法は、義務づけの存否や、その他諸々の点で違いがあり、統一性の観点からは甚だ問題がある状況となっている。このことは、連邦制度改革時の批判が正しかったことを裏付けているように思われる。一方で、それらが「みすぼらしさの競争」となっているか否か評価するには時期尚早であろう。

　定まった評価を行うことが現時点では難しいという問題に加え、ドイツ行刑をわが国の近時の「拘禁刑」のモデルとして取り上げるには、受刑者の主体性を重視する再社会化目的と、それを具体化する同化原則が浸透しているという点で、前提を異にしていることに注意が必要である。それでも、ドイツにおける処遇の位置づけの最近の動向から何らかの示唆を得るとすれば、行刑において、たとえ作業義務を廃止したとしても、処遇に参加しないことによってあらゆる不利益から解放されるわけではなく、それゆえに強制的働きかけに準じた影響をいかに評価するかが問われるということである。

　では、受刑者が主体的に社会復帰処遇に参加していると評価できるには何

---

[42] BT-Drs. 7/918, S. 63, 66.

が条件となるであろうか。刑事司法手続における薬物治療プログラムの文脈では、同意を前提とすれば問題がないと言えるのかについて、疑義が呈されている[43]。仮に対象者が同意をしていたとしても、「刑務所」か「地域社会を基盤とする施設収容に代わるもの」かの二択を迫られているならば、実質的には間接的強制が働いていることになる。外見上は選択肢を与えられていたとしても、不利益な選択肢を選ぶことは困難だからである。同意に関して、このような問題があることは否定できない。受刑者の全生活を規律する刑務所においても、様々な選択がみせかけの同意になっていないか慎重に吟味する必要がある。

　作業その他の処遇への参加が、懲罰によって間接的に強制されているならば、無論、任意性を有しているとは言い難い。問題は、懲罰ではないものの、仮釈放や、より進んだ処遇への参加の許否を判断する際に消極的に作用する場合である。日頃の処遇への参加によって示される社会復帰意欲を判断の基礎的要素とすることは、間接的強制とも言うべき影響を生じさせることも考えられる。一方で、受刑者の社会復帰のために行刑の果たし得る役割があることを考慮すると、社会復帰に方向づけられた意図に基づく作為や工夫を一律に排除することにも疑問を覚える。

　この点について、懲罰による義務づけが正当化されているわが国の現状は、監獄法改正時に設置された行刑改革会議において、「社会復帰を目的に据えるときに看過することができない刑罰執行段階での社会復帰理念の確認、就中行刑段階から示されるべき社会復帰への道筋については十分に論じ尽くされなかった」[44] ことに起因していると言えよう。今般とりざたされている自由刑の単一化が、懲罰による強制を許容する懲役刑への一本化のみを将来の選択肢とするわけではないとすれば[45]、受刑者を主体とした観点からの処遇のあり方の検討が不十分だったという改正時の課題にも向き合うことになる。

43　丸山泰弘『刑事司法における薬物依存治療プログラムの意義』（日本評論社、2015 年）128-140 頁。

44　金澤真理「日本の行刑改革と社会復帰理念」髙田昌宏＝野田昌吾＝守矢健一編『グローバル化と社会国家原則』（信山社、2015 年）357 頁。

45　重要なのは、刑事政策上合理的な区別を設けることであり、自由刑の単一化それ自体の是非も別途、検討されるべき事柄である。平野龍一「懲役と禁錮」同『犯罪者処遇法の諸問題〔増補版〕』（有斐閣、1982 年）69-83 頁を参照。

178 第3部 国際的動向

ドイツの動きは、わが国において積み残してきた課題と、近時の、義務づけに対してあまりにも無批判な態度の両方を浮き彫りにするのである。

フランスにおける作業義務の
廃止と活動義務の創設

相澤育郎

1 はじめに

　フランスは、1987年に作業義務（travail obligatoire）を廃止したが、2009年に活動義務（obligation d'activité）と呼ばれる新たな制度を創設した。本稿では、フランスにおける作業義務の廃止および活動義務の創設にかかる経緯を概観したうえで〔2〕、現在の活動義務の内容と実態を明らかにし〔3〕、フランスの視点から、日本における刑罰改革の前に考えておくべきことを検討する〔4〕。

2 作業義務の廃止と活動義務の創設

　フランスにおいて作業義務を廃止したのは、1987年の行刑公役務に関する法律[1]であった。そして活動義務の創設は、2009年の行刑法[2]によってなされた。以下では、それぞれの改革の背景と立法の経緯を概観しておきたい。

---

[1] Loi n° 87-432 du 22 juin 1987 relative au service public pénitentiaire, *JORF du 23 juin 1987*, p. 6775 et s.

[2] Loi n° 2009-1436 du 24 novembre 2009 pénitentiaire, *JORF n° 0273 du 25 novembre 2009*, p. 20192 et s.

180　第3部　国際的動向

(1)　1987年行刑公役務法と作業義務の廃止

　1987年の行刑公役務に関する法律は、当初19条からなる「刑事施設の運営に関する法案」として提案された。その主眼は、刑事施設の老朽化と不足、そしてこれにともなう収容状況の悪化への対策にあった。当時の法案理由書によれば、刑事施設収容人口の増加傾向と老朽施設の閉鎖を考慮すると、3年以内に新たに40000床の補充が必要とされること、しかし、現在の増床のペースでは、必要な設備の充足に20年程度要するとされていた。こうした危機的状況への対応として提案されたのが、刑事施設の新設と管理を国以外の法人へと委託する、いわゆる民営化施策であった。その法的枠組みを明らかにすることが、この法案の第1の理由であった[3]。ところが、この時期のフランスの左右共棲と呼ばれる特殊な政治状況により、政府は法案の大幅な修正を迫られた[4]。結局、当初19条からなった法案は、その大部分が修正・削除され、最終的には全6条の法律として成立した。刑事施設の増床と新たな管理方法の提案といった主たる目的は維持されつつも、成立した法律は、当初案とは「ほとんど類縁関係のないもの」となった[5]。

　かくして成立した1987年行刑公役務法であるが、若干の修正のみで当初から残された条文が2つあった。そのうちの1つが行刑公役務の役割を明確にした第1条[6]であり、もう1つが作業義務を規定する刑訴法第720条の全面改正を含む第5条（法案第19条）であった。この改正により作業義務は撤廃され、フランスにおける拘禁と作業との関係は終結した[7]。以降、作業は、「受刑者の社会復帰および品行方正の兆候を評価する」ための要素として位置付けられた。これは具体的には、刑罰適用裁判官が外出許可および仮釈放を検討する際に、当該活動への従事を考慮することを意味する[8]。また行刑

---

[3] Projet de loi relative au fonctionnement des établissements penitentiaries, Texte n°75 (1986-1987), 1986, pp. 2-3.

[4] この辺りの経緯の詳細については、以下を参照されたい。赤池一将「フランスにおける刑事施設民営化論：1986-1987──政治的ストラテジーと刑事政策論の位相」犯罪社会学研究第12号（1987年）105-122頁。

[5] Pierre COUVRAT, "Quelques reflections sur la loi du 22 juin 1987 relative au service public pénitentiaire", *Rev. science crim.* 4, 1987, p. 926.

[6] 行刑公役務に関する法律第1条「行刑公役務は、刑事的決定および判決の執行ならびに公共の安全に寄与する。行刑公役務は、司法機関から委ねられた者の社会復帰を促進する。」

局は、希望する者に職業活動を確保するために「あらゆる措置を講じる」一方で（刑訴法第 720 条 2 項）、受刑者は、その刑の類型がどのようなものであれ、当該活動の提案を請求することができるものとなった（刑訴法 D. 99 条）。これにより行刑局は、職業活動の提供に対して一種の手段債務を負うものとされた[9]。ただし、受刑者と刑事施設との作業上の関係は、労働契約の対象とはならないことも明記された（刑訴法第 720 条 3 項）。作業と刑罰との関係が解消されたからといって、直ちにこれを一般の労働関係と同一視することは見送られた。

　法案理由書では、このような作業義務の廃止に至る理由として、次の 2 点が挙げられていた。第 1 に、希望する者すべて対して、十分な作業を提供することができないという現実的な事情である[10]。実際、1986 年の刑事施設における就業率は、刑務所で 73％、拘置所で 33％程度であり、もはや当局が必要な作業を提供する能力を欠いていることは明らかであった[11]。第 2 に、国際準則等との関係である。特に法案理由書では、強制労働を禁じた ILO 第 29 号条約との整合性を図るための改正であると説明されていた[12]。また義務的刑務作業をフランスがなおも維持し続けることに対して、国際機関からの批判が度々あったことも指摘されている[13]。こうした現実の作業提供の困難と、国際的な人権保障の要請が、フランスの作業義務を廃止へと向かわせたのである。

7　もっとも、すでに 1972 年のデクレ以来、刑務作業の義務的性格自体は維持されつつも、これが「刑の要素」であるという考え方は排除されていた。また 1985 年のデクレによって、教育もしくは職業訓練を受ける者、または医師により作業に適さないと認められた者の作業を免除できることが認められていた。G. ステファニ＝ G. ルヴァスール＝ B. ブーロック（澤登俊雄＝新倉修訳）『フランス刑事法〔犯罪学・行刑学〕』（成文堂、1987 年）292 頁。Décret n° 85-836 du 6 août 1985 modifiant certaines dispositions du code de procédure pénale (3e partie: décret), *JORF du 8 août 1985*, p. 9063 et s.

8　Projet de loi ... ・前掲注（3）4 頁。

9　Cécile TEA, "Le travail et la détention", *Rev. pénit.* 1, 2005, p. 76.

10　Projet de loi ... ・前掲注（3）4 頁。

11　Pierre MERAND, "Le travail des detenus", Fernand BOULAN (dir.), *Les prisons dites «privées»: Une solution à la crise pénitentiaire ?*, Economica, 1987, pp. 157-167.

12　Projet de loi ... ・前掲注（3）4 頁。

13　MERAND・前掲注（11）166 頁。

182　第3部　国際的動向

　また1987年行刑公役務法は、上記のような意義のほかに、フランス行刑における立法者の地位の確立という点でも重要なものであった。というのも、兼ねてからフランスには統一的な行刑法（典）は存在しておらず、刑事訴訟法第5部「執行手続」の一部と、施行規則であるデクレ（décret）[14]がその役割を果たしていた。行刑に関する実質的な規定は、デクレ（刑訴法D. 48条からD. 599条まで）に置かれており、立法権と規則制定権の権限問題を考慮に入れる必要があった。その中で1987年の法律は、刑罰執行の領域が立法者のそれであり、規則制定権はその委任がある限りで行使されうるものであることを明らかにしたものと評価された[15]。しかしながら、その後もなおデクレや通達による運営は続き、統一的な行刑法の制定という懸案は残されることになった。

(2)　2009年行刑法と活動義務の創設

　そうした中で、実際にフランスにおいて行刑法制定へのきっかけとなったのは、2000年1月に出版されたパリ・サンテ拘置所の主任医師ヴァスール（Véronique VASSEUR）による手記であった[16]。本書は当初、メディアからほとんど無視されていたが、出版前にル・モンドが紙面2ページを割いて抜粋を掲載したところ、世間から大きな注目を集めた。他のメディアもこれに続き、ゴキブリが徘徊する診察室、保護房で自分の排泄物を食う元ボクサーなど、フランス刑事施設の劣悪な環境が広く知られることとなった。本書は国民的な議論を呼び、元老院および国民議会において刑事施設の状況が検討され、調査報告書が公表された[17]。2000年7月、時の首相ジョスパンは、職員たちの懸念に応じつつ、刑罰の意味を明らかにし、規範の序列を立て直し、

---

[14] デクレには、国務院（Conseil d'État）の意見を経た国務院デクレ（条文の頭にR. が付される）とこれを経ない単純デクレ（同じくD. が付される）がある。

[15] COUVRAT・前掲注（5）927頁。

[16] Véronique VASSEUR, *Médicin-chef à la prison de la santé*, Le cherche midi editeur, 2000. ヴェロニック・ヴァスール（青木広親訳）『パリ・サンテ刑務所：主任女医7年間の記録』（集英社、2002年）。

[17] La commission d'enquête de l'Assemblée nationale, *La France face à ses prisons*, 2000. La commission d'enquête du Sénat, *Prisons: une humiliation pour la République*, Doc. Sénat no 449, 2000.

そして被収容者の状況を改善するという役割を担う「大行刑法」の制定を予告した。立法作業が開始され、ワーキング・グループが作られた。司法大臣ルブランシュは、広く意見を募ったうえでの法案の提出を望んだ。それは彼女が特に労働組合の反応に気を遣い、すべての人からの賛同を得られる行刑法の制定を目指したからであった。しかし、2001年9月11日にアメリカ同時多発テロが発生し、その余波はフランスにまで及んだ。これにより法案の内容は、より保安を重視したものへと方針転換を余儀なくされた。また大統領選挙の接近は、政治をより治安重視の方向へと導き、ここまで作業を大きく損なうものとなった。すでにその内容が相当程度、保安重視のものとなっていたとしても、「受刑者のため」と見なされうる法案は、大きな政治的リスクとなった。結局、当初の関心とは異なるものとなった行刑法案は、2002年2月には破棄された[18]。

　その後、2007年に大統領となったサルコジ政権下で、再び行刑法の制定が目指され、これが2009年行刑法に結実する。しかし、この法律は、2001年とは幾分異なる経緯によって成立したものであった。というのも、2009年行刑法案は、その内容の面では最小限の諮問にとどまった。司法大臣によって設置された行刑法に関する諮問委員会による勧告は、その内容自体が穏健であったにもかかわらず、顧慮されることはなかった[19]。また専門家や現場からの聴取もきわめて限定的で、ほとんど採用されることもなかった。結局、法案の準備は、行刑局の主導によって進められ、2008年6月に公表された行刑法草案は、「行刑局の作品」とも呼ぶべきものとなった[20]。そして手続の面では、この法案は、いわゆる緊急手続によって審議された。これにより元老院および国民議会で読会が各1回行われた後、ただちに両議会の代表者からなる両院同数委員会での審議に付された（憲法45条）。議会での議論は白熱したものとなったが、結局、野党側からの修正提案は、ほとんど採用されることはなかった。同数委員会法案の審議の後、反対派によって憲法

18　Martine HERZOG-EVANS, "Une loi pénitentiaire comme unique réponse au problème caecéral", *Rev. pénit.* 1, 2005, pp. 151-162.

19　Comité d'orientation restreint de la loi pénitentiaire, *Orientations et préconisations*, 2007.

20　Martine HERZOG-EVANS, *Droit pénitentiaire 2012/2013*, 2ᵉéd, Dalloz, 2012, p. 44-45.

184　第3部　国際的動向

院への付託がなされるが、そこでは懲罰に関する若干の解釈上の留保が示されるにとどまった。こうして懸案であった行刑法は、2009年11月24日の法律として成立した[21]。

　本稿の主たる関心である活動義務が設けられたのは、行刑法第1編第3章「被収容者の権利と義務に関する規定」の中である。これにより「有罪判決を言い渡されたすべての者は、刑事施設の長および更生保護部の長の提案する活動のうち、少なくとも1つを行わなければならない。これはその者の社会復帰を目的とし、かつその年齢、能力、ハンディキャップおよび人格に適合したものとされる」（行刑法第27条1項）とされた。やや唐突にも思えるこの規定は、当初案には存在しておらず、元老院および国民議会での審議において修正・追加されたものであった。それは次のような経緯によって加えられた。

　まず活動義務を提案した元老院法務委員会報告書では、その理由が以下のように説明されていた。すなわち、受刑者の社会復帰は、自由刑執行の基本的な目的の1つであり、これは個人の社会化を援助するための活動を通じてなされる。ところが、委員会報告者が訪問した刑事施設では、大部分の受刑者がほとんど何もせず、刑罰の時間は「無為の時間（temps mort）」のままであった。たとえば、ナンテールの拘置所では、被収容者の23%が作業、5%が職業訓練、30%がスポーツ活動に従事しているに過ぎなかった。行刑関係者は「請求」を待つことで、最も脆弱な者または最も危険な者を放置している。他方で、他の民主主義国家（英国、カナダ）の刑事施設では、午前中に再犯プログラムを提供し、午後には作業や余暇活動を行なっている。受刑者に刑務作業を課すこと自体は、欧州人権条約4条、1930年ILO条約および国連被拘禁者処遇最低基準にも違背しない。刑事施設が複数の形式の活動を被収容者に提供できる能力があるのであれば、何もしないままにしておくのはきわめて異論の余地がある。とはいえ委員会は、1987年に廃止された

21　2009年行刑法およびその後の動向に関してより詳しくは、以下を参照されたい。末道康之「フランスにおける行刑法の制定と刑罰の調整の理念と現実」法学研究84巻9号（2011年）481-516頁、同「フランス行刑法の制定と刑罰の執行に関する改正」犯罪と非行175号（2013年）123-145頁および白取祐司「フランス行刑の最近の動向」犯罪と非行第181号（2016年）187-201頁。

作業義務を再び設けようとしているのではない。そうではなく言葉の広い意味での活動義務を定めようとしている。この義務は、次の4条件のもとでのみ課すことができる。第1に、この義務は、欧州刑事施設規則25に従い[22]、刑事施設が複数の活動を提供できる場合に限り適用される。第2に、活動または義務的活動は、被収容者の社会復帰という目的を持たなければならず、刑事施設の長および更生保護部の長により決定されなければならない。第3に、これは有罪判決を言い渡された者にのみ適用され、被告人はこの限りではない。第4に、この義務は必然的に、その者の年齢、能力および人格に適合したものとなる。加えて、提案される活動に関して被収容者は、意見を聴取されうることを後続の条文に置く[23]、というものであった。この提案を受けて元老院本会議では、野党議員を中心に、提案される活動内容の明確化、ならびに当局による活動へのアクセスおよび十分かつ有益な作業の確保といった趣旨の修正案が提案されたが、結局、採用されることはなかった。他方で、社会問題委員会によって提出された、一部の者に対する教育活動の優先は採用された[24]。

　続く国民議会本会議では、活動義務をめぐって野党議員から厳しい追求がなされた。具体的には、提案される活動はどのような論理によって受刑者に義務付けうるのか、受刑者の活動義務ではなく行刑局の提案義務とすべきではないのか、望まない者に教育を与えることは困難であり、かつ二重の刑罰とさえなるのではないか等を理由に、当該条文を修正、さもなければ削除すべきとする提案がなされた。これに対する政府および国民議会法務委員会等からの回答は、活動義務の類は欧州各国にも見られ、人権条約等の国際規約にも違反しないこと、当該条文はすでにほとんど行刑局への命令となってい

22　欧州刑事施設25「①所定の執行制度は、すべての被収容者に対して等しい活動プログラムを提供するものでなければならない②この執行制度は、十分な水準の人間的および社会的な交流を保証するために、すべての被収容者が、毎日居室の外で、必要な時間過ごすことができるものでなければならない。③この執行制度は同様に、被収容者の社会的なニーズに応えるものでなければならない。」

23　Jean-René LECERF, *Rapport fait au nom de la commission des Lois constitutionnelles, de législation, du suffrage universel, du Réglement et d'administration générale (1) sur le projet de loi pénitentiaire*, Rapport n° 143（2008-2009）, 2008, pp. 95-97.

24　Sénat, Séance du 4 mars 2009.

186 第3部 国際的動向

ること、教育は社会復帰に不可欠であり、処遇を受ける者もこうした義務を
チャンスだと考えていること、そして一般人であれば仕事をしなければなら
ず、受刑者に活動を課すことはむしろ等しく扱うものであること、といった
ものであった。両陣営共に無為が害悪であり、社会復帰のためには何らかの
活動が不可欠である点は共有しつつも、義務の所在をめぐる議論は、平行線
をたどった。結局、野党側の提案は、一部意見聴取のあり方をのぞいて[25]、
すべて不採用となった[26]。両院同数委員会審議以降も、この基本線は維持さ
れた。

　以上のような経緯で成立した活動義務であるが、その義務の性格について
は、なお不明確な点を残している。なぜなら、当該義務の不履行に対する直
接的な制裁は、法令上、何ら予定されてはいないからである。懲罰に関して
言えば、活動義務に直接関係するものは、最も低い第3級懲罰事由である
「作業、職業訓練、文化活動、宗教活動または趣味を妨害するまたは妨害を
企てること」(刑訴法R. 57-7-3条5号)のみである。より一般的に、「施設の
職員の命令を拒否すること」(刑訴法R. 57-7-3条3号)も同級の懲罰事由と
されているが、これが活動義務の拒否に対して適用しうるのかは必ずしも明
らかではない。そもそも、後に見るように活動義務の内容がきわめて幅広く、
「少なくとも1つ」の活動に従事すれば良いのであれば、当該懲罰事由が適
用されうる場面は、実務上もほとんどないように思われる。またフランス行
政機関公式サイト(Service-Public.fr)は、2017年1月1日付けの記事におい
て「刑事施設における作業は義務ではない。ただし行刑局は、これを希望す
る受刑者に職業活動を保証するよう努めなければならない」とし、依然とし
て1987年以来の作業の理解を維持している[27]。さらにセレ(Jean-Paul
CÉRÉ)は、「行刑法は、活動に関する新たな義務を課している。これまでは、
受刑者に対して作業もしくは何らの形式の活動も課されてはいなかった。こ
の意味で、これは受刑者にとって後退を意味する。しかも、その目的には、

---

25 活動にあたって受刑者が意見を行刑局から「求められうる」から「求められる」に修正された。

26 Assemblée nationale, 2e séance du mercredi 16 septembre 2009.

27 Le site officiel de l'administration française, Travail en prison. (https://www.service-public.fr/
particuliers/vosdroits/F14153) (最終閲覧日2017年7月25日)

十分な枠組みを作る手段もリソースもない多くの施設（特に拘置所）におい
て、実務上、義務の実施がほとんど不可能となるという限界があることは、
十分に認識されていない。他方、当該義務が遵守されない場合に制裁でも予
定されていたならば、これが効果的なものとなったのかもしれない。ところ
が、条文の立場としては、何らの制裁も考慮されていない。より現実的な方
途として有力となるべきだったのは、欧州刑事施設規則25が提案するよう
に、各施設において無為との決別のための活動および一般的な職業訓練また
はそのいずれかを受ける権利を明確にすることであった」[28]と指摘している。
以上を考慮すれば、その名称とは裏腹に、活動義務の不履行に対する制裁は、
原則として予定されていないと見るべきであろう。むしろ現状では、仮釈放
や刑の修正（aménagement de peine）と呼ばれる拘禁の回避・緩和措置に対
する積極的な評価要素とすることで、その履行を担保していると考えられる。
この点については、本稿の最後で検討する。

3　活動義務の内容と実態

　活動義務の具体的な内容は、デクレによって「作業、職業訓練、教育課程、
学習、文化活動、社会文化、スポーツおよび身体に関する活動」（刑訴法 R.
57-9-1条）と定められている。以下では、それぞれの内容と実態を概観する。

(1)　作業

　1987年の行刑公役務法によって改正された刑訴法第720条は、その後、
若干の改正を経て同法第717-3条に置かれている。作業は、活動義務の一端
を構成するが、かつてのような意味での義務ではなく、任意的なものと理解
されている。他方で、これは受刑者にとっての一種の恩典ともなっている。
というのも、これが私訴原告人（被害者等）への賠償のための原資となり、
仮釈放等を含む刑の修正を獲得するための不可欠の要素でもあり、同時に、
拘禁中に必要な物品を購入する資金ともなるからである[29]。

---

[28] Jean-Paul CÉRÉ, Le nouveau droit pénitentiaire et le respect du droit européen: Esquisse de comparaison, *AJ Pénal* 12, 2009, p. 479.

188 第 3 部 国際的動向

　作業には、次の 3 つの形態がある（刑訴法 D. 433-1 条）[30]。第 1 に、一般作業（service général）である。これは「拘禁場所を清潔な状態に保ち、（…）業務運営に必要な種々の労働または雑務を確実に行う」ために行われる（刑訴法 D. 105 条）。その内容は、掃除、図書館の管理、配食ワゴンの運搬、調理および選択等である。国の刑事施設は、官民共同管理方式の施設とは異なり、当該業務のために個人または企業を雇用することができないため、一般作業がその運営上不可欠のものとなっている。一般作業による報酬は、他の活動に比べて低いが、他人との接触や拘禁中でも移動ができるといった理由から、受刑者からの人気は高い[31]。第 2 に、刑事施設雇用サービス（service de l'emploi pénitentiaire: SEP）によるものである。これは、行刑局自身が受刑者の使用者となり、その労働力を用いて、行政機関や企業向けの備品等の生産・製造を行うものである。当該サービスのカタログには、オフィス用品、公共団体向け備品（ベンチや整理棚等）、刑事施設向け備品（居室用のベッドや椅子等）、保安部品（錠前やドア用のぞき穴等）、衣服および寝具（施設で使用される制服等）、ならびに都市向け備品およびエクステリアなどの多彩な製品が記載されている[32]。SEP の前身となる公社制（régie）は、1950 年に創設され、1994 年には経営管理の合理化を理由に、テュールに分権化された。1998 年には現在の名称に変更されたが、実務上は未だに公社と呼ばれている。2016 年のデクレにより、その役割が「受刑者が遭遇しうる社会的および職業的困難にかんがみて、社会参加、釈放準備および再犯予防を目指した、社会参加活動、職業訓練および作業を彼らに提案する」ものとされた（刑訴法 D. 433-1 条 2 項）。第 3 に作業委託制（concession）である。これは、行刑局が民間企業に受刑者の労働力を提供し、企業はその使用料と引き換えに自らの計算で作業を行わせ、生産物を取得・売却して利益を得るものである。実際には、当局の指定する刑事施設の一画に企業が工場を設置し、必要であれ

---

29 HERZOG-EVANS・前掲注（20）263-264 頁。

30 作業に関してより詳しくは、以下を参照されたい。赤池一将「フランスの刑務作業と国民議会刑事施設調査委員会報告書の提言」矯正講座 22 号（2001 年）169-182 頁。

31 HERZOG-EVANS・前掲注（20）269 頁。

32 SEP, *Catalogue produits*.

ば指導者を派遣し、技術的な指示を与えることによって、作業が遂行される[33]。この形態においては、行刑局が企業と契約を結び、かつ受刑者の使用者ともなるため、受刑者と企業との間には、何らの契約関係も存在しない。作業報酬および雇用条件も、一般社会の条件、生産物の特殊性およびデクレが定める最低時給を考慮して、行刑局と企業が結ぶ協定によって定められる（刑訴法 D. 433-1 条 3 項）[34]。

　2014 年の月平均で、23423 名が作業を含む報酬を得る活動に従事しており、これは被収容受刑者全体の 34.6％を占める。その内訳は、一般作業が 35.8％、SEP が 4.2％、作業委託制が 30.4％である。このほか、刑事施設の外での就労が 17.6％、職業訓練が 11.9％となっている。刑事施設内で行われる作業の報酬は、外の職業活動に「可能な限り」近くなければならず（刑訴法 D. 433 条）、またデクレが定める最低時給を下回ることができない（刑訴法 D. 432-1 条）[35]。実際の報酬の月手取り平均額は、一般作業が 254 ユーロ、作業委託制が 408 ユーロ、SEP が 532 ユーロ、職業訓練が 2.26 ユーロとなっている[36]。

　作業に関して次のような問題が指摘されている。まず作業量の不足である。その原因としては、施設の老朽化、所在地、拘禁環境という制約および民間職員の安全の確保といった施設側の事情によるものに加え、頻繁な人の入れ替わり（特に拘置所）、過剰収容、技術不足および健康上の問題といった受刑者側の事情も挙げられている[37]。次に分類（classement）の問題である。刑事施設での作業を希望する者は、これを施設の長に書面によって請求しなければならない。請求を受けた刑事施設の長は、多くの場合、工場や職業訓練の責任者等から成る分類委員会を経て決定を下す。しかしながら、こうした手続は何ら法的な制約を受けず、慣習的にやられているに過ぎない。ゆえに受

---

33 赤池・前掲注（30）170-171 頁。
34 刑事施設における大多数の作業は、上記 3 形態が占めるが、これ以外にも自己収支による作業（刑訴法第 718 条）およびアソシアシオンのための作業（刑訴法 D. 432-3 条 3 項）を行うことができる。
35 その率は、生産作業が全産業一律スライド制最低賃金（SMIC）の 45％、一般作業は、第 1 級で同じく 33％、第 2 級で同じく 25％、第 3 級で同じく 20％とされている。
36 Direction de l'administration pénitentiaire, *Les chiffres clés de l'administration pénitentiaire 2015*. p. 10.
37 HERZOG-EVANS・前掲注（20）266-268 頁。

190 第3部 国際的動向

刑者には、請求の拒否に対して不服を申し立てる手段がない[38]。最後に受刑者の労働契約の不在である。刑訴法 717-3 条 3 項は、刑事施設内での作業について、労働契約の対象とならないことを明示している。この問題に対して 2009 年行刑法は、現状維持と労働契約との間の中間的な解決策として、就業契約書（acte d'engagement）という方式を採用した。それによると「刑事施設内で組織される職業活動への受刑者の参加は、行刑局による就業契約書の策定をもたらす」（行刑法第 33 条）。この書面は、施設の長と受刑者によってサインがなされ、「職業上の権利および義務、ならびに就業条件および報酬が明記される」（同条）[39]。

(2) 職業訓練

職業訓練に関する規定は、デクレに置かれている（刑訴法 D. 438 条）。行刑局は、職業訓練を組織するために、あらゆる措置を講じる必要がある。その決定は、更生保護部（SPIP）[40] が刑事施設の長と連携して行う。職業訓練プログラムの策定にあたっては、更生保護部が責任を負う。ただし、受刑者がこれを受けるためには、作業と同様、刑事施設の長による分類を必要とする[41]。

2014 年に職業訓練に登録された受刑者は 22514 名であった。そのうち 6033 名が資格訓練、9895 名が資格前訓練を受け、2375 名がレベルに合った基礎訓練（非識字、フランス語、通信教育等）、4211 名が釈放準備指導に参加した。職業訓練を提供する主な組織は、民間団体が 20％、産学共同職業訓練グループ（GRETA）[42] が 19.4％、1901 年法によるアソシアシオンが 42.4％となっている。同年に 3040440 時間の訓練が提供され、そのうちの 81％に

---

38 HERZOG-EVANS・前掲注（20）271-273 頁。

39 Philippe AUVERGNON, "Les travail des détenus: L'impossible contrat de travail?", Georges BENGUIGUI, Fabrice GUILBAUD et Guillaume MALOCHET (dir.), *Prisons sous tensions*, Champ social, 2011, p. 94.

40 Service pénitentiaire d'insertion et de probation (SPIP) は、1999 年のデクレによって、刑事施設内の社会教育部門と保護観察・釈放者支援員会が統合されてできた組織であり、主に社会内処遇を担う行政機関である。

41 HERZOG-EVANS・前掲注（20）287 頁。

何らかの報酬が支払われている[43]。

(3) 教育・学習

　成人に対する教育および学習は、その者が基礎的な教育を習得していない場合、優先的に（par priorité）に行われる（行刑法 27 条 2 項）。これも活動義務の一端を構成するが、本人の拒否や設備等の客観的な事情を考慮することは、当然に可能とされている[44]。他方で、義務教育の対象である 16 歳までの少年は、一般法の適用のもと義務教育を受けなければならない。さらに未成年者（18 歳未満）は、「その時間の大部分を教育または訓練にあてる」ものとされ（刑訴法 D. 516 条）、かつその継続性が確保されなければならない（刑訴法 D. 517 条）。

　1990 年代初頭まで、フランスの刑事施設における教育には、「1994 年までの医療と同じ問題」があった[45]。すなわち、以前は行刑局が自前で教育を提供しており、そこには専門職意識や使用可能な手段が著しく欠けていた。1990 年代には、刑事施設の開放政策が進められ、施設の中での教育も、教育省へと委ねられた。行刑局と教育省との間で協定が結ばれ、公教育が刑事施設の中で提供されるようになった。その数は決して十分ではないが、刑務所文化に馴染んでいない普通の教師が、刑事施設で働くようになった[46]。

　2014 年 9 月の新学期開始時点で、初等教育教師が 405 名、中等教育教授が 78 名、刑事施設の教育に常時勤務しており、ここに学校心理カウンセラーや学校教育離脱予防コーディネーターが加わっている。さらにフリーランスの教師や管理職が、年間 4673 時間補足的に関与することができる。2013 年から 2014 年の学期中、受刑者のうち普通教育を受けた者は、成人で約 25

---

42 Groupement d'établissements（GRETA）は、国民教育省のもとで成人に対する生涯教育を組織する。1971 年に設置され、フランス全土に 137 の GRETA が置かれている。（http://www.education.gouv.fr/cid50753/la-formation-continue-des-adultes-a-l-education-nationale.html#Qu'est-ce%20qu'un%20Greta）（最終閲覧日 2017 年 7 月 25 日）

43 Direction de l'administration pénitentiaire・前掲注（36）10 頁。

44 HERZOG-EVANS・前掲注（20）285 頁。

45 フランスでは、1994 年に、それまで司法省の所管であった刑事施設の医療が、保健省に全面的に移管された。これにより、刑事施設の医療が一般医療へと統合されることになった。

46 HERZOG-EVANS・前掲注（20）285 頁。

192　第3部　国際的動向

％、少年で約 98％であった。同期間中、5325 名が教育省による何らかの試
験を受け、4166 名が合格している[47]。

(4)　スポーツ・身体活動

　刑事施設における身体活動やスポーツの重要性は論をまたない。とりわけ
拘置所では、受刑者等は、長時間、狭い居室に閉じ込められて運動不足に陥
っており、過剰収容がそれに拍車をかけている。また若者はエネルギーが有
り余っており、その発散が他害や自傷に向かうこともありうる。そうした受
刑者等の健康の維持のみならず、スポーツが与えるチーム精神が再社会化の
効果があるということも（証明はされていないが）言われている[48]。

　2013 年の刑事施設の内的規則の典型に関するデクレ[49] は、「すべての被収
容者は、少なくとも毎日 1 時間、屋外で散歩ができなければならない」（第
12 条)[50] としている。これは行刑局に対する最低限の義務であり、これに行
くかどうかは、本人の自由とされている[51]。

　スポーツ活動のプログラムは、関係する省庁および更生保護部と連携しな
がら、各刑事施設において組織される（刑訴法 D. 459 条）。刑事施設は、建
築上の制約という条件のもと、定期的かつ多目的に使用できる屋内および屋
外の設備を備えなければならない（刑訴法 D. 459-2 条）。スポーツ活動に分
類されるためには、希望する者がこれを請求し、事前の医師の診察を受けな
ければならない。ただし、行刑局側から活動が提案された場合には、分類手
続は必須ではない[52]。

　2014 年には、14 の連盟が行刑局とパートナーシップを結び、約 300 名の
刑務官がスポーツのコーチ資格を有している。また同年 9 月には、高齢者お
よび依存症のある者のために、身体活動およびスポーツを発展させることを

---

[47] Direction de l'administration pénitentiaire・前掲注（36）11 頁。
[48] HERZOG-EVANS・前掲注（20）257 頁。
[49] Décret n° 2013-368 du 30 avril 2013 relatif aux règlements intérieurs types des établissements pénitentiaires, *JORF n° 0103 du 3 mai 2013*, p.7609 et s.
[50] かつては同趣旨の規定が刑訴法 D. 359 条に置かれていた。
[51] HERZOG-EVANS・前掲注（20）285 頁。
[52] 同上書 260 頁。

目的とした協定が、行刑局とスポーツ省スポーツ局および4つの連盟との間で結ばれた。同年中には、3つの大きなスポーツ・イベントが開催されている[53]。なお2009年には、受刑者等が200名、行刑職員と司法官が200名参加した、矯正版ツール・ド・フランスが開催された[54]。

(5) 文化・社会文化活動

　文化活動に関しては、欧州刑事施設規則ではそれほど重視されていないが、フランスの法令は雄弁である（刑訴法 D. 440条および同 D. 441条）。文化・社会文化プログラムは、各刑事施設で実施され、受刑者の表現手段、知識および素養を発展させることを目的とする。従来、文化活動へのアクセスは、必ずしも十分ではなかったが、2010年のデクレによってその方式が拡大された[55]。外部の協力者を探し、刑事施設の長と協力しつつ文化活動を計画するのは、更生保護部の役割である。更生保護部は、地方公共団体、アソシアシオンおよび他の関係組織からの援助を受けることができるが、現実には、すでに業務過多（釈放や刑の修正の準備等）の状況にあり、文化活動を後回しにしがちである。なお文化・社会文化活動には、図書、娯楽、テレビ、映画、ラジオ、パソコンおよび興行などが含まれる[56]。

　刑事施設内の文化活動を充実させるために、司法省は、他機関との連携を進めている。これまでに司法省と文化省および通信省との間で3度の協定書（1986年、1990年および2009年）が取り交わされ、2つの適用通達（1992年に図書、2012年に文化活動に関して）が出され、さらに行刑管区と地域の文化事業部門との間で25の協定が結ばれている（うち11は少年司法保護局管区も含む3者協定）。2014年では、12名の司法・文化地域使節（mission régionaux culture/justice）と65名の県の文化コーディネーターが刑事施設に関与している。また大部分の刑事施設は、文化施設とパートナー協定を結んでいる。

---

53 Direction de l'administration pénitentiaire・前掲注（36）12頁。

54 Ministère de la Justice, Départ du tour de France cycliste pénitentiaire. (http://www.justice. gouv.fr/actualite-du-ministere-10030/les-editions-11230/depart-du-tour-de-france-cycliste-penitentiaire-17338.html)（最終閲覧日 2017年7月25日）

55 現在は、2013年の刑事施設の内的規則の典型に関するデクレ19条に置かれている。前掲注（49）。

56 HERZOG-EVANS・前掲注（20）289-298頁。

194　第3部　国際的動向

図書に関しては、刑事施設の67％が市町村の公立図書館、同39％が県の公立図書館と協定を結んでいる。刑事施設内の図書室は、週に21時間開放されており、85％が直接に、30％が直接かつ自由にアクセスが可能であるとされている。また12％の刑事施設図書室に専門の図書館司書がおり、被収容者252名が司書補佐として図書の日常的な管理を行っている。さらに文化省から提案された音楽や映画等に関する文化行事などへの参加も行われている[57]。

4　結びに代えて
　　──フランスの視点から、日本における刑罰改革の前に考えておくべきこと

　以上を通じて、最後に、フランスの視点から、日本における刑罰改革の前に考えておくべきことを検討しておきたい。

　はじめに、受刑者に対する処遇を義務付ける必要があるのかどうかという点である。日本の現行行刑法である「刑事収容施設及び被収容者等の処遇に関する法律（平成17年5月25日法律第50号）」（以下、処遇法とする）は、受刑者に矯正処遇（作業、改善指導および教科指導）を行わせ、正当な理由なくこれを拒んだ者に懲罰を科すことができるとしている。これにより処遇法は、受刑者に対して矯正処遇を義務付けたものと解されている[58]。この点で想起すべきは、フランスにおいての活動義務制定の際に出された疑義である。すなわち、どのような論理で一定の処遇（活動）を義務付けうるのか、これはむしろ当局側の提案義務とすべきではないのか、そしてこれを望まない者への強制が困難であるばかりか二重の処罰とさえなるのではないのか、といったものである。特に、現在、法制審議会少年法・刑事法（少年年齢・犯罪者処遇関係）部会で予定されている「自由刑の単一化」の検討[59]に際しては、上記の点を改めて議論するべきである。

---

57 Direction de l'administration pénitentiaire・前掲注（36）12頁。
58 富山聡「矯正処遇の実施等について（その1）」刑政117巻4号（2006年）126-132頁。林眞人＝北村篤＝名取俊也『逐条解説 刑事収容施設法』改訂版（有斐閣、2013年）394頁。
59 法制審議会少年法・刑事法（少年年齢・犯罪者処遇関係）部会第1回会議（平成29年3月16日開催）議事録（PDF版）10頁。

次に、仮に処遇の義務付けを認めるとしても、これを最終的に懲罰によって担保することが妥当であるのかどうかという点である。たしかに、刑事施設の中で受刑者が無為に過ごすことは望ましいものではなく、社会復帰に向けた多様な処遇の必要性は否定できない。この点は、フランスにおける活動義務の賛成派・反対派を問わず共通する認識であったし、また日本でも、2003年の行刑改革会議提言の中で同様の指摘がなされていた[60]。しかしながら、フランスは、この義務を懲罰によって担保するという方針は採用せず、代わりに活動に対する種々のインセンティブを用意することで対応している。たとえば、作業に関して言えば、受刑者は、必ずしも高額ではないが（しかし日本よりは遥かに高い）報酬を得て、これを私訴原告人（被害者等）への賠償や自弁物品の購入に充てることができる。また一定の活動に従事することは、それ自体、自由を得るための1つの手段ともなっている。すなわち、仮釈放に関しては、その決定要件である「社会再適応に対する真摯な努力の証明」は、職業活動、職業訓練および教育活動への精励等によってなされる。したがって、こうした活動へ従事することが、仮釈放を早める1つの積極的な評価要素となる。さらに半自由、当局の監視なし構外作業および固定型電子監視といったいわゆる刑の修正措置に関しても、その請求事由として、職業活動の遂行、研修の継続、学科教育および職業訓練への通学等が挙げられている（残刑・宣告刑が2年以下の場合）。そして、現在、こうした措置への請求権が受刑者にも認められている。要するに、受刑者は、職業活動への遂行等を理由に、そのような拘禁の緩和・回避の措置を、自ら請求することができるのである[61]。2000年以降、フランスは、こうしたいわゆる刑の適用の司法化ないし裁判化を実現するためのさまざまな改革を実行している。もちろんここには、自由を得たいが為に必ずしも望まない活動を請求するというある種の間接強制の問題も生じうるが、懲罰による強制よりも、これが遥かに実効的かつ人道的な方策であることは確かであるように思われる。

　最後に、上記とも関連するが、提供される処遇の種類と内容が十分に充実

60　法務省行刑改革会議提言12-14頁。
61　このような刑の修正手続に関しては、さしあたり以下を参照されたい。拙稿「フランスにおける刑罰適用裁判官の制度的展開（2・完）」龍谷法学49巻2号（2016年）233-285頁。

したものであるかどうかという点である。フランスにおける活動義務は、作業から社会文化活動まで幅広く認められており、受刑者がそのどれかを選ぶことで当該義務が履行される。各法令は、行刑局および刑事施設に、そうした活動を準備するためのあらゆる措置を講ずることを要求している。また司法省は、可能な限り一般社会と同じ活動の内容が刑事施設の中で提供されるように、他省や民間組織との連携を進めている。これにより刑事施設の中での活動の水準が高められるとともに、一般社会と同じ活動を提供することも可能となっている。ここには、フランスにおける刑事施設の社会化への努力を見てとることができる。加えて、こうした活動の種類と内容を担保する、国連被拘禁者処遇最低基準規則等の国際準則への注意深い配慮も、見逃してはならないフランスの姿勢の1つであるように思われる。

　もちろん、フランスと日本では、法制度と実務の双方に大きな差異があり、あちらで行われていることをこちらに直ちに導入するというのは容易ではないかもしれない。しかしながら、たとえば、作業報奨金の増額、他省庁との連携および施設内処遇への民間組織の関与の促進等は、法改正がなくてもある程度は実現可能であろう。また処遇法は、すでに外部通勤作業や外出・外泊といった処遇形態を認めており、フランスにおける刑の修正手続を参考に、これらをより活用する制度改革を構想することも決して不可能ではない。そうした改良と改革の現実性を、理論と実務の双方を見据えながら検討することが、今、研究者と実務家の双方に求められている態度であるように思われる。

イギリスにおける拘禁刑改革

―白書『刑務所の安全と改革』を中心に―

高橋有紀

1　はじめに

　今日、イギリス（以下、英国[1]）の拘禁刑は日本同様に大きな転換点を迎えている。2017 年 4 月には、2004 年に発足した National Offenders Management Service（NOMS）が HM Prison and Probation Service（HMPPS）へと再編された。また、現在、1952 年刑務所法（Prison Act 1952）の一部改正を内容に含む 2016-2017 年刑務所及び裁判所法案（Prison and Court Bill 2016-17）が審議されている。同法案[2]においては、1952 年刑務所法の冒頭に、「刑務所の目的（purpose of prisons）」が「(a) 公衆の保護、(b) 犯罪者の改善更生（reform and rehabilitate offenders）、(c) 出所後の生活に向けた準備、(d) 安全な環境の保持」にあることを付加するとした文言が見られる。1952 年刑務所法 47 条 1 項に基づき制定された 1964 年刑務所規則（Prison Rules 1964）において、「刑務所の訓練と処遇の目的（Purpose of Prison Training and Treatment）」が「受刑者が有意義で良い生き方をすることを支え、導く」ことであるとされていたことにかんがみると、上述の法案は刑務所の役割や拘禁刑の目的について、これまでより一歩踏み込んだ提案をするものと言える。

---

1 本稿において、イギリス（英国）とは、イングランド、ウエールズを指す。

2 同法案は、https://publications.parliament.uk/pa/bills/cbill/2016-2017/0170/cbill_2016-20170170_en_1.htm にて入手可能である。（最終閲覧日 2017 年 8 月 30 日）

198　第3部　国際的動向

　また、同法案と前後して2016年11月には、白書『刑務所の安全と改革（Prison Safety and　Reform）』が公刊された。同白書においては、ここ数年、英国の刑務所が抱えてきた種々の問題点が指摘されるとともに、それらを改善するための提案が多岐にわたり示されており、その内容は日本にも多大な示唆を与えるものと考えられる。

　そこで本稿では、英国の拘禁刑制度の全体像を概観したうえで、上述の白書『刑務所の安全と改革』の内容に沿って同国の拘禁刑をめぐる近時の状況と改革提案の内容を検討し、日本への示唆について考察を加えたい。

2　英国の拘禁刑制度の全体像

(1)　拘禁刑の種類と内容

　現在、英国において科されうる拘禁刑（Custodial Sentence）は、拘禁刑の執行猶予（Suspended Sentence）、定期拘禁刑（Determinate Prison Sentence）、拡張的監督期間付拘禁刑（Extended Sentence）、終身刑（Life Sentence）の4種類である。

　このうち拘禁刑の執行猶予は、日本における懲役および禁錮刑の保護観察付全部執行猶予とほぼ同様の仕組みであり、刑期が14日から2年の者が対象となりうる。なお、英国ではこれとは別に、社会内での電子監視や依存症治療プログラムの受講など13の遵守事項から各人に必要とされるものを組み合わせて科される刑罰として、「社会内刑罰（community sentence）」があることに注意を要する。定期拘禁刑は、原則として、裁判所が言い渡す刑期の最大で半分を刑務所で過ごした後、残りの刑期を社会内で指導監督を受けながら過ごす制度である。量刑委員会（Sentencing Council）のウェブサイトによれば、拘禁刑の中でもっとも一般的なものであるとされる[3]。なお、2015年2月以降に2年以下の刑期でこの刑を言い渡された者は、社会内で12ヵ月間の指導監督を受けることとなっている。たとえば、6ヵ月の同刑を言い渡された者は、3ヵ月を刑務所で過ごした後、3ヵ月の社会内の監督

---

[3] Sentencing Council, https://www.sentencingcouncil.org.uk/about-sentencing/types-of-sentence/determinate-prison-sentences/（最終閲覧日2017年8月30日）

（license）期間を過ごし、さらに 9 ヵ月間の「執行後監督（post-sentence supervision）」が与えられる。刑期が数ヵ月から 1 年程度の者に対しては、この改正以前には施設への収容、社会内での監督ともに数ヵ月ずつの時間しかない中で十分な処遇が難しかったことは容易に想像がつくが、そもそも 2003 年刑事司法法（Criminal Justice Act 2003）が「罰金刑や社会内刑罰では正当化できないほどに深刻な犯罪にのみ拘禁刑を言い渡すべきである」としていることと、このような非常に短期の拘禁刑を活用することとは矛盾するとも言える。拡張的監督期間付拘禁刑は、性犯罪や粗暴犯など比較的重い犯罪をした者や公衆へのリスクの大きい者を対象としており、裁判所が判決時に刑務所への収容期間に加え最大 8 年までの社会内での監督期間を言い渡すものである。終身刑については、英国では仮釈放の可能性のあるタリフ付きの終身刑と仮釈放の可能性のない終身刑との両方が存在する。

　なお、いずれの拘禁刑においても作業（work）に従事することや教育（education）を受けることは義務ではない。しかし、1995 年から導入された特権獲得制度（Incentives and Earned Privileges, IEP）の下では、「責任ある振る舞い」や「作業その他の建設的な活動への参加」[4]をした者は、外部交通や衣服、テレビ視聴など刑務所生活のさまざまな側面でより優位な扱いを受けられることになっている。この制度に対しては以前から、実質的に刑務所を円滑に統制する手段となっている[5]一方で、受刑者には必ずしも公正に運用されていると受け取られていない[6]との指摘も見られた。殊、2013 年に同制度が「強化（toughening up）」され、「特権（privilege）」を受けるためには単に善行を保持するのでは足りず、自らの改善更生に向けた活動に積極的に取り組み、他者を助けることが必要である[7]とされて以降、十分な衣類や

4　Ministry of Justice, 'Annual NOMS Digest 2016/17 Official Statistics Bulletin', p. 21. https://www.gov.uk/government/uploads/system/uploads/attachment_data/file/633904/annual-noms-digest-report.pdf（最終閲覧日 2017 年 8 月 30 日）

5　Liebling, Alison, 'Incentives and Earned Privileges Revisit: Fairness, Discretion, and the Quality of Prison Life,' Journal of Scandinavian Studies in Criminology and Crime Prevention, vol. 9, pp. 29-30.

6　Liebling, supra note 5, p. 33.

7　Ministry of Justice, 'Toughening up prisoner privileges', 2013, https://www.gov.uk/government/news/toughening-up-prisoner-privileges（最終閲覧日 2017 年 8 月 30 日）

書籍すら入手できない受刑者[8]や、心身の障害や英語力のハンディゆえに受刑態度が良くても「特権」を受けられない受刑者[9]が存在することが問題となっている。刑務所で無為に過ごすべきではないとの問題意識は、後述する白書『刑務所の安全と改革』においても見られるものであり、著者もその方向性には首肯するところである。とは言え、「無為でない過ごし方」は各人の能力や価値観によっても異なるものでもあるし、刑務所における「無為ではない過ごし方」には物理的制約も大きい。刑務所生活における「特権」——そもそも「特権」と言えるほどのものであるかも疑わしいが——を自ら「稼ぐ（earn）」べきものと位置付ける IEP の発想には根本的な問題があると言えよう。

(2)　拘禁刑の所管と 1952 年刑務所法

　上述のように、2017 年 4 月に NOMS は HMPPS へと再編され、同局が社会内処遇（probation）と刑務所処遇（prison）、出所後のケアを所管している。もっとも、官営の刑務所の運営業務や民営刑務所の運営に関する契約業務は HM Prison Service が、社会内処遇に関する業務は National Probation Service がそれぞれ所管しており、それぞれにウェブサイトを開設したり職員募集を行ったりしている。また、英国では刑務所医療が保健省（National Health Service, NHS）の所管となっていることはよく知られているが、2011 年以降、薬物依存などの物質乱用を抱える犯罪者への認可プログラムについても責任主体が NOMS から NHS に移管された[10]。これにより今日、英国では、刑務所における物質乱用に関する認可プログラムは当該刑務所のある地域の NHS が契約したサービス提供者が実施している。このことからは法務省においても保健省においても、受刑者の物質乱用が彼らの健康上の問題として認識されていることが窺える。同時にこの事実は、依存症という「病

8　Prison Reform Trust, *'Punishment without Purpose'*, 2014, p. 5. http://www.prisonreformtrust.org.uk/Portals/0/Documents/punishment%20without%20purpose%20FINAL2941007.pdf（最終閲覧日 2017 年 8 月 30 日）

9　Prison Reform Trust, supra note 8, p. 6.

10　Ministry of Justice, supra note 4, p. 16.

気」を抱える犯罪者への「処遇」の開発や実施は必ずしも矯正や保護のみに委ねられるべきものではないことを示すものとも言え、日本にも重要な示唆を与えうる。

　また、刑務所運営や刑務所をはじめとした収容施設における受刑者の地位等に関する大枠を定めている法律として、冒頭で紹介した1952年刑務所法がある。もっとも、同法には、刑務所の役割や拘禁刑の目的は明記されておらず、47条1項において、刑務所やその他の収容施設の「運営（management）や決まりごと（regulation）」および、「それら施設に収容されている者の分類、処遇、就労（employment）、規律秩序」に関する規則を定めることができる旨が示されているにすぎない。そうした法の下で、「刑務所の訓練と処遇の目的」は、1964年刑務所規則の中に書かれていることは上述したとおりである。そして、この点は今般の拘禁刑改革において強く問題視されている点の1つでもある。

(3)　近時の状況

　英国では刑事司法や犯罪者処遇に関するさまざまな統計資料が、年あるいは月単位——ものによっては週単位——で作成され、その大半が法務省（Ministry of Justice）や HMPPS のウェブサイトで公開されている。説明責任（accountability）や透明性（transparency）は、白書『刑務所の安全と改革』においても重視されており、英国では刑務所や受刑者の実情について正確な情報を広く公表することが意識されていることが見て取れる。

　2017年4月に公表された、2016年の年間および10月から12月期の各種統計と2017年3月末現在の拘禁人口をまとめた統計資料 Offenders Management Statistics Bulletin, England and Wales によれば、拘禁刑により刑務所に収容されている者の数は74,623人であり、前年の同時期より1％増加しているとのことである[11]。また、全体的にみると短期の刑を言い渡される者は減少しているものの、「6ヵ月以上12ヵ月未満」の拘禁刑を言い渡

---

[11] Ministry of Justice, *'Offenders Management Statistics Bulletin, England and Wales, 2017,'* p. 2. https://www.gov.uk/government/uploads/system/uploads/attachment_data/file/610969/ offender-management-statistics-bulletin-oct-dec-2016.pdf（最終閲覧日 2017 年 8 月 30 日）

202　第3部　国際的動向

される者の数は前年より 12％増加している[12]。こうした非常に短期の拘禁刑
を受ける者の増加は、出所後の社会復帰の観点からは問題が大きいことが容
易に推測される。現に、2016 年中に釈放後の社会内監督が取り消され刑務
所に再収容された者の増加率は、全体としては 1％を大きく下回るにもかか
わらず、12 ヵ月未満の拘禁刑を言い渡された者に限れば 57％も増加してい
る[13]。さらに、2016 年中に拘禁刑により刑務所に入所した者の数は 67,524
人であり、そのうち初入者は 41,496 人であったとされる[14]。なお、2016 年
10 月から 12 月の統計によれば、初入者の占める割合は前年の同時期より減
少傾向にある[15]。実際、この期間の拘禁刑による再入者は約 4 割を占めてい
る[16]。2000 年代以降、英国の刑事政策では更生保護や少年司法などさまざま
な場面で「再犯防止」が強調されてきた[17]が、依然として、刑務所への再入
者の問題は深刻であることが窺える。この一因としては一連の更生保護改革
の下で、保護観察官らの業務として、対象者の犯罪原因や社会環境に対する
ケースワーク的な働きかけよりも「再犯防止」のための法執行官の役割が強
調されるようになったことがあると考えられる[18]。さらに、2012 年法律扶助、
判決、犯罪者処罰法（Legal Aid, Sentencing and Punishment of Offenders Act
2012）において、拘禁刑の執行猶予への遵守事項の付与が必要的とされて以
降、社会内刑罰の言渡しが減少し、執行猶予の言渡しが増えており[19]、短期

---

12 Ministry of Justice, supra note 11, p. 2.

13 Ministry of Justice, supra note 11, p. 11. 同統計資料によれば、刑務所に戻ることになった理由
として最多であるのは、監督期間中の再犯である。とは言え、その割合は 45％にすぎず、遵守
事項違反による刑務所への再収容も少なくないことが推測される。

14 Ministry of Justice, supra note 11, p. 4.

15 Ministry of Justice, supra note 11, p. 5.

16 Ministry of Justice, supra note 11, p. 5.

17 更生保護における「再犯防止」の強調については、高橋有紀「2000 年代以降の日本と英国にお
ける更生保護制度の問題点と今後の展望 (1)」「同 (2・完)」一橋法学 12 巻 2 号、3 号（2013
年）参照。また、少年司法については、同「英国少年法の展開と現状」山口直也編『新時代の比
較少年法』（成文堂、2017 年）41-62 頁参照。

18 高橋・前掲注 (17)「2000 年代以降の日本と英国における更生保護制度の問題点と今後の展望
(1)」224 頁。

19 Ministry of Justice, 'Criminal Justice System Statistics quarterly: March 2017', 2017, p. 6.
https://www.gov.uk/government/uploads/system/uploads/attachment_data/file/638225/cjs-
statistics-march-2017.pdf（最終閲覧日 2017 年 8 月 30 日）

の拘禁刑の執行猶予中の再犯や遵守事項違反により短期の自由刑を執行され、釈放後の監督期間中の再犯や遵守事項違反で再収容される、という形で刑事司法、刑罰制度の中を巡回する者が多いことも推測されよう。

3　白書『刑務所の安全と改革』と拘禁刑改革

(1)　白書『刑務所の安全と改革』の全体像

　白書『刑務所の安全と改革』（以下、白書と略）は、2016年11月に公刊され、61頁にわたって、英国の刑務所が現在抱える問題点を指摘し、改革の方向性を示している。白書の冒頭では、刑務所を出所した者の約半数が1年以内に再入所する事実を指摘し、刑務所を単なる「犯罪者の収容施設（offender warehouse）」から「すべての受刑者によりよい人生を送るための機会を与える、改善のための秩序と希望ある場所」にすべきであるとの問題意識が述べられている[20]。

　また、こうした問題意識の背景には刑務所へ再入者の多さに加え、近年の刑務所が受刑者にとっても刑務官ら職員にとっても安全な場所とは言い難いことへの危機感が存在する[21]。すなわち、刑務所の保安状況は2012年以降悪化の一途を辿っており、刑務所内での暴力事案や自殺、自傷行為などが大きく増加しているというのである[22]。また、近年では刑務所における向精神薬の乱用や、所内への違法な携帯電話の持ち込み、ドローンの飛来なども深刻化しているとされる[23]。そして、刑務所が改善更生の場であるためには受刑者や職員にとって安全で規律ある環境が確保されることが不可欠であるとして、これらの問題を解決すべきことが強調されている[24]。

---

[20] Ministry of Justice, *'Prison Safety and Reform'*, 2016, p. 3. https://www.gov.uk/government/uploads/system/uploads/attachment_data/file/565014/cm-9350-prison-safety-and-reform-_web_.pdf（最終閲覧日 2017 年 8 月 30 日）

[21] このことは、NOMS の 2016 年年次報告書においても指摘されている。National Offender Management Service, *'National Offender Management Service Annual Report and Account 2016-2017'*, 2017, p. 6. https://www.gov.uk/government/uploads/system/uploads/attachment_data/file/630533/6.3329_NOMS_AR_180717_19_July_web.pdf（最終閲覧日 2017 年 8 月 30 日）

[22] Ministry of Justice, supra note 20, p. 40. sec. 170. & sec. 171.

[23] Ministry of Justice, supra note 20, p. 7. sec. 20 & sec. 21.

204 第3部 国際的動向

以上のような問題意識の下で白書は、「改革の枠組」「基準の明確化」「刑務所長の機能強化」「刑務所の安全」「幹部職員および刑務官の育成」「施設の整備」の各点について、現状を検証し、改善策を提案している。以下ではこれらについて、拘禁刑の枠組と刑務所の役割の観点および、刑務所長以下、刑務所職員の役割の観点のそれぞれから、特に重要であると考えられる箇所について検討するとともに、日本への示唆について若干の考察を加えたい。

(2) 拘禁刑と刑務所の役割

白書ではイントロダクションに続く第2章、第3章において、拘禁刑の目的や刑務所の役割、運営について明確な基準を定め、これらに従うべきであるとの提案がなされている。とりわけ、上述のように、これまでの英国では拘禁刑の目的をはじめ、刑務所運営や受刑者の処遇に関する事柄が法律にほとんど明記されてこなかったことが批判され、「刑務所制度の目的を明記した立法」を行うことが提案されている[25]。冒頭で紹介した2016-2017年刑務所及び裁判所法案において、「(a) 公衆の保護、(b) 犯罪者の改善更生、(c) 出所後の生活に向けた準備、(d) 安全な環境の保持」という4つの「刑務所の目的」を明記する提案がされているのは、白書を反映してのことと言えよう。実際、これら2つをはじめ、同法案で言及された4つの「刑務所の目的」を立法する必要性は、白書の第3章でも指摘されている[26]。拘禁刑の目的が法律その他に明文で示されず、それゆえに、刑務所の内外において拘禁刑の目的や刑務所の役割が十分に理解され意識されていない状況を改善すべきという白書の問題意識[27]は確かに首肯できるものである。また、白書では、拘禁刑が「自由を奪うことで犯罪を処罰するものであるとは言え、刑務所で過ごす期間は受刑者にとって出所後に犯罪をしない生き方をするための貴重な時間」であることも指摘している[28]。このことにかんがみると、「刑務所

---

[24] Ministry of Justice, supra note 20, p. 7. sec. 22.

[25] Ministry of Justice, supra note 20, p. 14. sec. 59. & sec. 62.

[26] Ministry of Justice, supra note 20, p. 20.

[27] Ministry of Justice, supra note 20, pp. 20-21

[28] Ministry of Justice, supra note 20, p. 20.

の目的」として、「犯罪者の改善更生」や「出所後の生活に向けた準備」が掲げられていることには好意的な評価ができそうである。実際、白書の第4章では、刑務所で従事できる作業を出所後の就労に役立つ内容にすること[29]や、出所後の帰住先について保護観察所（probation service）との連携を密にすること[30] なども提案されている。

　とは言え、白書では、受刑者が果たしてこれら4つの目的に則して行動しうるのか、行動しえないとしたらその背景にどのような事情があるのかについては特に触れられていない。また、上述した IEP のような批判の大きい制度を抜本的に見直す提案も見られない。他方で、白書においては、これら4つの目的について各刑務所の達成度を検証する仕組みを作ることが提案されている。そこでは達成度の指標として、逃走や（開放施設からの）出奔事故の件数、刑務所内での暴力事案や自殺事案の件数、刑務所における作業や教育等の機会の数や時間数、出所までに就労先や帰住先を得た者の数などが挙げられる[31]。むろん、いずれの指標も健全な刑務所運営や受刑者の改善更生に重要なものであるし、各施設が漫然と取り組むよりも一定の数値目標に向かって計画的に取り組む方が有効であるとの考えもあろう。しかし、殊、「犯罪者の改善更生」や「出所後の生活に向けた準備」に関する項目は、各刑務所に数値目標を示すことで一朝一夕に受刑者の意欲やそれを促す職員の働きかけが向上するものとは言い難い。刑務所での処遇如何と言うより、受刑者を取り巻く社会の事情に影響される側面が少なくないことも容易に想像される。また、保安面での数値目標は「荒れた」施設の幹部職員や刑務官らに過度のプレッシャーを与え、結果的に、そうした施設では、受刑者の「出所後の生活に向けた準備」に資する建設的な活動や条件付一時外出（Release on temporary license, ROTL）の活用が不十分になる懸念もある。総じて白書は、拘禁刑の目的や刑務所の役割について一定の有意義な提案をしつつも、さまざまな事情の下で犯罪や再犯に至る受刑者らにとって、それらが現実的であるのかに関する分析は必ずしも十分ではない。とは言え、以下で検討す

---

29 Ministry of Justice, supra note 20, p. 32. sec. 131. etc.

30 Ministry of Justice, supra note 20, p. 35. sec. 148. etc.

31 Ministry of Justice, supra note 20, pp. 23–25.

206　第3部　国際的動向

るように、白書は刑務所長や現場の刑務官など刑務所職員の役割についてさ
まざまな提案をしている。そして、これらは拘禁刑の目的や刑務所の役割の
実現に少なからず積極的な影響を与えることを期待させるものでもある。

(3)　刑務所長と刑務官の役割

(a) 刑務所長の役割

　白書の第4章は、各刑務所における所長にこれまで以上に大きな権限を与
え、刑務所の運営や方針決定に関する裁量の幅を広げることを提案している。
特定の刑務所やそこに入所する受刑者について最もよく知っているのは当該
刑務所の所長である以上、当該刑務所の受刑者をどのように改善更生させる
かについて、これまでより多くの裁量を刑務所長に与えるべきであるという
のである[32]。白書ではとりわけ、認可プログラム、医療・保健、作業、職員、
予算、刑務所組織の各分野については2017年4月以降、刑務所長により多
くの権限を与えることを提案している[33]。いずれの分野においても、各刑務
所の受刑者のニーズや地域事情に応じた取組みを所長の判断により柔軟に取
り入れることに主眼が置かれているようである。また、白書では民営刑務所
においてはすでに、所長に刑務所運営や予算管理に関する大きな権限がある
ことも指摘されている[34]。実際、治療共同体の取組みを早期に導入した、ダ
ヴゲート刑務所が民営（PFI）刑務所であることは日本でもすでに紹介され
ている[35]。官営の刑務所の所長にも、民営刑務所同様に、大きな権限や裁量
を与えることを提案する白書からは、それらによって各刑務所が主体的に、
白書や2016-2017年刑務所及び裁判所法案の掲げる4つの目的の達成に向け
て創意工夫するようになることへの期待が見え隠れする。

　他方で、これらの提案の背景には、これまで英国の刑務所の運営には、
――受刑者が所持できるシャワーキャップの数やバスマットの大きさなど

---

[32]　Ministry of Justice, supra note 20, p. 26.

[33]　Ministry of Justice, supra note 20, pp. 28-29.

[34]　Ministry of Justice, supra note 20, p. 37. sec. 156.

[35]　三宅孝之＝R・グランディング「イギリスにおける PFI 刑事施設と受刑者の社会復帰――ダヴゲ
　　ート刑事施設（治療共同体）監察リポートにふれて」島大法学 52 巻 1 号（2008 年）1-25 頁。

——全国統一の細かな決まりごとが数多く存在していた[36]という事情もある。上述の IEP についても、こうした決まりごとの下で、必ずしも「特権」が各刑務所の受刑者のニーズに合致していなかった面もあったようである[37]。それゆえ白書では、刑務所長の裁量の幅を広げると同時に、こうした細かい決まりごとの一部を撤廃することを表明している。これらを通して、IEP やROTL を各刑務所の実情に応じて柔軟に活用し[38]、受刑者の改善更生に繋げようというのが白書の意図のようである。とは言え、IEP を通して受刑者に改善更生に向けた合理的な選択を促すという発想には無理があることはすでに指摘されている[39]。さらに、上記の 4 つの目的に則した数値目標を課すことが検討されていることは上述したとおりである。そのような中で、刑務所長がどこまでの裁量を行使できるかは疑わしい。ともすれば、各刑務所における上記 4 つの目的の達成や、それを通じた受刑者の改善更生、再犯防止の責任の大部分が刑務所長に「丸投げ」されるのみとなる懸念もあると言えよう。

(b) 刑務所職員の役割と職員体制

　白書では刑務所長のみならず、刑務所の幹部職員や刑務官といった刑務所職員の役割やその体制についても種々の提案がなされている。職員体制については、現場で勤務する刑務官を 2018 年末までに最大 2500 人増加させ、その他の職員も増員すること[40]、職員一人当たりが受け持つ受刑者の人数を 6人程度にすること[41]とともに、刑務官らへの研修を充実させること[42]が提案されている。また、現に HMPPS のウェブサイトにも刑務官らの募集、採用に関する記事が掲載されており、その中でも、刑務所での業務のやりがいや充実した研修制度の存在が強調されている[43]。さらに白書は、退役軍人を刑

36　Ministry of Justice, supra note 20, p. 38. sec. 162.

37　Ministry of Justice, supra note 20, p. 39. sec. 165. また、Prison Reform Trust, supra note 8 では、「クロスワードパズルの本の差し入れが認められない」などといった受刑者の家族の嘆きが紹介されている。

38　Ministry of Justice, supra note 20, p. 38. sec. 165. & sec. 168.

39　Liebling, supra note 5, pp. 39-40.

40　Ministry of Justice, supra note 20, p. 54. sec. 237.

41　Ministry of Justice, supra note 20, p. 42. sec. 184.

42　Ministry of Justice, supra note 20, pp. 54-55. Sec. 237.

務官として採用すること[44]も提案している。これらの事実は、HMPPSや法務省が刑務官ら刑務所職員の増員に多くの力を注ぎ、さまざまな工夫をしていることを象徴するものと言えよう。

くわえて、白書においては受刑者の改善更生において刑務所職員が果たすべき役割についても踏み込んだ記述が見られる。すなわち、受刑者が犯罪からの離脱につながるような活動に積極的に参加するには、職員が受刑者を励まし動機付けるような適切な支援と権威をともなった関係性が必要である[45]というのである。そのような問題意識の下、白書では、受刑者の日常生活にかかわるすべての刑務所職員に対して、受刑者の抱える問題に耳を傾け、変化を促し、不満や苛立ちをなだめるメンター（mentor）として振る舞うことを求める[46]。同時に、刑務所長に対しては、各受刑者に応じたケースマネジメントを担う者を雇用することやそうした者を支えることが求められている[47]。

興味深いのは、こうした刑務所職員の役割に関する提案の大半が、「刑務所の安全」を検討する第5章に書かれていることである。上述のように、刑務所の保安状況の悪化は近時の英国における深刻な問題の1つとされ、同章でも薬物や違法な携帯電話の持ち込み、ドローンの飛来などへの対処のあり方に多くの紙幅が割かれている。しかし、同章では同時に「刑務所の安全を改善するには、刑務所職員による受刑者への支援やかかわりのあり方を抜本的に変化させることが必要である」ことも指摘されている[48]。こうした問題意識からは、単に物理的な意味での「刑務所の安全」を確保するにとどまらず、受刑者や刑務所職員の生活面、精神面における安全感、安心感を醸成し向上させることへの関心が窺える。また、一部の刑務所では試行的に、受刑者間あるいは受刑者から刑務所職員に対する軽微な暴力事案について修復的

---

43 HM Prison and Probation Service, https://www.prisonandprobationjobs.gov.uk/（最終閲覧日 2017年8月30日）

44 Ministry of Justice, supra note 20, p. 56.

45 Ministry of Justice, supra note 20, p. 42. sec. 183.

46 Ministry of Justice, supra note 20, p. 42. sec. 184.

47 Ministry of Justice, supra note 20, p. 43. sec. 186. & sec. 187.

48 Ministry of Justice, supra note 20, p. 42. sec. 180.

司法（restorative justice）のアプローチが実施されており、このアプローチは今後、他の刑務所にも拡大される予定であるとされる[49]。これらのことから、白書では、受刑者の改善更生における受刑者と刑務所職員の双方の人格の尊重や、受刑者の主体性に訴えることの意義を少なからず重視していることが見て取れる。また、こうした提案がなされる背景には、上述のように白書が、拘禁刑について「自由を奪うことで犯罪を処罰するものであるとは言え、刑務所で過ごす期間は受刑者にとって出所後に犯罪をしない生き方をするための貴重な時間」と認識していることがあると考えられる。現場の刑務官（frontline prison officer）であっても、ただの警備員（security guard）や番人（minder）ではなく、メンターであるべきである[50]とする白書の姿勢からは、刑務所の日々の空気そのものを単なる「安全な収容施設」以上のものにする必要があるとの認識が窺える。この点は日本においても大いに参考にすべき点と言えよう。

(4)　日本への示唆

　上述のように、今般、英国で公刊された白書『刑務所の安全と改革』には、肯定的に評価できる点も、その限界や弊害が懸念される点もそれぞれに存在する。また、肯定的に評価できる点であっても、司法制度や刑罰制度のさまざまな側面が英国とは異なる日本において、それらをそのまま取り入れるのが現実的でないことは言うまでもない。しかし、「刑務所の目的」を法文中で明示しようとしている点、またその目的の達成にあたって、各刑務所の実情に合わせた柔軟な運営や処遇の余地を認めるとともに、刑務所職員にメンターとしての心構えを求めている点などは、日本においても大いに参照されるべきである。また、日英の司法制度、刑罰制度や社会情勢の違いを考慮してもなお、今般の英国の拘禁刑改革における以下の2点は、日本に対して大きな示唆を与えるものと考える。

　第1に、英国では今般の拘禁刑改革に多額の予算を投入する予定であるという点がある。すでに刑務所職員の増員が検討され、職員募集の広報や刑務

---

49 Ministry of Justice, supra note 20, p. 50. sec. 222.
50 Ministry of Justice, supra note 20, p. 9. sec. 39.

210 第3部 国際的動向

所職員の研修にも注力されていることは上述したとおりであるが、それらに
加え、老朽化した施設の改修や建て替えも検討されている[51]。この背景には、
単なる施設の老朽化や不足といった事情のみならず、受刑者の改善更生のた
めにはそのリスクや身体上あるいは社会復帰上のニーズに合わせた収容環境
を整備すべきであるとの認識がある[52]。そして、これらは単に白書において
提案されたのみならず、すでに法務省の方針としてHMPPSのウェブサイト
にも掲げられている[53]。拘禁刑の目的や刑務所の役割について立法を通して
明示することはもちろん有意義なことであるが、立法を具体化するためには
一定の予算措置をともなうソフト面、ハード面の整備が不可欠である。そし
て、これはどこの国のどのような形での拘禁刑改革にも当てはまることであ
ろう。日本同様、厳しい財政状況の下にありながら、刑務所のハード面、ソ
フト面への多額の投資を辞さない英国における拘禁刑改革の「本気度」には
一定の参照の価値があると言える。

　第2に、白書の第2章において、刑務所査察官（Inspectorate, HMIP）や独
立監視委員会（Independent Monitoring Board）が刑務所運営について今まで
以上に十分な検証や改善提案をできるような仕組みや、議会、納税者に対す
る刑務所側の説明責任の重要性について頻繁に言及しているという点があ
る[54]。その時々の刑務所運営の現状や課題、法その他の掲げる目標への到達
度などについて定期的にチェックを受けることは受刑者の改善更生にも、刑
務所の適切な運営にも有意義である。また、議会や納税者に対する刑務所側
の説明責任は裏を返せば、議会や納税者の側にも刑務所や受刑者の状況を正
確に理解し、より良い立法や政策を自らの住む社会の課題として検討する義
務を生じさせることにもなろう。対して現在、日本のいわゆる被収容者処遇
法の下では、英国のHMIPのような制度は置かれておらず、刑事施設視察
委員会も必ずしも十分に機能していない。また、種々の統計資料等の情報も、

---

[51] Ministry of Justice, supra note 20, p. 58. etc.

[52] Ministry of Justice, supra note 20, p. 59. sec. 241. & sec. 242.

[53] Ministry of Justice, *'Prison Reform: open letter from the Justice Secretary'*, 2017, https://www.gov.uk/government/speeches/prison-reform-open-letter-from-the-justice-secretary（最終閲覧日 2017年8月30日）

[54] たとえば、Ministry of Justice, supra note 20, p. 16, pp. 18–19.

英国に比べると十分に公開されているとは言い難い。しかし、行刑改革会議の提案や 2016 年に施行された再犯防止推進法において、国民の理解や支えの重要性が指摘されている以上、日本でも、刑務所や受刑者の現状や課題に関するチェック機能や説明責任のあり方について今一度検討し、それらを充実させることは不可欠であろう。英国における拘禁刑改革はこの点でも、日本に有意義な示唆を与えるものである。

4 結びに代えて

今般の英国の拘禁刑改革は、長期にわたる大掛かりなものとなりうることが HMPPS のウェブサイトにおいて明言される[55] とともに、首相の「社会改革の取組み（social reform programme）」の重要な一部[56] としても位置付けられている。もっとも、英国においては、日本では考えられないような頻度で司法制度や刑罰制度の改正や組織再編が行われるのも事実である。2004 年の NOMS の発足が、当時においてはまさに鳴り物入りの大改革であったにもかかわらず、15 年も経たずに HMPPS へと再編されている事実などは、それを象徴するものと言える。それゆえ、このたびの白書『刑務所の安全と改革』が示した拘禁刑の枠組みやそれに基づく 2016-2017 年刑務所及び裁判所法案も、ともすれば数年のうちに見直される可能性もないとは言い切れない。また、英国ではそうした頻繁な法改正や組織再編にもかかわらず、「再犯防止」が必ずしも奏功せず、それゆえに更なる法改正や組織再編が行われている側面も否定できない。白書においても、たとえば非常に短期の拘禁刑の多用のような、その弊害がすでに各所で指摘されている問題について、受刑者の改善更生や刑務所の運営に与える影響を検討した箇所などは見られない。そうした点にかんがみると、今般の改革が仮に「刑務所の安全」をもたらすとしても、再犯や再入者の減少に寄与するのかは疑わしいと言わざるをえない。

しかし、「刑務所の目的」を法で明示し、それを通して刑務所を単なる

---

55 HM Prison and Probation Service, supra note 43.

56 Ministry of Justice, supra note 20, p. 8. sec. 31.

「安全な収容施設」から「受刑者が改善更生し、出所後の生活のための準備をする場所」にすることを目指すという、今般の英国の拘禁刑改革における理念は興味深いものである。また、そのために刑務所職員のあり方を再考し、刑務所の日々の空気そのものを変えようとする点は日本においても大いに参照されるべきである。もっとも、白書の提案には、そうした有意義な方針をより良く実現することに繋がるのか疑わしい部分が少なくないことも上述したとおりである。とは言え、英国における今般の拘禁刑改革はまだそのスタートラインに立ったばかりである。それゆえ、英国の拘禁刑改革から日本への教訓を見出すには、今般の白書の内容のみならず、そこで示された方針が今後の立法や刑務所のあり方、犯罪者の改善更生にどのような影響を与えるか注視していく必要性が高い。これらについては本稿の以後の課題としたい。

マンデラ・ルールズは刑罰改革の旗印となるか

—国際基準としての被拘禁者最低基準規則—

寺中　誠

「その国を知るにはそこの刑務所に入ることだ。国の良し悪しを判断するには、その国の最上位の市民ではなく、最底辺にいる市民がどのように取り扱われているかで見るべきだ。」

—ネルソン・マンデラ—

　2015 年、1955 年の第 1 回国連犯罪防止会議で採択されて以来の受刑者処遇の国際基準が、60 年ぶりに改訂された。改訂版の基準は、南アフリカ共和国のマンデラ元大統領の名前にちなんで、マンデラ・ルールズと命名された。

　ネルソン・マンデラは、南アフリカのアパルトヘイト体制と闘い、20 世紀における人権の大きな一歩を踏み出した。しかし、アパルトヘイト体制との戦いの中、彼は、政府転覆を図ったとして終身刑を言い渡され、政治囚として 27 年間を獄中で過ごすこととなった。彼は、受刑者として大きな抑圧にさらされたのである。刑務所への収監の経験者であるということと、犯罪者に対する刑罰の賦課には必ずしも正当性をともなわない場合があることを、彼は自らの経験によって、長い時間をかけて内外に示したのである。主権国家の集合体である国際社会において、その主権国家の施策に批判的な目を向けることの重要性を自らの経験によって示したことこそ、マンデラ元大統領が人類の歴史上に残した重要な教訓である。多くの国際人権基準や関連文書は、彼が遺した教訓のうえに打ち建てられていると言っても過言ではない。

　冒頭の彼の言葉は、こうした彼自身の経験を前提として理解するべきだろう。現実の世界において刑罰とはどういうものであり、監獄や刑務所とはど

214　第3部　国際的動向

ういう存在なのか。そこに収容される受刑者とはどのような人びとで、その後の人生でどのような生活を施設内外で送ることになるのか。そのような根本的問いを前提として、将来の制度のありようを考えなければ、刑罰制度の改革は宙に浮かんだだけの、浮ついたものにしかならないだろう。

1　刑事政策の国際基準はなぜ必要なのか

　人の拘禁に関する制度を含め、刑事政策は、その性質上、一国の制度にとどまるものとは言えない。すでに太平洋戦争前の日本においても、正木亮はその著「刑事政策汎論」において、世界各国に共通する刑事政策上の特性を「刑事政策の世界性」と名付け、独自の考察対象と考えていた[1]。

　当初はもっぱら行動科学の知見の共有、国際刑事司法共助をめぐる問題という性格が強かった世界性の議論であったが、戦後国際人権法の発展とともに、国内法下の制度と国際的に合意された人権基準との関係性の問題として議論が再整理されることになる。特に、国際人権法の当初の重点が自由権、特に人身の自由に置かれたことで、この分野は刑事政策論と国際法が交錯する新たな研究領域として陽が当たる。

　1948年の世界人権宣言以降、1976年発効の自由権規約、1987年発効の拷問等禁止条約などは、主として国連の場を利用した刑事政策や行刑に関わる重要な国際文書としての地位を占めている。これら条約に加えて、1957年に経済社会理事会で採択された「被拘禁者処遇最低基準規則」（Standard Minimum Rules for the Treatment of Prisoners：以下 "SMR"）は、刑事政策に携わる研究者、実務家の関心が高く、比較的初期からその紹介がなされた。この最低基準の淵源は1929年の国際刑法及び刑務委員会による「被収容者処遇最低基準規則」にあるとされる[2]。ただ、これが重要視されるに至ったのは、SMRの冒頭の予備的見解に掲げられたように、20世紀戦後時点の思想の一般的合意に基づき、「被拘禁者の処遇および施設の管理についての優

---

[1]　正木亮『刑事政策汎論』（有斐閣、1939年、増訂版1943年）9-35頁。
[2]　森下忠「国際会議と矯正・保護」朝倉京一ほか編『日本の矯正と保護 第1巻 行刑編』（有斐閣、1980年）353頁。

れた慣行（ベスト・プラクティス）を列挙し」、当時にしては先進的な刑事政策の水準を示したという点であった。

一例を挙げる。1977年に法務省矯正局が編んだ「資料・監獄法改正」（矯正協会、1977年）は、1971年に開始された法制審議会での監獄法改正の議論に関わる重要資料を集めたものである。ここでは、判例や英独仏墺法などとの比較もさることながら、各争点に関わるSMRの関連個所が第一義的に参照されている。将来の監獄法の改正について、当時の法務省が国際基準としてのSMRを参照モデルとして意識していたことを窺わせる。

条約は主権国家の集合体である国際社会の法として、各締約国を法的義務によって拘束する。しかしSMRは条約ではないため、厳密にいえば国際法上の法的拘束力を持つわけではない。ただ、規則やガイドラインと呼ばれる条約以外の法的文書もまた、条約の履行や各国内の実務的慣行を方向付けることで、国際的な潮流を作り出す実際的な機能を果たしている。特に、優れた慣行を法的文書に列挙することは、それらの慣行が今後の実質的な国際基準となり得ることを示すことにもなる。公権力による強制力を中心に考えがちな国内法とは異なり、国際法は慣行の積み重ねにより生成されることを基本としている。SMRに見られるような優れた慣行の列挙は、それ自体が将来の規範を生成する動きである。したがって、70年代の日本の監獄法改正の動きがSMRを参照したこと自体、SMRが実質的に国際基準として機能したことの表れだと言えるだろう。

SMRの制定は50年代という戦後の比較的早い時期であり、各種国際人権基準の中でも先行していた。国際人権章典として中心的な地位を占める自由権規約と社会権規約の発効は、その後1976年まで待たなければならないし、拷問の禁止に向けた国際基準は、宣言が1975年、条約の制定に至っては1984年までずれ込む。すなわち、条約を中心とした国際法体系の整備に先んじて、具体的な実施体制に関わる優れた慣行の選別・列挙が行われたわけである。このSMRの策定作業自体が、それを通じて将来の国際基準の重要な諸原則を確認していく実務プロセスだったと言えるだろう。

各国は、事実上の国際水準を示した文書としてSMRを理解し、そのように用いた。それにより国際的な慣行としてのSMRの国際基準化は推進され

216　第3部　国際的動向

た。SMRはその意味で、上意下達式に適用された規範ではなく、各国が自発的に拠り所として利用することで現実化し、事実上の拘束力を持つに至った国際基準である。文化的な違いなどに配慮していることから各国で捉え方に若干の差はあるが、大まかに言って、SMRの存在により、懲罰中心の刑事施設理解から、人権保障、改善・社会復帰処遇の主流化への傾向が固まったと言えるだろう。

　このSMRを、ここからどのように発展させていくのか。SMR改訂、マンデラ・ルールズの誕生は、まさにその試みだったと言える。

2　SMRの改訂に向けた動き

　SMRの改訂作業は2010年に開始されたが、改訂方針をめぐる議論があり、具体的な作業に入ることができたのは2012年1月に入ってからである。

　結果的に、改訂作業は従来のSMR全体のほぼ3割超に及ぶ大改訂となった。この改訂規模と方針については、この問題に取り組む専門家組織などのSMRの支持派内部で議論があった。全面改訂のコストやリスクを考慮すると、最小限度の改訂で済ますべきであって実際の拷問禁止措置の発展を優先するべきという意見と、すでに60年を経た規定で新たな水準が数多く示されているのだから全面改訂を進めるべきだとする意見が対立したのである。全面改訂への懸念を示した側は、全面改訂を機に水準を引き下げたいと考えている国がSMRの弱体化を図るのではないか、と強く懸念していた。また、SMRの適用範囲についても、問題のある制度を例外として外すことで、国際水準から逃れようとする政府がある点が懸念されたのである。

　実際、拷問等禁止条約の選択議定書に基づく拷問防止メカニズムのシステムが機能し始めたのは最近であり、小委員会の活動も各国の国内防止機関の充実も未だ発展途上である。この時点で、そうしたメカニズムの活動根拠となる国際水準を示す法的文書を改訂することにはリスクがともなう。さらに全面改訂となると、多岐にわたる論点を精査し、その妥当性を確認していくだけでもかなりの労力が費やされることになる。

　しかし一方で、国際水準を明確に示すニーズも高まっていたと言えるだろ

う。全面改訂を主張した側の論理は、最初期の国際人権基準として定着したと見做されている SMR をさらに発展させ、技術的にも制度的にも大きく変化した 60 年後の現状に合わせる必要に着目したものである。実際、矯正の現場では、80 年代以降の米国、その他欧州などで見られた刑務所人口急増への反省もあり、従来の改善・社会復帰処遇への再評価、さらには修復的司法や治療的司法を視野に入れた処遇理念の再編が始まっていたのである。

こうした理念面の理解は、近年、自由権規約や社会権規約、ILO 諸条約といった国際人権法の解釈が進んできたことの影響も受けている。特に人権享有主体別の基準作りが進んでおり、各種国際機関でも徐々にそれぞれの特殊状況に対する条約や基準、ガイドラインやプロトコルの制定が進んでいる。小委員会の設置もまた、そうした国際諸基準の実施体制の充実と考えれば、SMR の全面改訂はそのための大きな力であると認識されたはずである。

こうした議論を経て、2012 年、SMR の全面改訂が本格的に始動した。その中でも特に、拷問防止のために働く専門組織や拷問防止小委員会の動きに注目が集まったのである。SMR には、現在の国際水準を示した面と優れた慣行を集めたという両方の側面があるが、改訂にあたっては、これまでの水準を一切引き下げないこと、また適用範囲を変更しないことなどが強く確認された。そのうえで、2012 年内の議論を受け、2013 年、拷問防止小委員会は、以下の 10 項目にわたる重要な改訂ポイントを提示した。

1. 被拘禁者の人間としての固有の尊厳と価値の尊重
2. 医療・保健サービス
3. 規律・懲罰における医療スタッフの役割等、昼夜間独居拘禁、減食
4. 拘禁中の死亡、被拘禁者への拷問・虐待に対する調査
5. 自由を奪われた脆弱なグループの保護と特別なニーズ
6. 弁護士へのアクセスの権利
7. 不服申し立てと独立した調査
8. 時代に合わなくなった用語の変更
9. SMR 実施に向けた関係職員に対する研修
10. 「障害を持つ被拘禁者の必要やニーズ」への配慮

218　第 3 部　国際的動向

3　何からの安全か？　誰の安全か？

　当初から想定されていたのは、まずこの 60 年で得られた新たな国際基準の変化を含めることであった。これは上記、改訂ポイントの最初の項目にあたる。

　特に 1990 年に SMR とは別に採択されていた被拘禁者処遇原則が、今回あらためて改訂版の冒頭に統合されて組み入れられることとなった。この被拘禁者処遇原則は、全部で 11 条からなる簡潔な文書だが、被拘禁者の人権の保障、差別禁止、文化的背景の尊重、福祉目的の重視、教育や就労の支援を含む改善・社会復帰理念の再確認、さらに処罰としての昼夜間独居拘禁の廃止など、原則面をカバーした国際基準である。この総論的諸規定については、初期の SMR に欠けていた部分であり、今回の改訂にあたって、改訂版の冒頭に組み込まれることになった。

　この処遇原則の中で注目すべきは、「保安（Security）」概念の捉え方の変化である。刑事施設における保安概念は、これまでもっぱら「施設からの逃走防止」「施設内の騒乱を防遏する」という目的で語られてきた感がある。特に日本では、これを「所内の規律維持」と読み換えて用いる傾向も強い。

　刑事施設収容処遇法の 73 条には刑事施設の規律と秩序の適正な維持が規定されているが、同法は保安概念そのものは直接規定してはいない。一方で、刑事施設の内部組織[3] においては、2001 年の改訂により従来の「管理部保安課」が「処遇部」に名称が改められ、その職掌は旧規程とほぼ同一の「警備及び保清並びに作業その他の処遇の実施に関すること」とされている。このことから、日本の刑事施設における保安とは、一般的には「被拘禁者を施設内に隔離し、生活上の規律を遵守させ、作業に従事させること」を意味していると考えられる。

　SMR でも保安への言及はあるが、改訂版ではしばしば関連文書等でこれを「Safety and（Personal）Security」という表現に言い換えている。施設環

---

3 刑務所、少年刑務所及び拘置所組織規則（2001 年 1 月 6 日法務省令第 3 号、旧規程は 1949 年法務府令第 4 号）。

境の安全確保と施設職員と被拘禁者個人の安全確保の双方を指す表現である。つまり日本の実務的理解とは異なり、被拘禁者の生活の場としての施設の安全確保と、被拘禁者自身が安全に生活できることを保安概念として規定したと考えられる。

このことは、施設の性格について、日本の矯正実務と現在の国際基準とでは大きな乖離が生じていることを窺わせる。被拘禁者処遇原則を踏まえた改訂版 SMR は、刑事施設を、外界に対する潜在的脅威者を収容する場所としては捉えるのではなく、いずれ健康な状態で社会復帰をする人びとを保護する場所として捉えている。国際基準が主たる関心を示したのは、保安の名の下に施設内を厳格な規律で支配することなどではなく、むしろ支配の力を振るう当局や職員あるいは他の被拘禁者から、抑圧や暴力の被害を受けがちな脆弱な立場に置かれた被拘禁者たち自身の安全を確保することであった。

原則部分におけるこうした言及は、第5の改訂ポイントの「脆弱なグループの保護」にも色濃く反映してくる。この点は後述する。社会から隔離され、内部の規律を厳格に重視する全制施設が持つ弊害については、さまざまな研究によってしばしば指摘されてきたことである。改訂版の SMR は、所内規律の維持を最重要視する実務に対して、保安概念の再解釈を施すことにより、保護対象を被拘禁者自身に明示的に変更するべきだと示唆していると思われる。

4 拷問・虐待の禁止と SMR

改訂版の SMR で最も重要な変化は、拷問・虐待の禁止をうたった拷問等禁止条約を中心とする拷問・虐待禁止規範が充実したことである。

拷問・虐待の禁止は国際法上の強行規範（ユス・コーゲンス）であり、この理解自体は 60 年前と共通している。しかし、どのような行為がこの拷問・虐待の概念に含まれるかをめぐっては、条約やその後の選択議定書の制定や防止措置に関する国際基準の発展を受けて大きく変化してきた。

特に国際法上は、条約名に表れた「拷問および残虐あるいは非人道的もしくは品位を傷つける取り扱いまたは刑罰」の内容が、条約制定の 80 年代以

来、厳格に概念規定され、発展してきた。

この概念は、「拷問」と「残虐あるいは非人道的もしくは品位を傷つける取り扱いまたは刑罰（頭文字をとってCIDと称される）」の2つに分類される。後者のCIDを総称する一般名称が「虐待（ill-treatment）」であり、拷問・虐待と並列的に称されるのはこれに由来する。

拷問は、条約1条に掲げられた定義[4]を基本としており、身体的拷問に加えて精神的拷問も含むこと、故意または目的意思を持った行為であること、公務員およびそれに準じる者による行為であることなどが要件として掲げられている。また、用語法としては、一時的に人に対して加えられる行為に用いることが多い。これに対して「虐待」は、継続的に苦痛がある状態に置かれることが想定されているようである。その分、目的意思や意図が拷問よりも弱い場合も含まれ得る[5]。

たとえば、自白を引き出すために尋問中に殴打や器具を用いた身体的攻撃を加えたり、大音量を聞かせ、眠らせないといった手法を取ることは「拷問」にあたる。それに対し、不衛生な環境下に長期間閉じ込め、満足な食事を与えず、必要な運動もさせないまま放置していた場合は、「虐待」とされることが多いようである。どのような場合でも絶対的に禁止されている点（自由権規約4条）は同じなので両者に明確な境界線を引けるわけではない。被害や苦痛の程度も大きく異なるわけではない。ただ、たとえば差止めをめぐる判断などでは、継続的な性格を持つ虐待と、一時的な状態である拷問とでは、実務的な判断に影響を出る場合が考えられる。また、同じ虐待でも、

---

4 拷問等禁止条約第1条
　この条約の適用上、「拷問」とは、身体的なものであるか精神的なものであるかを問わず人に重い苦痛を故意に与える行為であって、本人若しくは第三者から情報若しくは自白を得ること、本人若しくは第三者が行ったか若しくはその疑いがある行為について本人を罰すること、本人若しくは第三者を脅迫し若しくは強要することその他これらに類することを目的として又は何らかの差別に基づく理由によって、かつ、公務員その他の公的資格で行動する者により又はその扇動により若しくはその同意若しくは黙認の下に行われるものをいう。「拷問」には、合法的な制裁の限りで苦痛が生ずること又は合法的な制裁に固有の若しくは付随する苦痛を与えることを含まない。

5 今井直「国際法における拷問禁止規範の現在」拷問等禁止条約の国際実施に関する研究会編／村井敏邦・今井直監修『拷問等禁止条約をめぐる世界と日本の人権』（明石書店、2007年）37-42頁も参照のこと。

「残虐・非人道的」とされる場合と、「品位を傷つける」とされる場合とでは、意図の有無の判断基準が異なる可能性もある。

　これら拷問禁止規範の判断は、欧州拷問防止条約のメカニズムの中で一定のレベルで培われてきた。それも踏まえ、拷問等禁止条約の条約機関である国連拷問禁止委員会とともに、拷問等禁止条約の選択議定書に規定された予防メカニズムを担う防止小委員会は、特に拘禁制度にまつわる拷問・虐待にあたる事例の収集に努めてきた。

　防止小委員会の指摘した改善ポイントの2.と3.は、主として医療スタッフの役割と拷問防止の機能における彼らの役割に焦点が当たっている。刑務所医療はしばしば問題が生じる分野であり、制度面でも質の確保の面でも初期のSMRの時代には十分カバーされていなかった。その後、医療倫理と刑務所医療の分野の双方に大きな動きがみられたことから、今回の改訂の最重要ポイントの1つとなった。

　この分野については、1999年に国連の公式文書とされるに至った「イスタンブール・プロトコル」がある。正式名称は「拷問及びその他の残虐、非人道的あるいは品位を傷つける取り扱いあるいは刑罰の効果的な調査と記録に関するマニュアル」と称される。実際に拷問・虐待の痕を診察し、確認する作業を担うのが医師であることから、医師の独立した立場が強調されている。医療倫理の観点からも、医師の独立性は大原則でもあり、改訂版のSMRでも前提の1つとして扱われている。ただ、たとえば日本の制度のように医師が施設長の監督下で自由な医療や情報提供が保障されていない場合は、拷問・虐待の防止体制が未整備だという指摘を受けるだろう。

　この拷問・虐待の申し立てに対する対応体制については、改善ポイントの4.と7.でも強調されている独立した監視機関の設置と関わってくる。日本には、未だに国内の独立した人権監視機関が設置されておらず、拷問等禁止条約の選択議定書の締約国となるために必要な拷問防止のための国内メカニズムも設置されていない。刑事施設視察委員会などがその有力な候補ではあるが、現段階では独立性の保障の観点からも、また調査活動や申し立て手続きの処理の観点からも制度的には不十分なままである。この国内人権機関に関する問題については、1992年に国連人権委員会にて採択された「国家機

222　第3部　国際的動向

関の地位に関する原則（いわゆるパリ原則）」が国際的な基準として機能しており、現在世界では 120 か国以上の人権機関がこれに基づいて設置されている。SMR や刑事施設の実務指針においても、国内にこうした独立した人権機関の存在が前提となっていることが多いが、日本の制度を考えた場合、この点は大きな課題として残るだろう[6]。

　ここでも注目される医療との関りは、SMR がマンデラ・ルールズへと改訂されるうえでの重要論点である。単に医療問題というだけでなく、拘禁制度にまつわるさまざまな問題の発見につながるアクセスの経路としても、医療には大きな関心が寄せられている。さらには、医療というルートを用いつつ、個々の被拘禁者が持つそれぞれのニーズを把握するため、被拘禁者ファイルのデータベース化にも関心が広がっている。当然それとバランスをとるためにプライバシー権の確保が必要となる。このように施設内の情報管理も、マンデラ・ルールズが向かおうとする新たな分野である。従来の施設内処遇ではあまり意識されてこなかった点だと言えるだろう。全面改訂を目指したマンデラ・ルールズは、今や、人権保障に基礎付けられた新たな施設内処遇の水準を生み出すという、壮大な挑戦に着手したのである。

5　マンデラ・ルールズによる、具体的な変更点

　SMR 改訂にあたっての、具体的な変更点を概観してみよう。

(1)　被拘禁者の人権保障とプライバシー保護

　規則 1 から規則 10 までは新設されたが、本来、被拘禁者処遇原則にあっ

---

6 日本でも人権擁護法案の検討と連動し、行刑改革会議が、「公権力による人権侵害等を対象とした独立性を有する人権救済機関」が設置されるまでの「暫定的かつ事実上の措置として」、法務省に「刑事施設不服審査会（仮称）」を設置し、法務大臣は（情願および）再審査の申請に理由がないと判断するときは、その審査会の議に付さなければならない、とする提言を行った（提言第 4 の 3（2））。これを踏まえ、法務大臣が「刑事施設の被収容者の不服審査に関する調査検討会」を設置して、処理案件を検討している。ただし、これはどの側面から言ってもパリ原則の独立性要件を満たすものではなく、拷問等禁止条約の選択議定書の要件とも異なるため、国際基準には合致してしない。

た規定を統合したものである。被拘禁者の法的地位を確認し、人間としての固有の尊厳と差別禁止の原則を確認している。すなわち人権保障の大原則の確立である。

規則2の差別禁止の原則は、一般的な禁止原則だけでなく、第2項で具体的に差別を受けやすい最も脆弱な層に属する人びとの事情を個別に把握し、措置を取ることを求めている。ともすれば為政者や一般社会の多数派から批判される可能性を見越したうえで、マイノリティに対する優遇や保護自体を差別的取り扱いとはみなさないことを付言している。施設の中であっても施設外の社会の差別構造に引きずられる可能性を考えれば、このような条項を明記することで、実効的な差別禁止措置を講じる責任を当局に負わせているわけである。

規則3では、施設収容による外界との遮断を極力避けるべきとする。外界との遮断自体が苦痛を与えるものであり、それ以上の苦痛を増大させることを一般的に抑制している。刑罰による拘禁の性格について、自由剥奪以外の効果を極力減じさせるという原則を確認したものである。

このことは、規則4の改善・社会復帰の原則の確認により、より明確化される。あらゆる処遇は、そのための支援、便宜を図ることを目的として正当化されている。規則5は、それを受けて、自由刑の内容を純化し、外界の生活の差を最小化させるなど、他の不利益を生じさせないための努力規定である。

これら冒頭の規定と関係するのが、たとえば規則34にある、医療関係者が拷問・虐待の疑いに気付いた場合の規定である。医療関係者は、人権が侵害されている兆候を発見した場合、直ちに独立した立場で対応が取れなければならない。独立機関による監視機能と連動する問題であり、かつ科学的な証拠を保全するための仕組みでもある。マンデラ・ルールズは、このように大原則を保障するための具体的な措置も、規則の全体構造の中に含めている。

さらに、人権保障との関係で重要なのはプライバシー権の保障である。規則50から52では、検査等における被拘禁者のプライバシーを規定している。まず裸体検査や侵入的な捜索については、それがどうしても必要な場合のみの例外措置としており、厳格な権利制約原理の適用が規定される。また、本

来代替される措置を開発し、そちらに依ることが求められる。後日の検証に耐えるため、厳格に記録することが義務化されている。規則53では、プライバシーに関する自己情報のコントロールが認められ、情報保護が権利性のものであることが宣明されている。

規則6から規則10には、被拘禁者ファイルの作成が規定されている。さらに規則26では医療情報のファイル作成・管理が規定され、本人による自分の医療情報へのアクセスが認められるほか、これを医療上の秘密として扱われるほか、施設退所後のヘルスケア・サービスへの情報提供が規定されている。これらは自己情報コントロールの範囲であり、施設側の事情で本人に対し開示しなかったり、外部施設への適切な情報提供がされないなどの問題を防ごうとしている。

(2)　被拘禁者に対する医療、ヘルスケア・サービス

規則24から規則35にかけては新設の規定である。規則24と規則25は、被拘禁者の保健に関する責任主体を国家とし、水準を一般社会と同じと規定した。厚生当局との連携、HIV等の感染症、薬物治療などの問題をカバーしている。この「一般社会と同水準」という概念は、改訂にあたって明示されたものであるが、他国の例を見ても、未だ必ずしも判断基準が統一されているわけではなさそうである。しかし、結果的に一般社会との差が大きいということになれば、差別禁止規定にも触れるため、刑事施設での医療体制については、より詳細な検討が必要となるだろう。

医療スタッフは、臨床面において独立している。施設の上級職や当局など、専門家以外の判断が介入することのないよう排除する旨が規則27の第2項で規定されている。施設は常に医療へのアクセスを確保し、必要な場合には適宜、外部民間病院や専門病院を利用することが規定されている。規則35では、外部公衆衛生機関による定期的な査察や助言を受ける旨が規定されている。

医療へのアクセスがあった場合の医療スタッフやヘルスケア専門職員の任務は規則30に規定されている。この関係で、規則31では、そうしたスタッフが診察の機密性を確保しなければならないことが規定されている。診察の

際は、入所以前の虐待も含め、被拘禁者のあらゆる保健状況の把握がされなければならない旨規定されている。加えて被拘禁者のストレス状態の把握も規則34で求められている。

　こうした詳細な規定とともに、医療スタッフやヘルスケア専門職員が従うべき医療倫理の原則も規則32に列挙されている。ここでも、一般社会で適用されるのと同水準の医療倫理が該当するとしており、施設内の特殊性を理由とした例外を認めていない。また、拷問・虐待に手を貸すことは医療倫理上許されないとしており、虐待にあたるような状態下で拘禁に関わる作業に従事することは、この規則に基づき否定されることになる。

(3)　規律・懲罰に関する規定の厳格化

　規則36から規則39にかけてと規則41に規律・懲罰に関する適正手続が規定された。また規則41には、使用言語を異にする被拘禁者に対する通訳の保障について特に規定された。

　規則43では、規律や懲罰において用いてはならない手段などが規定されている。ここに規定された手段が用いられることは、それ自体、拷問・虐待にあたると考えられており、国際人権法上、絶対的禁止事項である。ここで列挙されているのは、a. 期間を定めない昼夜間独居、b. 長期にわたる昼夜間独居拘禁、c. 暗所、ないしは常時点灯された居室への収容、d. 体罰や食料・飲料水の削減、e. 集団的懲罰などであり、他にも国際法上拷問・虐待にあたるとされた場合には、絶対禁止の対象となる。

　しばしば、自殺防止や保安上の必要性を理由として、上記に類する措置が取られることがあるが、それが懲罰的な意味を持ち得るとされた場合には、ただちに国際人権法上禁止された行為であると判断されると解するべきだろう。

　他にも、拘束具を懲罰に用いることも絶対禁止の対象である。この点は、規則47から規則49にかけた規定でも再確認されている。懲罰以外の理由に基づく拘束具の使用については、a. 移送中の逃走防止、b. 自傷他害の防止という目的で他に代替手段がない場合のみに限られることとなった。すなわち、従来しばしば見られた「医療上の必要」は、今後は理由として認められ

ない。

　また規律違反への制裁や懲罰を理由に家族との接触を制限することも禁止されている。家族との接触は、安全確保と秩序維持のためにどうしても必要な場合以外は制限されてはならず、どうしても制限せざるを得ない場合でも厳格に限られた期間のみの措置にとどめなければならない。

　規則44では、昼夜間独居拘禁の定義が定められている。昼夜間独居拘禁とは、1日につき22時間以上独居下に置かれ、人間との有意な接触がないものを指す。また、長期にわたる昼夜間独居拘禁とは、連続して15日間を超える昼夜間独居拘禁のことを指す。また、規則45は、昼夜間独居拘禁を最後の手段として規定し、可能な限り短い期間しか用いてはならない、としている。また、その措置の妥当性については独立した当局による審査の対象である。ちなみに、この規則の規定により、死刑囚や終身刑服役者など、刑の種類によって昼夜間独居拘禁を課すことは認められない。日本の実務に照らして考えると、拘置所の死刑囚や、制限区分4種にあたる受刑者の昼夜間独居拘禁は、この規則の規定に基づき国際人権法上認められないものと考えられる。

　さらに、こうした厳しい手段をとることが、たとえば障害がある被拘禁者の状態を悪化させるような場合は、その措置をとることが禁止される。女性や子どもの被拘禁者の場合も同様に措置は禁止される。

　医療スタッフやヘルスケア専門職員が、こうした懲罰の事務に関わることは規則46により禁止されている。一方で、そうした措置を取られた被拘禁者に対する健康チェックなどについては、毎日の訪問や、緊急時の援助などに備える必要があるとされている。懲罰的な措置の適用の判断については医療倫理上関与してはならないが、その結果健康を害する危険性が高い場合には被拘禁者の状態に特別の注意を払う必要がある、という立場であろう。さらに医療スタッフやヘルスケア専門職員は、当該措置が被拘禁者本人の健康や身体状況に悪影響を及ぼすような場合に、措置の終了を助言したり、再審査を勧告すべきだとしている。

　ところで、女性被拘禁者については、2009年に女性被拘禁者の処遇及び女性犯罪者の非拘禁措置に関する国連規則（通称：バンコク・ルール）が採択

されている。マンデラ・ルールズはこの国際基準も取り入れて統合的に規定している。その他、少年の拘禁に関する自由を奪われた少年の保護原則の規定も、ここで取り入れられていると考えてよいだろう。

(4)　被拘禁者ファイルと緊急時の対応

　規則6以降に規定された、被拘禁者ファイルは、個人ベースで機密性を保障したファイルを作成、管理するものである。従来のSMRでは、被拘禁者の「登録」のみが規定されていたが、改訂版は被拘禁者個別の情報を集約的に管理し、医療上の必要性だけでなく、各検査の状況や結果、履歴の管理、それらを利用して拷問・虐待の防止策として有効に活用することを意図している。なお、被拘禁者ファイルに記入すべき内容については、規則7にその詳細が規定されている。

　プライバシー権が保障されただけではなく、被拘禁者ファイルについては、これらの情報を基に当局が収容率や予後の調査などに利用することも想定されている。

　このファイルは、被拘禁者の家族との連絡にも用いられ、規則68と規則69に規定されたような被拘禁者本人に重大な変化が起こった場合、家族に速やかに知らせる手段を確保するか、施設の長が連絡する責任が施設側に生じる。また、施設側は規則70にあるように、被拘禁者の近親者や重要な人物の重病ないし死亡の情報について、直ちに本人に通知する責任を負う。なお、近親者の病床への見舞いや葬儀参列なども認められるべきである、とされている。

(5)　独立した監視機関への通報

　規則71は、被拘禁者の身に起きた死亡、失踪、重症事故などについて、施設の長が当該施設の運営から独立した監視機関に対し、遅滞なく事態を報告することを規定している。ここで想定されているのは、行政から独立した国内人権機関や国内拷問等防止メカニズムである。すなわち、この規定は、施設内の事件に関しては、まず拷問・虐待の兆候かもしれないとしてチェックすることの重要性を示している。施設側は、当該監視機関、調査機関に協

力し、すべての証拠を確実に保存する義務を負う。また、これらの機関は、正式の申し立てがなくても、そのような状況が生じたとの合理的な理由があれば、調査をおこなうことができるものとしている。拷問・虐待の事例については、しばしば当局による改ざんやごまかしが横行する可能性があることを見越しての措置である。

　拷問・虐待が疑われる場合、当事者による、証人や被害者、その家族らへの接触が禁じられる。

　査察については、中央の当局による内部査察と、独立した機関による外部査察の双方が求められており、規則82から規則84にかけて規定されている。特に査察などの実務に関しては規則84に詳細がある。抜き打ち検査や滞在調査などは、防止小委員会や欧州拷問防止委員会などの実務を踏まえた提案であり、国内人権機関や国内拷問等防止メカニズムの機能モデルを提示しているという面もある。

　査察の重要な項目は人権保障が実施されているかどうかであり、査察を担うのはヘルスケアの専門家を含み、資格と経験を備え、ジェンダーバランスがとれたチームだとされている。

(6)　脆弱なグループに属する被拘禁者たちへの特別の配慮

　規則29では、被拘禁者と同居する子どもについて特別に規定している。そうした子どもは被拘禁者として扱ってはならず、子どもの権利条約などが示すように、「子どもの最善の利益」に照らして判断することになる。また、そのために子どものケアのための制度・体制を整えることを求めている。

　ところで、主要人権条約のうちの1つである障害者権利条約が2008年に発効した。これを受けて、障害を持つ被拘禁者に対する特別の措置についての検討が求められた。前に掲げた防止小委員会の提起した10項目の改訂ポイントでも、最後の項目として掲げられている。しかし、これについては、新たな項目として立てることは最終的に見送られ、脆弱な被拘禁者グループの中の1つとして扱われる形となった。

　権利条約の用語法を反映して「精神における障害がある被拘禁者」や「健康上の問題を持つ被拘禁者」などの表現が用いられているほか、「精神科医

療」も、「メンタル・ヘルス」へと用語が変化している。規則 109 と規則 110 には、メンタル・ヘルスに関わる被拘禁者の処遇について、特別に規定が設けられている。特に、拘禁によって状況の悪化が予測される被拘禁者に対しては、拘禁すべきではなく、できるだけ速やかに精神科医療施設に移送するべきであるとされている。また、被拘禁者の釈放にあたっても、一般社会において継続的に精神科医療に関わるヘルスケア・サービスが受けられることが望ましいとしている。

　なお、改訂作業の際に議論を呼んだ性的マイノリティをめぐる問題については、国連の用語法で用いられる SOGI（性的指向と性自認：Sexual Orientation and Gender Identity の頭文字）のうち、性的指向（SO）をめぐる議論が紛糾し、今回の改訂では性自認（GI）をめぐる問題のみが規則 7 の a. にわずかに記述されるにとどまっている。つまり、被拘禁者ファイルに、「被拘禁者自身が自覚しているジェンダーに鑑み、本人特有のアイデンティティの見極めを可能とする正確な情報」を記述すべきとした点のみである。

(7)　弁護士へのアクセス

　被拘禁者は、施設職員の介在なしに、自己の法的手続に関する文書にアクセスし、文書を保持することができる。規則 53 はそのように規定し、法的手続における施設職員の介在を禁じている。規則 61 にも自選・国選を問わず法的助言を受ける権利があり、秘密交通権が保障されることが規定されている。使用言語が異なる場合には、規則 55 と規則 61 に通訳を介した権利告知と接見交通時の通訳サービスが規定されている。また、法律扶助サービスへのアクセスが認められている。

　規則 54 は、入所時の権利告知や所内規則情報へのアクセス、法律扶助制度などについて規定している。現在、日本の各施設では、いわゆる「所内生活の手引き」と称される類の文書を内部文書としてのみ配布しているものの、その内容を精査したり、検証することは事実上かなり難しい状態にある。このような事情の下では、施設入所中の司法サービスへのアクセスが十分に確保できる体制を作り上げることは、被拘禁者の権利保障のために大きな意味を持つだろう[7]。

230 第3部 国際的動向

　なお、規則62には、当該国の国籍・市民権を有さない外国人被拘禁者の場合、領事の訪問、アクセス、その他本人の権利を守るための国内外の機関の訪問を受けることができる旨が規定されている。

　法的助言を得る場合や所内の不服申し立て手続きを利用する場合に、施設職員の立ち合いを排除できることは規則56に規定されている。不服申し立てを権利とすることや直接面談による申し立てなども同様に規定されており、マンデラ・ルールズは、被拘禁者が利用できる法的サービスについては、できる限り多岐にわたる体制を講じるべきであると考えていると思われる。

6　マンデラ・ルールズが拓く可能性

　2015年4月にドーハで開催された第13回国連犯罪防止刑事司法会議（コングレス）は、その採択文書であるドーハ宣言の中で、マンデラ・ルールズの採択に向けた動きを歓迎し、そこに多大な期待を示している。ケープタウンで開催された専門家会合でマンデラ・ルールズが採択されたのはドーハ会議直前の3月であり、その後国連機構の手続きにかかることを考えると、ドーハ会議自体でその内容を精査する段階にはなかった。そのため、マンデラ・ルールズの詳細な検討とそれに基づく行動についての具体的な議論は、次回開催される第14回コングレス（2020年日本開催）に委ねられた。

　コングレスには、世界中から国際機関や専門組織も参加している。東京での開催を前に、現在、こうした世界中の目がマンデラ・ルールズが持つ将来的な可能性に集まっている。こうした専門組織には、赤十字国際委員会、アムネスティ・インターナショナルのような国際的な人権団体、拷問防止協会（APT）をはじめとする拷問防止のための専門団体、そして監獄改革インターナショナル（PRI）のような監獄改革のための国際団体などがある。こうした組織は、社会のマイノリティの権利保障を目指して活動している。

　刑罰の問題は、社会の主流派や多数派、為政者の目線のみで論じるべきではない。21世紀の今日、被拘禁者は社会の敵として一方的に抑圧されるべ

---

7 大野鉄平「国際人権法からみた刑事収容施設における司法アクセス」総合法律支援論叢9号（2017年3月）参照。

き存在ではあり得ない。マンデラ元大統領の名を冠することで、ともすれば、主権国家の公権力による一方的な抑圧を所与のものとし、そのこと自体を批判の対象にしない各国の刑罰施策に対する巨大なアンチテーゼが示されたと言っても過言ではない。

　国家刑罰権の発露としての拘禁制度に対して人権保障の観点からチェックするというのが近代以降の刑事政策の常識だったとするならば、マンデラ・ルールズは、そうした価値の序列自体が転倒する可能性をあらかじめ含めた制度を構想しようとする挑戦だとも考えられるだろう。

　1970年代に進められた日本の監獄法改正作業は、SMRを参照モデルとして意識した。当時のSMRは、施設内処遇の限られた分野について世界的な傾向を示してはいた。だが、必ずしもさまざまな分野について統合された方向性を示したものとまでは言えなかった。特に拷問・虐待については、禁止の意思は示すものの、その実現方法や保障措置、さらには監視体制への言及はあまりない。施設内のプライバシー権の確保についてもあまり意識されていない。被収容者は、過剰な抑圧からの保護の対象ではあっても、権利の主体として確立されていたとまでは言えなかった。

　今次の刑罰改革の内容を考えると、70年代当時のアイデアに基づく施策が、40年の時を超えて復活している印象がある。しかし、SMRの改定作業の中で示された、保護の客体を超えた権利の主体（ライツ・ホルダー）としての被収容者という位置づけや、権利侵害に対抗できる法的手続の保障などが弱い点は懸念される。これまでの施策の多くは、一定期間を社会から排除して既存社会の安全を確保しようとする方向性を是としてきた。しかし、マンデラ・ルールズが目指すのはこれとは真逆で、いずれ社会に戻り、十全の力を発揮して社会生活を送ることになる人びとの権利を確保することである。

　各国の刑罰制度を今後どのように変革していくべきか。マンデラ・ルールズは、その水準生成を、各国が自らの試行錯誤の中で丹念に積み上げていくための、基準となる理想形を示しているのである。

執筆者一覧（執筆順）

村井敏邦（むらい・としくに）　一橋大学名誉教授・弁護士

土井正和（どい・まさかず）　九州大学教授

石塚伸一（いしづか・しんいち）　龍谷大学教授

赤池一将（あかいけ・かずまさ）　龍谷大学教授

本庄　武（ほんじょう・たけし）　一橋大学教授

武内謙治（たけうち・けんじ）　九州大学教授

正木祐史（まさき・ゆうし）　静岡大学教授

葛野尋之（くずの・ひろゆき）　一橋大学教授

大谷彬矩（おおたに・あきのり）　九州大学助教

相澤育郎（あいざわ・いくお）　立命館大学 R-GIRO 専門研究員

高橋有紀（たかはし・ゆき）　福島大学准教授

寺中　誠（てらなか・まこと）　東京経済大学非常勤講師

[編著者]

本庄　武（ほんじょう・たけし）

所属：一橋大学大学院法学研究科

主著：『少年に対する刑事処分』（現代人文社、2014 年）

武内謙治（たけうち・けんじ）

所属：九州大学大学院法学研究院

主著：『少年法講義』（日本評論社、2015 年）、『少年司法における保護の構造』（日本評論社、2014 年）

けいばつせいど かいかく　まえ　かんが
刑罰制度改革の前に考えておくべきこと

2017 年 12 月 10 日　第 1 版第 1 刷発行

編著者　　本庄　武・武内謙治

発行者　　串崎　浩

発行所　　株式会社日本評論社
　　　　　〒170-8474　東京都豊島区南大塚 3-12-4
　　　　　電話　03-3987-8621（販売）　　-8592（編集）
　　　　　FAX　03-3987-8590（販売）　　-8596（編集）
　　　　　振替　00100-3-16　　https://www.nippyo.co.jp/

印刷所　　平文社
製本所　　難波製本
装　幀　　神田程史
検印省略　ⓒ T. HONJO, K. TAKEUCHI
ISBN978-4-535-52294-7　　Printed in Japan

|JCOPY| 〈(社) 出版者著作権管理機構　委託出版物〉
本書の無断複写は著作権法上での例外を除き禁じられています。複写される場合は、そのつど事前に、(社) 出版者著作権管理機構（電話 03-3513-6969、FAX 03-3513-6979、e-mail: info@jcopy.or.jp）の許諾を得てください。また、本書を代行業者等の第三者に依頼してスキャニング等の行為によりデジタル化することは、個人の家庭内の利用であっても、一切認められておりません。